Gaodengji Gonglu Luji Lumian yu Jiaotong

高等级公路路基路面与交通

Gongcheng Sheshi Zhiliang Jianli Shouce

工程设施质量监理手册

陈华鑫　王宏祥　主　编

袁志英　沈　倩　章后忠　副主编

人民交通出版社

内 容 提 要

本书依据公路及交通工程现行规范，依托具体工程与研究，总结了高等级公路建设相关工程质量监理流程与要点，内容包括路基工程质量监理、路面工程质量监理、交通安全设施质量监理等。本书可供高等级公路施工、监理人员参考、使用。

图书在版编目(CIP)数据

高等级公路路基路面与交通工程设施质量监理手册/陈华鑫，王宏祥主编. —北京：人民交通出版社，2010.5

ISBN 978-7-114-08383-9

Ⅰ.①高… Ⅱ.①陈…②王… Ⅲ.①道路工程—工程施工—监督管理—手册②交通工程—基础设施—工程施工—监督管理—手册 Ⅳ.①U415.1-62②U491-62

中国版本图书馆CIP数据核字(2010)第073938号

书　　名：高等级公路路基路面与交通工程设施质量监理手册
著 作 者：陈华鑫　王宏祥
责任编辑：丁润铎　贾秀珍
出版发行：人民交通出版社
地　　址：(100011)北京市朝阳区安定门外外馆斜街3号
网　　址：http://www.ccpress.com.cn
销售电话：(010)59757969,59757973
总 经 销：人民交通出版社发行部
经　　销：各地新华书店
印　　刷：北京盈盛恒通印刷有限公司
开　　本：787×1092　1/16
印　　张：16.75
字　　数：386千
版　　次：2010年6月　第1版
印　　次：2010年6月　第1次印刷
书　　号：ISBN 978-7-114-08383-9
印　　数：0001—2000册
定　　价：37.00元

《高等级公路路基路面与交通工程设施质量监理手册》

编 写 委 员 会

主　编： 陈华鑫　王宏祥

副主编： 袁志英　沈　倩　章后忠

编　委：（按姓氏笔画为序）

支喜兰　文　静　王宏祥　朱永光

张景涛　李宁利　沈　倩　陈华鑫

罗　杰　徐　鹏　秦建平　秦　勤

袁志英　章后忠　张永富　童　琴

前　　言

目前，我国公路建设中暴露出许多工程质量问题，特别是高等级公路中"三五"现象十分严重，即通车不到三年，路面即产生早期破损；通车不到五年，路面就得进行大修改造，过早出现"未老先衰"现象，给公路行业整体形象带来许多负面影响。为了有效控制公路建设质量，《公路路基施工技术规范》(JTG F10—2006)、《公路路基设计规范》(JTG D30—2004)、《公路沥青路面施工技术规范》(JTG F40—2004)、《公路沥青路面设计规范》(JTG D50—2006)、《公路路基路面现场测试规程》(JTG E60—2008)、《公路土工试验规程》(JTG E40—2007)等一大批规范、规程得以制订、修订，但目前监理人员整体素质和业务能力跟不上高速发展的公路建设需要。为了有效控制高等级公路工程施工质量，提高公路工程质量监理管理水平，安徽交通投资集团、安徽省交通运输厅世界银行贷款项目办公室和长安大学依据现行相关规范、文献资料和国内高等级公路工程建设实践经验，特编写了《高等级公路路基路面与交通工程设施质量监理手册》一书。

本书共有四篇：第一篇，质量监理概述；第二篇，路基工程质量监理；第三篇，公路路面质量监理；第四篇，交通工程质量监理。为了更好地对监理进行高效的组织与管理，特提出了一套"高等级公路工程施工监理组织与管理实施指南"，以供公路项目建设中借鉴，并列于附录中。本手册主要适用于高等级公路新建项目，其他公路和公路养护工程的监理工作可参照执行。

在本手册编写期间得到了安徽省铜陵—汤口高速公路、陕西西安—柞水高速公路、湖北武汉—宜昌高速公路旧路加铺工程、江西南昌绕城公路乐化至温家圳段等十多个高等级公路建设项目相关人员的大力支持，在此向所有帮助过本手册编撰的单位和个人表示衷心感谢。在本手册编写过程中，参阅了大量文献资料，均列于书后，在此对相关作者及单位表示感谢。由于时间和编者水平有限，挂一漏万在所难免，不足之处，请广大读者批评指正，并在以后的应用实践中不断加以完善。

编　者

2010 年 2 月

目 录

第一篇 质量监理概述

第 1 章 质量监理的依据和任务 …… 3
1.1 质量监理的依据 …… 3
1.2 质量监理的任务 …… 3
1.3 监理阶段的划分 …… 3
1.4 质量监理涉及的规范规程 …… 4
第 2 章 工程质量监理程序 …… 6
2.1 质量控制的基本程序 …… 6
2.2 工艺(工序)质量检查程序 …… 7
2.3 试验检测工作程序 …… 8
第 3 章 施工控制测量监理 …… 10
3.1 公路工程控制测量网 …… 10
3.2 控制测量桩位交接监理 …… 12
3.3 控制测量桩位复测监理 …… 12
3.4 加密施工控制网监理 …… 13
第 4 章 试验监理 …… 14
4.1 验证试验 …… 14
4.2 标准试验 …… 14
4.3 工艺试验 …… 14
4.4 抽样试验 …… 15
4.5 验收试验 …… 15

第二篇 路基工程质量监理

第 5 章 概述 …… 19
5.1 路基工程质量监理的基本要求 …… 19
5.2 路基工程监理工作流程图 …… 20
5.3 路基工程质量监理控制要点 …… 20
5.4 试验检测监理工作程序 …… 21

第 6 章　原地面清理及填前压实 …… 22
6.1　一般规定 …… 22
6.2　原地面清理及填前压实监理流程图 …… 22
6.3　监理控制要点 …… 22
6.4　质量检测 …… 23
6.5　场地清理质量监理汇总表 …… 24
第 7 章　填方路堤监理 …… 25
7.1　一般规定 …… 25
7.2　土质路堤填筑 …… 25
7.3　填石路堤填筑 …… 28
7.4　土石混填路基 …… 30
7.5　路基压实 …… 31
第 8 章　路堑开挖监理 …… 35
8.1　土质路堑开挖 …… 35
8.2　石质路堑开挖 …… 37
8.3　石方爆破 …… 38
第 9 章　特殊路基施工 …… 40
9.1　软土地基处理 …… 40
9.2　滑坡地段路基 …… 49
9.3　崩塌与岩堆地段路基 …… 52
9.4　泥石流地区路基 …… 53
9.5　岩溶地区路基 …… 54
9.6　红黏土与高液限土地区路基 …… 55
9.7　膨胀土地区路基 …… 57
9.8　黄土地区路基 …… 59
9.9　盐渍土地区路基 …… 62
9.10　多年冻土地区路基 …… 65
9.11　风沙地区路基 …… 67
9.12　雪害地段路基 …… 69
9.13　涎流冰地段路基 …… 72
9.14　采空区路基 …… 73
9.15　滨海路基 …… 74
9.16　水库地区路基 …… 76
第 10 章　路基排水 …… 78
10.1　路基排水的一般要求 …… 78
10.2　浆砌块石排水沟施工监理 …… 78
10.3　暗沟与渗沟施工质量监理 …… 81

第 11 章 路基防护工程质量监理………………………………………………… 83
11.1 路基坡面防护 …………………………………………………………… 83
11.2 沿河路基及防护 ………………………………………………………… 87
11.3 边坡锚固 ………………………………………………………………… 90
11.4 土钉支护 ………………………………………………………………… 91
11.5 抗滑挡墙 ………………………………………………………………… 93
第 12 章 路基支挡结构质量监理………………………………………………… 94
12.1 一般要求 ………………………………………………………………… 94
12.2 路基支挡结构物质量监理工作流程 …………………………………… 94
12.3 路基支挡结构物质量监理控制要点 …………………………………… 96

第三篇 公路路面质量监理

第 13 章 公路路面基层质量监理 …………………………………………… 101
13.1 公路路面基层和底基层质量监理的主要内容……………………………… 101
13.2 公路路面基层和底基层的质量要求………………………………………… 102
13.3 水泥土基层和底基层质量监理……………………………………………… 108
13.4 石灰土基层和底基层质量监理……………………………………………… 111
13.5 石灰、粉煤灰土基层和底基层质量监理 ………………………………… 113
13.6 级配碎(砾)石基层和底基层质量监理…………………………………… 116
13.7 填隙碎石(矿渣)基层和底基层质量监理 ……………………………… 118
第 14 章 沥青路面施工质量监理 …………………………………………… 121
14.1 沥青路面质量要求…………………………………………………………… 121
14.2 热拌沥青混合料路面的质量监理…………………………………………… 131
14.3 改性沥青路面施工质量监理………………………………………………… 136
14.4 透层和黏层的质量监理……………………………………………………… 139
第 15 章 水泥混凝土路面质量监理 ………………………………………… 141
15.1 水泥混凝土路面质量要求…………………………………………………… 141
15.2 普通混凝土路面施工与质量监理…………………………………………… 149
15.3 其他混凝土路面施工与质量监理…………………………………………… 155

第四篇 交通工程质量监理

第 16 章 护栏 ……………………………………………………………… 161
16.1 波形梁钢护栏………………………………………………………………… 161
16.2 缆索护栏……………………………………………………………………… 164

16.3　水泥混凝土护栏 …… 167

第 17 章　隔离设施 …… 170

17.1　隔离设施的施工和监理工作程序 …… 170

17.2　质量控制要点 …… 171

17.3　隔离设施工程质量验评标准 …… 173

第 18 章　交通标志 …… 174

18.1　交通标志施工和监理工作程序 …… 174

18.2　交通标志质量控制要点 …… 174

18.3　标志牌生产工艺检查 …… 175

18.4　交通标志工程质量验证标准 …… 176

第 19 章　标线 …… 179

19.1　标线施工和监理工作程序 …… 179

19.2　标线质量控制要点 …… 179

19.3　标线工程质量验评标准 …… 181

第 20 章　防眩设施 …… 183

20.1　防眩设施施工和监理工作程序 …… 183

20.2　防眩设施质量控制要点 …… 183

20.3　防眩设施工程质量验评标准 …… 185

第 21 章　轮廓标 …… 186

21.1　轮廓标施工和监理工作程序 …… 186

21.2　轮廓标质量控制要点 …… 186

21.3　轮廓标工程质量验评标准 …… 187

第 22 章　突起路标 …… 189

22.1　突起路标施工和监理工作程序 …… 189

22.2　突起路标质量控制要点 …… 189

22.3　突起路标工程质量验评标准 …… 190

附录　高等级公路工程施工监理组织与管理实施指南

1　总则 …… 195

1.1　目的 …… 195

1.2　监理依据 …… 195

1.3　质量保证体系 …… 195

1.4　施工监理的原则 …… 195

1.5　监理单位资质 …… 196

1.6　监理人员资格 …… 196

1.7　监理阶段的划分 …… 196
1.8　监理人员工作守则 …… 197
2　施工监理准入管理 …… 199
2.1　招投标制度与现行法规、办法 …… 199
2.2　施工监理招投标模式 …… 199
2.3　监理机构和职责 …… 208
3　施工准备阶段监理管理 …… 222
3.1　总监办的主要工作 …… 222
3.2　高驻办的主要工作 …… 222
3.3　信息与文档管理 …… 225
3.4　施工图信息处理 …… 228
4　施工阶段监理管理 …… 230
4.1　工程质量监理 …… 230
4.2　工地会议制度 …… 233
4.3　登记凭证与进度报告 …… 237
4.4　给承包人的指令和联系材料 …… 240
4.5　承包人财务管理 …… 243
5　施工后活动 …… 249
5.1　交工验收和交工证书 …… 249
5.2　单项工程的交工竣工文件 …… 249
5.3　竣工验收与鉴定书 …… 250
5.4　缺陷责任与保修 …… 250
参考文献 …… 252

第一篇

质量监理概述

第 1 章　质量监理的依据和任务

1.1　质量监理的依据

(1)合同文件。各项工程质量的保障责任、处理程序、费用支付等均应符合合同文件的规定。

(2)合同图纸。全部工程应与合同图纸符合,并符合监理工程师批准的变更与修改要求。

(3)技术规范。所有用于工程的材料、设施、设备及施工工艺,应符合合同文件所列技术规范或监理工程师同意使用的其他技术规范及批准的工程技术要求。

(4)质量标准。所有工程质量均应符合合同文件中列明的质量标准或监理工程师同意使用的其他标准。

(5)业主和承包人签订的施工合同文件。

(6)经政府主管部门批准的工程项目建设文件。

(7)国家和地方有关工程建设监理的法律、法规、条例和规定。

(8)监理、施工合同实施过程中形成的有关会议记录、函电、指令和其他文件。

(9)总监办根据施工、监理合同文件签发的所有施工图纸和指令等。

1.2　质量监理的任务

监理人员应对施工全过程进行检查、监督和管理,消除影响工程质量的各种不利因素,使承包人提交的工程项目符合合同图纸、技术规范、使用要求和验收标准。

1.3　监理阶段的划分

施工监理划分为三个阶段:施工准备阶段监理,施工过程阶段监理,交工及缺陷责任期阶段监理。

1.3.1　施工准备阶段监理

监理合同协议签订后,即进入施工准备阶段监理。

监理人员应熟悉合同文件,复核图纸和放样定线数据,督促承包人提交施工组织设计,准备第一次工地会议,准备发布开工通知书等。

1.3.2　施工阶段监理

施工阶段的监理,应集中力量做好工程质量监理、工程进度监理、工程费用监理,并做好合同管理、信息管理等工作。

1.3.3　交工及缺陷责任期阶段监理

在工程完工或部分(单位、分部)工程完工后，只要签发交工证书后即进入缺陷责任期阶段监理，除应对工程缺陷、修补、修复及重建进行质量监理外，并应按要求做好这一阶段的其他监理工作。

1.4　质量监理涉及的规范规程

针对高等级公路施工特点，在编写本质量监理手册时主要依据目前最新的规范、试验规程，如果与国家或行业的规范相冲突，以最新规范为准。

(1)路基方面的规范与规程主要有:《公路路基施工技术规范》(JTG F10—2006)、《公路路基设计规范》(JTG D30—2004)、《公路土工合成材料试验规程》(JTG E50—2006)、《公路土工合成材料应用技术规范》(JTJ/T 019—98)。

(2)基层方面的规范与规程主要有:《公路路面基层施工技术规范》(JTJ 034—2000)。

(3)面层方面的规范与规程主要有:《公路水泥混凝土路面设计规范》(JTG D40—2002)、《公路水泥混凝土路面施工技术规范》(JTG F30—2003)、《公路沥青路面施工技术规范》(JTG F40—2004)、《公路沥青路面设计规范》(JTG D50—2006)、《公路水泥混凝土路面设计规范》(JTG D40—2002)、《公路水泥混凝土路面滑模施工技术规程》(JTJ 037.1—2000)、《沥青路面施工及验收规范》(GB 50092—96)、《水泥混凝土路面施工及验收规范》(GBJ 97—87)、《公路水泥混凝土路面接缝材料》(JT/T 203—95)。

(4)桥涵方面的规范与规程主要有:《公路桥涵设计通用规范》(JTG D60—2004)、《公路钢筋混凝土及预应力混凝土桥涵设计规范》(JTG D62—2004)、《公路桥涵施工技术规范》(JTJ 041—2000)、《公路工程水文勘测设计规范》(JTG C30—2003)、《钢筋混凝土用钢　第1部分:热轧光圆钢筋》(GB 1499.1—2008)、《钢筋混凝土用钢　第2部分:热轧带肋钢筋》(GB 1499.2—2007)、《斜拉桥热挤聚乙烯高强钢丝拉索技术条件》(GB/T 18365—2001)、《公路桥涵钢结构及木结构设计规范》(JTJ 025—86)、《涂装前钢材表面锈蚀等级和除锈等级》(GB/T 8923—88)、《桥梁缆索用热镀锌钢丝》(GB/T 17101—2008)、《公路斜拉桥设计细则》(JTG/T D65-01—2007)、《钢丝验收、包装、标志及质量证明书的一般规定》(GB/T 2103—2008)、《预应力筋用锚具、夹具和连接器》(GB/T 14370—2007)、《公路桥梁板式橡胶支座》(JT/T 4—2004)、《公路桥梁盆式支座》(JT/T 391—2009)、《公路桥梁伸缩装置》(JT/T 327—2004)、《公路工程基桩动测技术规程》(JTG/T F81-01—2004)等。

(5)隧道方面的规范与规程主要有:《公路隧道设计规范》(JTG D70—2004)、《公路隧道施工技术规范》(JTG F60—2009)、《公路隧道交通工程设计规范》(JTG/T D71—2004)、《公路隧道通风照明设计规范》(JTJ 026.1—1999)。

(6)交通工程及沿线设施方面的主要规范有:《高速公路交通工程及沿线设施设计通用规范》(JTG D80—2006)、《公路交通安全设施设计规范》(JTG D81—2006)、《公路交通安全设施设计细则》(JTG/T D81—2006)、《公路交通安全设施施工技术规范》(JTG F71—2006)、

《突起路标》(JT/T 390—1999)、《轮廓标技术条件》(JT/T 388—1999)、《视觉信号表面色》(GB/T 8416—2003)、《路面标线涂料》(JT/T 280—2004)、《道路交通标志板及支撑件》(GB/T 23827—2009)、《道路交通标志和标线》(GB 5768—2009)、《紧固件 螺栓、螺钉、螺柱和螺母通用技术条件》(GB/T 16938—2008)、《一般用途低碳钢丝》(YB/T 5294—2009)、《碳素结构钢》(GB/T 700—2006)、《镀锌钢绞线》(YB/T 5004—2001)、《碳素结构钢和低合金结构钢热轧薄钢板及钢带》(GB 912—2008)、《锌锭》(GB/T 470—2008)、《冷弯型钢》(GB/T 6725—2008)、《钢结构用扭剪型高强度螺栓连接副》(GB/T 3632—2008)等。

(7)主要的试验与检测规程有:《公路土工试验规程》(JTG E40—2007)、《公路工程沥青及沥青混合料试验规程》(JTJ 052—2000)、《公路工程水泥及水泥混凝土试验规程》(JTG E30—2005)、《公路工程岩石试验规程》(JTG E41—2005)、《公路工程集料试验规程》(JTG E42—2005)、《公路工程无机结合料稳定材料试验规程》(JTG E51—2009)、《公路路基路面现场测试规程》(JTG E60—2008)、《公路工程质量检验评定标准》(JTG F80/1—2004)。

第 2 章　工程质量监理程序

2.1　质量控制的基本程序

高驻办在开工以前，向承包人提出一个(或一套)对所有工程项目进行质量控制的程序及说明，以供所有监理人员、承包人的自检人员和施工人员共同遵循，使质量控制工作程序化。质量控制按以下流程进行。

2.1.1　工程开工报告

工程开工报告应表明材料、设备、劳力及现场管理人员等项的准备情况，并提供放线测量、标准试验、施工图及施工方案等必要的基础资料。开工报告通常按以下程序进行。

(1)单位工程：承包人提出开工报告后，通过驻地办报高驻办审核，报总监办审批备案。

(2)分部工程：承包人提出开工报告后，通过驻地办报高驻办审批备案。

(3)分项工程：承包人提出开工报告后，报驻地办审批，报高驻办备案。

2.1.2　工序自检报告

承包人的自检人员按照驻地办批准的工艺流程和提出的工序检查程序，在每道工序(工艺)完工后先进行自检。自检合格后，报驻地办进行检查验收。

2.1.3　工序检查认可

驻地办紧接承包人的自检或与承包人的自检同时进行每道工序(工艺)完工后的检查验收，对不合格的工序(工艺)，指示承包人进行缺陷修补或返工。前道工序未经检查验收，后道工序不得进行。

2.1.4　中间交工报告

当组成一个工程的单位工程、分部或分项工程完工后，承包人的自检人员应再进行一次系统的自检，汇总各道工序的检查记录及测量和抽样试验的结果，提出交工报告，由高驻办组织验收。自检资料不全的交工报告，拒绝验收。

2.1.5　中间交工证书

对完工的分项工程进行一次系统的检查验收，高驻办做测量或抽样试验，检查合格后，报工作站签认“中间交工证书”。未经中间交工检验和检验不合格的分项工程，不得交付下项工程使用或进行下项工程项目的施工。

2.1.6　中间计量证书

对填发了“中间交工证书”的单位工程、分部工程、分项工程，方可进行计量并填发“中间计量证书”。完工项目的交工资料不合格或结束整理工作未完，不得计量支付。

2.1.7　分项工程开工程序流程图

由总监理工程师发布各合同段的开工令，其流程见图 2-1。

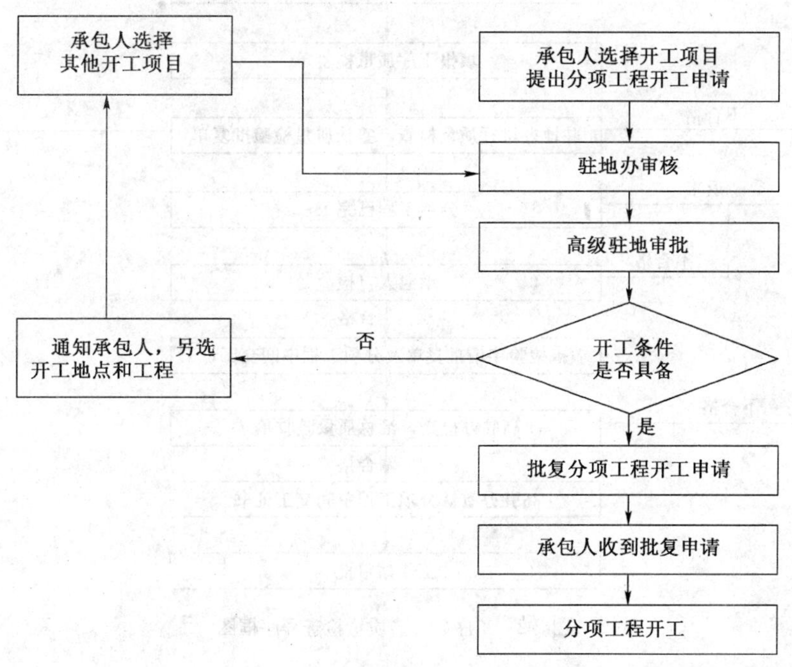

图 2-1　分项工程开工程序图

2.2　工艺(工序)质量检查程序

2.2.1　工序(工艺)检查程序原则

高驻办在分项工程开工之前，提出一个(或一套)工序(工艺)检查程序说明，以供现场旁站监理人员、承包人的自检人员及施工人员共同遵循。工序(工艺)检查程序按以下原则提出：

(1)与设计图纸和工程量清单的分项相一致；

(2)与技术规范及所采用的施工方法和工艺流程相符合；

(3)与国家或合同规定的验收标准、检验频率和检验方法相配合；

(4)工序(工艺)检查程序宜采用框图的形式表示，并应与相应的检查记录、报表、证书等相配套。

2.2.2 工序(工艺)质量检查程序框图(图 2-2)

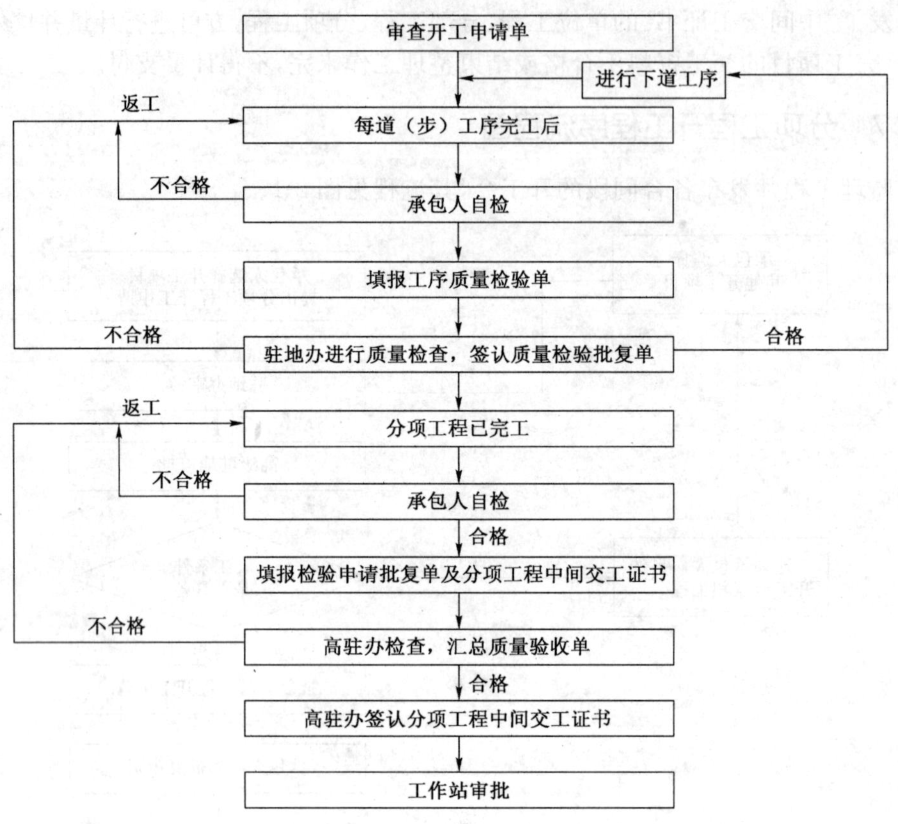

图 2-2 工序(工艺)质量检查程序框图

2.3 试验检测工作程序

2.3.1 高驻办试验室工作程序

(1)原材料的试验程序见图 2-3。

(2)混合料设计配合比的复核试验程序见图 2-4。

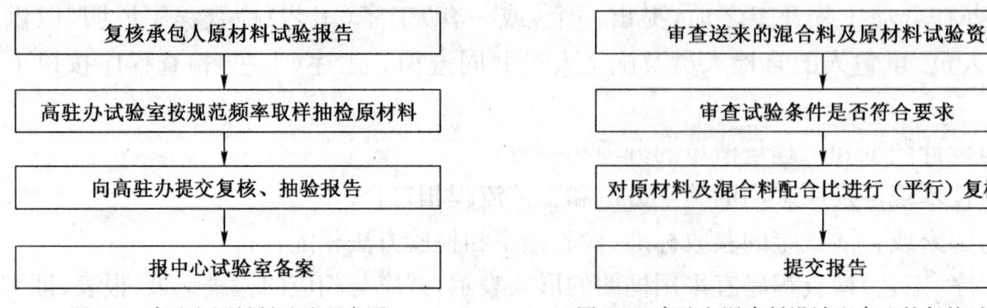

图 2-3 高驻办原材料试验程序图

图 2-4 高驻办混合料设计配合比的复核试验程序图

(3)现场检测试验程序见图 2-5。

(4)单项工程检验程序见图 2-6。

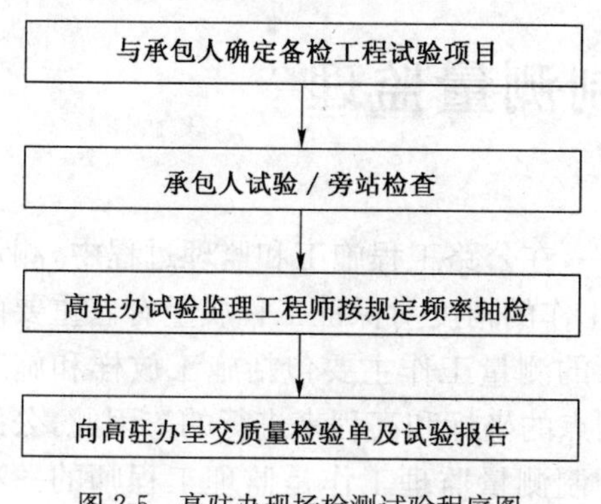

图 2-5　高驻办现场检测试验程序图

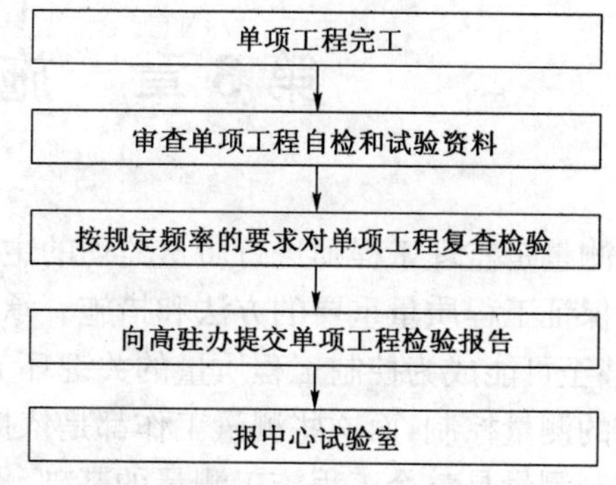

图 2-6　高驻办单项工程检验程序图

2.3.2　中心试验室的工作程序

(1)单项工程检验程序见图 2-7。

(2)工程质量抽验程序。支付前需对某项工程进行检查时，中心试验室根据检查内容、要求，做好准备工作，检查时各级监理试验室应予配合，检查结果作为中间支付的最终依据。抽检程序见图 2-8。

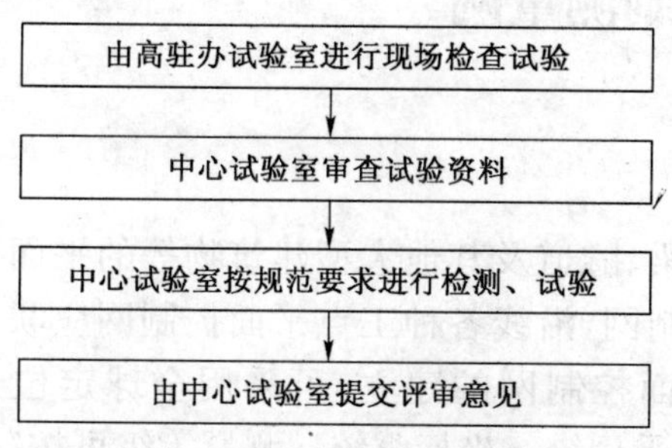

图 2-7　中心试验室单项工程检验程序图

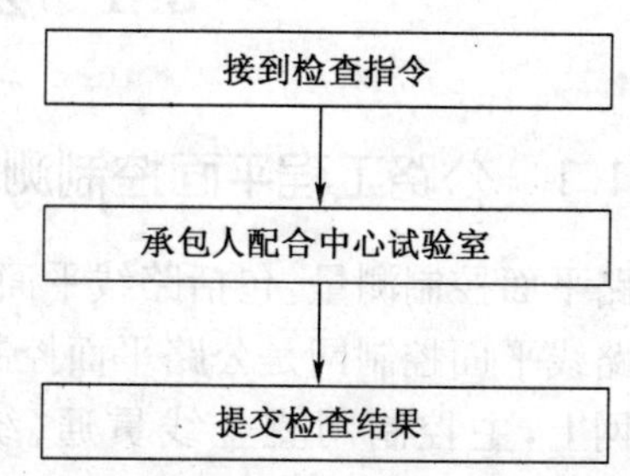

图 2-8　中心试验室工程质量抽检程序图

(3)试验路的检测程序。试验路开工前，高驻办试验室根据高驻办的指令对试验路的试验资料进行审查，并对送来的原材料及混合料进行试验。合格后，报高驻办。在施工中，高驻办试验室要与承包人共同取样检查，最后验收由中心试验室或高驻办试验室进行试验，并提出试验报告，以此作为验收依据。检测程序见图 2-9。

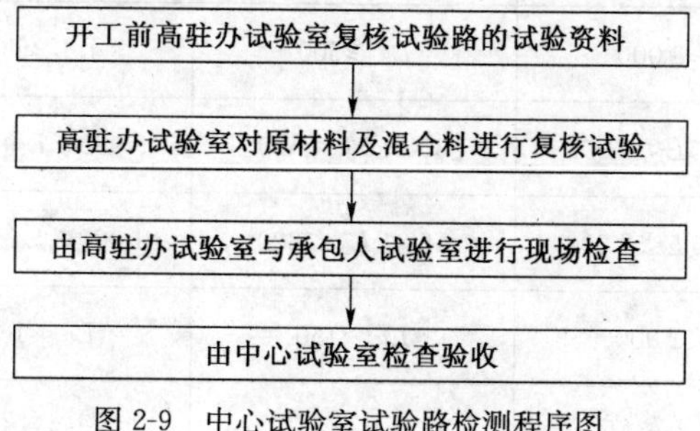

图 2-9　中心试验室试验路检测程序图

第3章 施工控制测量监理

测量是监理工程师进行质量监理的主要方法之一,在公路工程施工和监理过程中,测量工作是保证工程质量重要的方法和措施。承包人测量工作的精度对保证工程质量有着重要的意义,甚至可能成为控制工程质量的关键环节。承包人的测量工作主要包括施工放样和施工过程中的测量控制,而这些测量工作都是依据公路控制点的坐标和高程来进行的。因此,公路工程控制测量是整个工程施工测量的基础,做好施工控制测量监理工作是监理工程师的一项重要的工作内容。

公路工程控制测量的平面控制测量网和控制高程水准点由设计或勘测单位建立,由建设单位组织设计或勘测单位提供给承包人。监理工程师对控制测量的监理工作内容主要包括以下几个方面:控制测量桩位交接监理,控制测量桩位复测监理,加密施工控制网监理。

3.1 公路工程控制测量网

3.1.1 公路工程平面控制测量

公路平面控制测量,包括路线平面控制测量,桥梁、隧道及其他大型建筑物等的平面控制测量。路线平面控制网是公路平面控制测量的主控制网,沿线各种工点平面控制网应联系于主控制网上,主控制网宜全线贯通、统一平差。平面控制网的建立,可采用全球定位系统(GPS)测量、三角测量、三边测量和导线测量等方法,采用统一坐标系统。测量等级可按《公路勘测规范》(JTG C10—2007)规定确定,见表3-1。三角测量、三边测量和导线测量精度要求见表3-2、表3-3和表3-4。

公路平面控制等级

表3-1

高架桥、路线控制测量	多跨桥梁总长 L(m)	单跨桥梁 L_K(m)	隧道贯通长度 L_G(m)	测量等级
—	$L \geqslant 3\,000$	$L_K \geqslant 500$	$L_G \geqslant 6\,000$	二等
—	$2\,000 \leqslant L < 3\,000$	$300 \leqslant L_K < 500$	$3\,000 \leqslant L_G < 6\,000$	三等
高架桥	$1\,000 \leqslant L < 2\,000$	$150 \leqslant L_K < 300$	$1\,000 \leqslant L_G < 3\,000$	四等
高速、一级公路	$L < 1\,000$	$L_K \geqslant 150$	$L_G < 1\,000$	一级
二、三、四级公路	—	—	—	二级

三角测量的主要技术要求　表3-2

测量等级	测角中误差(″)	起始边边长相对中误差	三角形闭合差(″)	测回数		
				DJ_1	DJ_2	DJ_6
二等	≤±1.0	≤1/250 000	≤3.5	≥12	—	—
三等	≤±1.8	≤1/150 000	≤7.0	≥6	≥9	—
四等	≤±2.5	≤1/100 000	≤9.0	≥4	≥6	—
一级	≤±5.0	≤1/40 000	≤15.0	—	≥3	≥4
二级	≤±10.0	≤1/20 000	≤30.0	—	≥1	≥3

三边测量的主要技术要求　表3-3

测量等级	测距中误差(mm)	测距相对中误差
二等	≤±9.0	≤1/330 000
三等	≤±14.0	≤1/140 000
四等	≤±10.0	≤1/100 000
一级	≤±14.0	≤1/35 000
二级	≤±11.0	≤1/25 000

导线测量的主要技术要求　表3-4

测量等级	附(闭)合导线长度(km)	边数	每边测距中误差(mm)	单位权中误差(″)	导线全长相对闭合差	方位角闭合差(″)
三等	≤18	≤9	≤±14	≤±1.8	≤1/52 000	$\leqslant 3.6\sqrt{n}$
四等	≤12	≤12	≤±10	≤±2.5	≤1/35 000	$\leqslant 5\sqrt{n}$
一级	≤6	≤12	≤±14	≤±5.0	≤1/17 000	$\leqslant 10\sqrt{n}$
二级	≤3.6	≤12	≤±11	≤±8.0	≤1/11 000	$\leqslant 16\sqrt{n}$

注：①表中n为测站数。
②以测角中误差为单位权中误差。
③导线网节点间的长度不得大于表中长度的0.7倍。

在桥梁测量中，为了正确地求出桥梁轴线的长度和精确地放样出桥台、桥墩的位置，所建立的三角网应保证在桥中线方向的误差最小。因此，在布网时应将河流两岸中线上的点纳入三角网中。

在隧道工程中，为了加快施工进度，往往有几个工作面同时进行对向开挖，为使隧道在相接处准确贯通，在布网时应尽可能将隧道的洞口、竖井、斜井的控制桩作为三角点，如因地形有困难，也应作为三角锁（网）的插点，以便将坐标传递至这些点上。

3.1.2 公路工程高程控制测量

公路工程高程控制测量一般应采用国家高程基准。同一条公路应采用同一个高程系统，不能采用同一系统时，应给定高程系统的转换关系。独立工程或三级以下公路联测有困难时，可采用假定高程。公路高程测量采用水准测量，在进行水准测量确有困难的山岭地带以及沼泽、水网地区，四、五等水准测量可用光电测距三角高程测量。水准路线应沿公路路线布设，水准点宜设于公路中心线两侧50～300m范围之内。水准点间距宜为1～1.5km；山岭重丘区可根据需要加密；大桥、隧道口及其他大型构造物两端，应增设水准点。公路水准测量按精度分为三、四、五等，主要技术要求见表3-5。光电测距三角高程测量的主要技术要求见表3-6。

水准测量的主要技术要求　表3-5

测量等级	往返较差、附合或环线闭合差(mm)		检测已测测段高差之差(mm)
	平原、微丘	重丘、山岭	
二等	$\leqslant 4\sqrt{l}$	$\leqslant 4\sqrt{l}$	$\leqslant 6\sqrt{L_i}$
三等	$\leqslant 12\sqrt{l}$	$\leqslant 3.5\sqrt{n}$或$\leqslant 15\sqrt{l}$	$\leqslant 20\sqrt{L_i}$
四等	$\leqslant 20\sqrt{l}$	$\leqslant 6.0\sqrt{n}$或$\leqslant 25\sqrt{l}$	$\leqslant 30\sqrt{L_i}$
五等	$\leqslant 30\sqrt{l}$	$\leqslant 45\sqrt{l}$	$\leqslant 40\sqrt{L_i}$

注：计算往返较差时，l为水准点间的路线长度(km)；计算附合或环线闭合差时，l为附合或环线的路线长度(km)；n为测站数。L_i为检测测段长度(km)，小于1km时按1km计算。

光电测距三角高程测量的主要技术要求　表3-6

测量等级	测回内同向观测高差较差(mm)	同向测回间高差较差(mm)	对向观测高差较差(mm)	附合或环线闭合差(mm)
四等	$\leqslant 8\sqrt{D}$	$\leqslant 10\sqrt{D}$	$\leqslant 40\sqrt{D}$	$\leqslant 20\sqrt{\Sigma D}$
五等	$\leqslant 8\sqrt{D}$	$\leqslant 15\sqrt{D}$	$\leqslant 60\sqrt{D}$	$\leqslant 30\sqrt{\Sigma D}$

注：D为测距边长度，以km计。

3.2　控制测量桩位交接监理

公路工程控制测量桩位由建设单位组织设计或勘测单位提供给承包人。在控制测量桩交接时，监理工程师应要求承包人注意以下几方面：

(1)检查控制测量资料是否齐全，导线点和水准点的数量和位置应和现场对应，不能遗漏。

(2)要求承包人接桩时应认真查看点位是否松动或被移动，若已松动或被移动，应及时向勘测单位提出补桩申请。

(3)交桩要有桩位平面布置图，施工单位应逐一记录现场点位，并做好桩位标记，桩位不突出的应用钢尺拴桩，做好标记，便于寻找复测。桩位交接后，应及时办理交接手续。

(4)承包人接桩后应及时进行标桩保护，采取混凝土加固、砌保护井和钉设标志牌等措施，容易被车撞轧的控制点应钉设防护栏杆。监理工程师应审批承包人提交的保护措施并旁站保护措施施工过程。

3.3　控制测量桩位复测监理

控制测量桩位交接完毕后，监理工程师应要求承包人进行复测并提交复测记录和计算结果，监理工程师应对测量记录和计算结果进行检查，对重要控制桩应进行测量复核。控制测量桩位复测时应注意以下几个方面：

(1)接桩后监理工程师应要求承包人依据设计图纸和交桩资料进行内业校核，以检查成果表中的各项计算是否正确。

(2)桩位的坐标复测宜采用附合导线测法进行，高程复测宜采用附合水准测法。

(3)承包人所用的测量仪器设备应满足测设精度要求，使用前应进行检查。导线复测应采用红外线测距仪或其他能满足测量精度的仪器，高程复测的水准仪、水准尺也应满足精度要求。

(4)导线复测时，导线起讫点应与设计单位测定结果比较，测量精度除设计有特殊要求外，应满足《公路路基施工技术规范》(JTG F10—2006)的要求：角度闭合差(″)$\pm 16\sqrt{n}$，n 为测点数，坐标相对闭合差$\pm \frac{1}{10\ 000}$。复测导线时，必须与相邻施工段的导线闭合。桥隧区平面控制网测设后应与道路平面控制网进行联测。测量记录、内业计算公式及计算结果必须经监理工程师检查、确认。

(5)高程复测时，对建设单位交付的水准点，应尽可能地与国家水准点闭合，超过容许误差范围时，应查明原因并及时报有关部门。桥隧区首级高程控制网应与道路高程控制网联测。

3.4　加密施工控制网监理

当设计或勘测单位提供的控制测量桩位出现丢失或密度较小现象，不能满足施工要求时，承包人应进行加密施工控制测量网的工作。监理工程师应注意以下几个方面：

(1)承包人所用的测量仪器设备应满足相应测设精度要求，使用前应进行检查。

(2)加密测量控制桩的埋设必须坚固稳定、方便施工且不易受施工扰动，根据不同的地质条件埋设符合要求的标识并加强保护。

(3)原有导线点不能满足施工要求时应进行加密，保证在道路施工全过程相邻导线点间能互相通视。加密测量的方法、内业计算公式应经监理工程师批准。监理工程师应旁站、监督加密测量过程并检查测量记录。

(4)当原有水准点不能满足施工要求时，可设置施工水准点。临时水准点的距离应以测高不加转点为原则，平原区不大于200m，山岭区或丘陵区宜为100m。特大、大、中桥施工时设立的临时水准点，高程偏差不得超过$\pm 20\sqrt{L}$(mm)；对单跨跨径≥40m 的 T 形刚构、连续梁、斜拉桥等的偏差不得超过$\pm 10\sqrt{L}$(mm)；在山丘区，当平均每公里单程测站多于 25 站时，高程偏差不得超过$\pm 4\sqrt{n}$(mm)。上述 L 为水准点间距离(km)，n 为水准点间单程测站数。

(5)测量外业观测应选在能见度高、无风的清晨或傍晚进行，以减小大气折光及气压、温度变化对观测的影响。内业计算步骤应清晰、有条理，成果合格后必须报监理工程师检查、确定。

第4章　试验监理

4.1　验证试验

验证试验是对材料或商品构件进行预先鉴定，以决定是否可以用于工程。验证试验按以下要求进行：

(1)在材料或商品构件订货之前，由承包人提供生产厂家的产品合格证书及试验报告，必要时监理人员还应对生产厂家的生产设备、工艺及产品的合格率进行现场调查了解，或由承包人提供样品进行试验，以决定同意采购与否。

(2)材料或商品构件运入场地后，按规定的批量和频率进行抽样试验，不合格的材料或商品构件不准用于工程，不准入库，并由承包人及时运出场外。

(3)在施工进行中，对用于工程的材料或商品构件，进行符合性的随机抽样试验检查。

4.2　标准试验

标准试验是对各项工程的内在品质进行施工前的数据采集，它是控制和指导施工的科学根据，包括各种湿度—密度关系试验、集料的级配试验、混合料的配合比试验、结构的强度试验等。

标准试验按以下要求进行：在各项工程开工前按合同规定或在试验监理工程师指定的合理时间内，由承包人先完成标准试验，并将试验报告及试验材料提交监理试验室审查批准。试验监理工程师派出试验监理人员参加承包人试验的全过程，并进行有效的现场监督检查，必要时做复核试验。

4.3　工艺试验

工艺试验是依据技术规范的规定，在动工之前对路基、路面及其他需要通过预先试验方能正式施工的分项工程预先进行的试验，然后依据其试验结果全面指导施工。工艺试验应按以下要求进行：

(1)高驻办应要求承包人提出工艺试验的施工方案和实施细则并予以审查批准。

(2)工艺试验的机械组合、人员配额、材料、施工程序、预埋观测以及操作方法等应有两组以上方案，以便通过试验做出选定。

(3)驻地办应对承包人的工艺试验进行全过程的旁站监理，并应做出详细记录。

(4)试验结束后应由承包人提出试验报告，并经高驻办审查批准。

4.4 抽样试验

抽样试验是对各项工程实施中的实际内在品质进行复核性检查，内容应包括各种材料的物理性能、混凝土的强度等的测定和试验。抽样试验按以下要求进行：

(1)高驻办应随时派出试验监理人员，对承包人的各种抽样频率、取样方法及试验过程进行检查。

(2)在承包人的工地试验室(流动试验室)按技术规范规定的全频率抽样试验的基础上，试验监理工程师应按一定频率独立进行抽样试验，以鉴定承包人的抽样试验结果是否有效。

(3)当施工现场的旁站监理人员对施工质量或材料产生疑问并提出要求时，试验监理工程师应随时进行抽样试验，必要时要求承包人增加抽样频率。

4.5 验收试验

验收试验是对各项已完工程的实际内在品质做出评定。验收试验按以下要求进行：

(1)高驻办应派出试验检测监理人员，对承包人抽样试验的频率、抽样方法和试验过程进行有效的监督。

(2)在承包人的工地试验室(流动试验室)进行全频率抽样试验的基础上，试验监理工程师按一定的频率独立进行抽样试验，以鉴定承包人抽样试验的结果。

(3)试验监理工程师对承包人按技术规范要求进行检测试验项目的试验方案、设备及方法进行审查批准；对试验的实施进行现场监督；对试验结果进行评定。

第二篇

路基工程质量监理

第5章　概　　述

5.1　路基工程质量监理的基本要求

路基是公路工程的重要组成部分，它既是路面的主体，又是路面的基础。它是按照路线位置和一定技术要求修筑的带状构造物，承受由路面传递的荷载，必须具有足够的强度与稳定性。路基的强度与稳定性是保证路面强度与稳定性的基本条件。因此要求路基必须密实、均匀、稳定，能为路面提供坚实、可靠的基础。

在公路工程建设中，路基工程不仅工程量大，而且投资巨大，路基施工质量的好坏，直接影响到路面的使用质量与使用效果。因此，保证路基工程的施工质量，是公路工程施工的关键。

作为高等级公路的路基工程质量，一般应满足以下基本要求。

(1)具有足够的强度

路基除与路面共同承受交通荷载外，又是路面结构物的基础。道路上的交通荷载，通过路面传递给路基，并对其产生一定的压力，路基路面的自重又给地基一定压力，因此，要求路基应具有一定的强度，而路基的强度又直接影响到路面的强度。在我国的路面(或路基)设计方法中，路基的强度指标以回弹模量或路床的 CBR 值表示，因此，要求路基(或路床)在不利季节条件下的强度要达到规定的标准值，以保证路面的强度与稳定。

(2)具有足够的水稳性

路基不仅承受交通荷载的作用，同时还受到水文、气候条件的影响。路基主要受大气降水、地表水、地下水的作用，这些因素影响到路基的强度并发生季节性变化，使路基强度降低，产生过量的变形。特别是高填方路堤，受水浸蚀，路基的抗剪强度显著降低，在交通荷载及路基路面自重的综合作用下，路基失稳，易在路基体内产生滑动破裂面和过大的位移，从而引起路面的变形与损坏。因此，要求路基应具有足够的水稳性。

(3)具有足够的冰冻稳定性

我国季节性冰冻地区的路基，不仅受到交通荷载的作用，同时受到季节性的冰冻作用，使路基出现周期性的冻融状态，并同时引发以下冻胀病害的发生:路基不均匀冻胀破坏路面平整度，路面产生裂缝及融化使路基强度急剧降低。

因此，对季节性冰冻地区的路基，除具有足够的强度外，还要求具有足够的冰冻稳定性。

在路床中设置防冻层，是保证路基具有冰冻稳定性的有效措施。

路床是指路面底面以下 80cm 范围内的路基部分，是路面的基础，承受由路面传来的荷载。路床分为上路床(0～30cm)及下路床(30～80cm)。

在路基工程施工中，压实是形成路基强度最经济、有效的技术措施。压实可以充分发挥路基土的强度，减少路基、路面在行车荷载作用下的变形，还可以增加路基的不透水性和强度稳定性。

5.2　路基工程监理工作流程图

路基工程监理工作流程如图 5-1 所示。

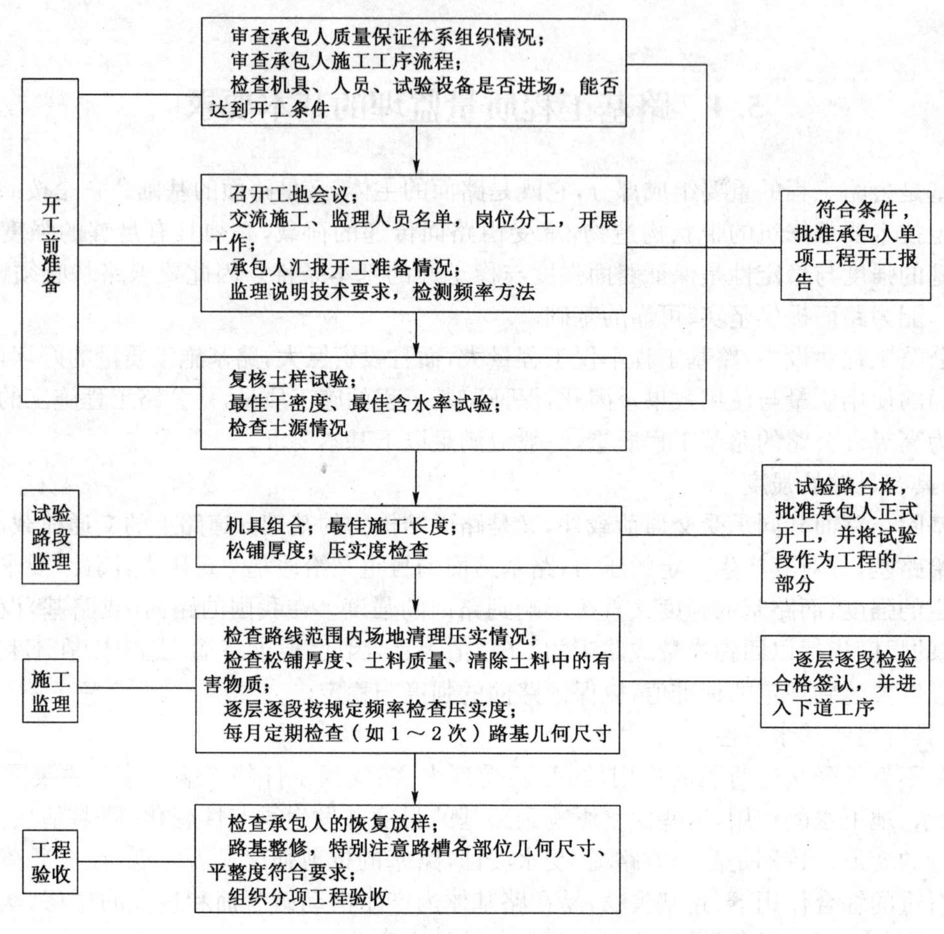

图 5-1　路基工程监理工作流程图

5.3　路基工程质量监理控制要点

(1)在路基用地和取土坑范围内，应清除地表植被、杂物、积水、淤泥和表土，处理坑塘，并按规范和设计要求对基底进行压实。

(2)修筑填石路堤时应进行地表清理，逐层水平填筑石块，摆放平稳，码砌边部。填筑层厚度及石块尺寸应符合设计和施工规范规定，填石空隙用石渣、石屑嵌压稳定。上、下路床填料和石料最大尺寸应符合规范规定。采用振动压路机分层碾压，压至填筑层顶面石块稳定，18t 以上压路机振压两遍无明显高程差异。

(3)路基填料应符合规范和设计的规定，经认真调查、试验后合理选用。

(4)填方路基须分层填筑压实,每层表面平整,路拱合适,排水良好。

(5)石方路堑的开挖宜采用光面爆破法。爆破后应及时清理险石、松石,确保边坡安全、稳定。

(6)施工临时排水系统应与设计排水系统结合,避免冲刷边坡,勿使路基附近积水。

(7)在设定取土区内合理取土,不得滥开滥挖。完工后应按要求对取土坑和弃土场进行修整,保持合理的几何外形。

(8)路基表面应整修平整。

5.4 试验检测监理工作程序

(1)原材料的试验监理程序见图5-2。

(2)现场检测试验监理程序见图5-3。

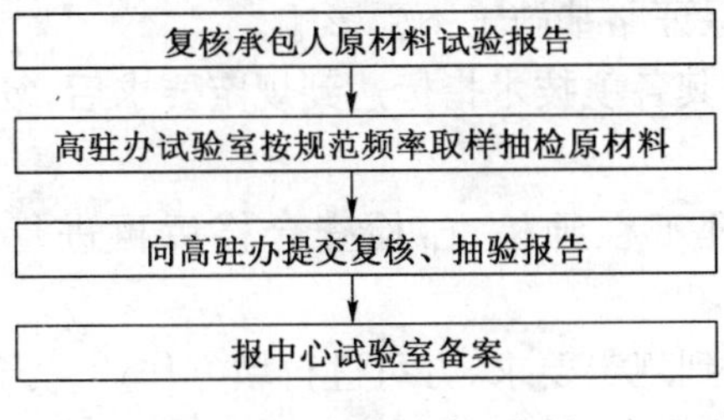

图5-2 原材料试验程序图

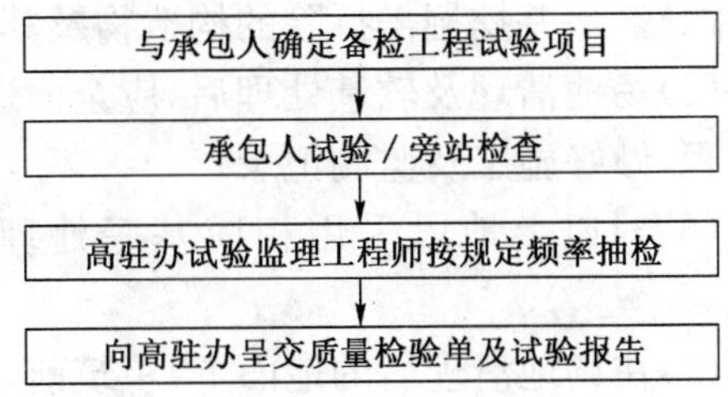

图5-3 现场检测试验监理程序图

第6章　原地面清理及填前压实

6.1　一般规定

(1)对耕土、松土段，先清除有机质土、种植土，然后平整压实。

(2)对深耕地段，必要时将松土翻挖，土块打碎，然后回填、整平、压实。

(3)水田、池塘和粉细砂基底处理前，先排水疏干，然后根据现场情况挖除淤泥，并采用抛填片石及砂砾石的办法予以加固。

(4)拆除并挖掘需拆除的构造物及其他障碍物，保证路基施工不受影响。

(5)场地清理及软基处理后，应全面进行检测，使其各项技术指标达到规定要求后，复测地面高程，做好施工及监测记录。

(6)对以上地段采用相应基底处理后报请监理工程师检查，检查合格后再进行路堤填筑。

(7)在场地清理后的地面上，填筑前，应整平压实到规定要求，方可进行填方作业。当地面横坡不陡于1∶10时，可直接填筑路堤；在稳定的斜坡上，横坡在1∶10～1∶5时，应将原地面表土翻松，再进行填筑；地面横坡陡于1∶5时，应将原地面挖成宽度小于1m的台阶，台阶顶面做成2%～4%的内倾斜坡，再进行路堤填筑，但砂性土上则可不挖台阶，只需将原地表翻松。

(8)稳定斜坡上地基表层的处理，应符合下列要求：

①地面横坡缓于1∶5时，清除地表草皮、腐殖土后，可直接在天然地面上填筑路堤。

②地面横坡为1∶5～1∶2.5时，原地面应挖台阶，台阶宽度不应小于2m。当基岩面上的覆盖层较薄时，宜先清除覆盖层再挖台阶；当覆盖层较厚且稳定时，可予保留。

③地面横坡陡于1∶2.5地段的陡坡路堤，必须检算路堤整体沿基底及基底下软弱层滑动的稳定性，抗滑稳定系数不得小于路基设计规范的规定；否则，应采取改善基底条件或设置支挡结构物等防滑措施。

6.2　原地面清理及填前压实监理流程图

原地面清理及填前压实监理流程见图6-1。

6.3　监理控制要点

(1)复核承包人路线放样，检查放样线与征地边界线是否一致，注意路段内是否有超高或加宽路段在放样时被遗漏。

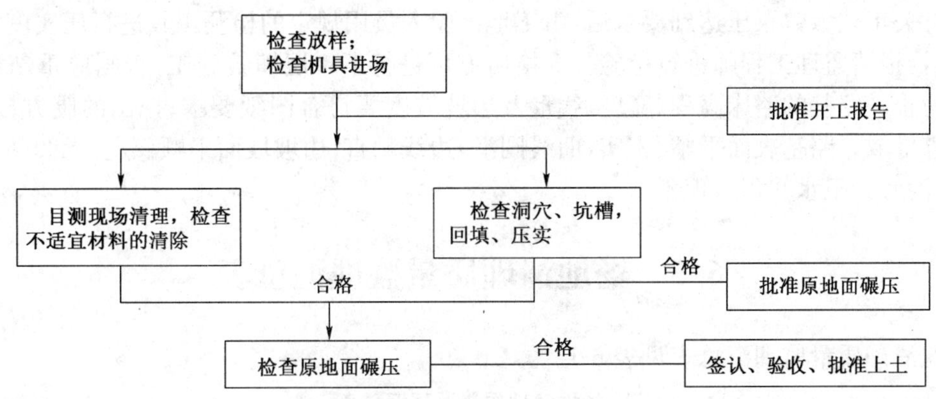

图 6-1　原地面清理及填前压实监理流程图

(2)地面树根、拆迁建筑物后的残渣或遗留的不适宜材料，承包人必须组织力量彻底清理出场。

(3)当地下水影响路堤稳定时，应采取拦截引排地下水或在路堤底部填筑渗水性好的材料等措施。

(4)检查沿线是否有隐蔽的水井、坟坑或洞穴，对此，必须认真回填夯实。

(5)应将地基表层碾压密实。在一般土质地段，高速公路、一级公路和二级公路基底的压实度(重型)不应小于 90%；三、四级公路不应小于 85%。路基填土高度小于路面和路床总厚度时，应将地基表层土进行超挖、分层回填压实，其处理深度不应小于重型汽车荷载作用的工作区深度。

(6)填土高度小于 1m，应将路基范围内所有附着物彻底清除，并检测清表后地基的土质性质、承载力，据以确定是否需要采取换填等处理措施。

(7)当路基填土高度大于 2m，地表处于干燥状态，承载力满足计算要求时，在砍树、挖根、清表、地表排水完成后，可以直接平整场地，压实至规定的压实度(填土高度大于 150cm 按 85%，80～150cm 按 93%，80cm 按 95%控制)。

(8)原地面为高液限黏土、含砾高液限黏土，应使用 12～18t 压路机静态碾压；砂土、中低液限的砂类土的原地面，应使用振动压路机碾压。

(9)对小面积、深度不大的坑、洞、墓穴，应清表后回填碎石、砂砾、灰土，并按规定分层夯实。

(10)面积比较大，有一定承载力的人工坑洞，如煤窑、古墓、防空洞等，可采取拆除、填充、跨越处理。黄土地区的陷穴，要查明水源的供给，采取拦、截、排、堵的措施，消除水的影响后再处理。

6.4　质 量 检 测

路堤施工每层填筑前，应对下一层填土质量状况进行检测，每 5 000m^3 填料进行一次填料的检测，检测按《公路土工试验规程》(JTG E40—2007)规定的方法进行颗粒分析，含水率与有机质含量、液塑限联合试验，有机质含量、承载力试验和击实试验。在施工过程中，按照试验段提供的有关工艺参数碾压达到要求后，由工地试验人员用规定的检测工具进行压实度检测，达到标准后，报请监理工程师进行检验。合格后方可进行下一层填筑施工，否则应重新压实，直到合格为止。路基的路床高程、宽度、线形及边坡坡度要符合图纸要求；挖出的废方按指定的地点整齐堆放。路基表面平整、密实，曲线圆滑，边线顺直；边坡坡面平顺稳定，无凹凸现象；边沟整齐，沟底无阻水和积水现象。

6.5 场地清理质量监理汇总表

场地清理质量监理汇总表见表6-1。

场地清理质量监理汇总表 表6-1

项 目	质量标准	检查频率	检验方法	检验程序	认可程序	备注
清理	路基范围内垃圾、淤泥、杂草清除	全施工段检查	目测	承包人自检	专业监理工程师	
回填	坑槽、洞穴、回填并按要求夯实					
路基排水	路基施工范围内积水排除、开挖边沟					
表土清除	按设计要求清除不适宜土壤					
填前压实	高速公路、一级公路和二级公路路堤基底的压实度不小于85%，或按设计要求	2 000m^{2}测4处	密度法			

第 7 章　填方路堤监理

7.1　一 般 规 定

(1)在填筑路堤前,将原地面上的杂草、耕作物及地表层腐殖土清除干净,用平地机整平,用压路机进行填前压实,并达到表 6-1 所要求的压实度。

(2)填筑路堤时分层铺松土整平后,首先应检查每一松铺土层的厚度,因为它直接影响到每一层的压实厚度,所以要严格控制。

(3)路堤必须在整个清场宽度范围内水平分层填筑,在最佳含水率条件下分层碾压。压路机对路基填土压实时,应遵循先轻后重、先静压后振动的原则。碾压遍数,可根据地基强度、土质、压实机具的类型而定,或至压路机碾压到填土层表面无轮迹为止(一般至少碾压 4 遍)。然后检查压实度并同时检测压实厚度。

(4)填方路基准备阶段监理(驻地办)一般流程如图 7-1 所示。

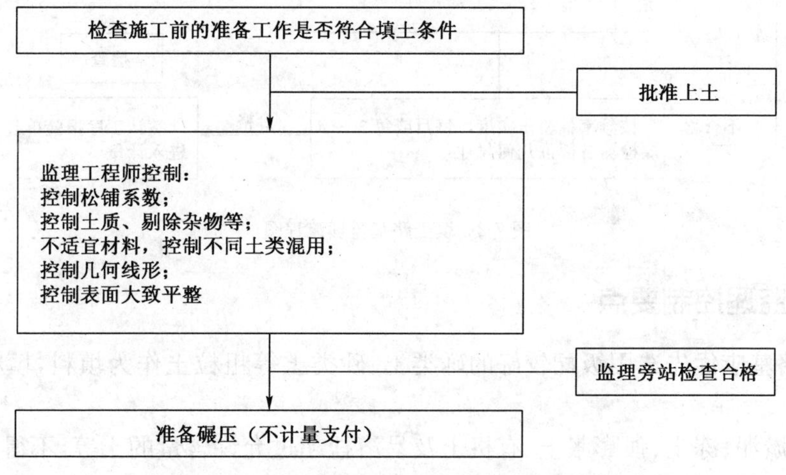

图 7-1　填方路基准备阶段监理一般流程(驻地办)图

7.2　土质路堤填筑

7.2.1　基本要求

(1)在路基用地和取土坑范围内,应清除地表植被、杂物、积水、淤泥和表土,处理坑塘,并按规范和设计要求对基底进行压实。

(2)路基填料应符合规范和设计的规定,经认真调查、试验后合理选用。

(3)填方路基须分层填筑压实，每层表面平整，路拱合适，排水良好。

(4)施工临时排水系统应与设计排水系统结合，避免冲刷边坡，勿使路基附近积水。

(5)在设定取土区内合理取土，不得滥开滥挖。完工后应按要求对取土坑和弃土场进行修整，保持合理的几何外形。

7.2.2　填土路基监理流程图

填土路基监理流程见图7-2。

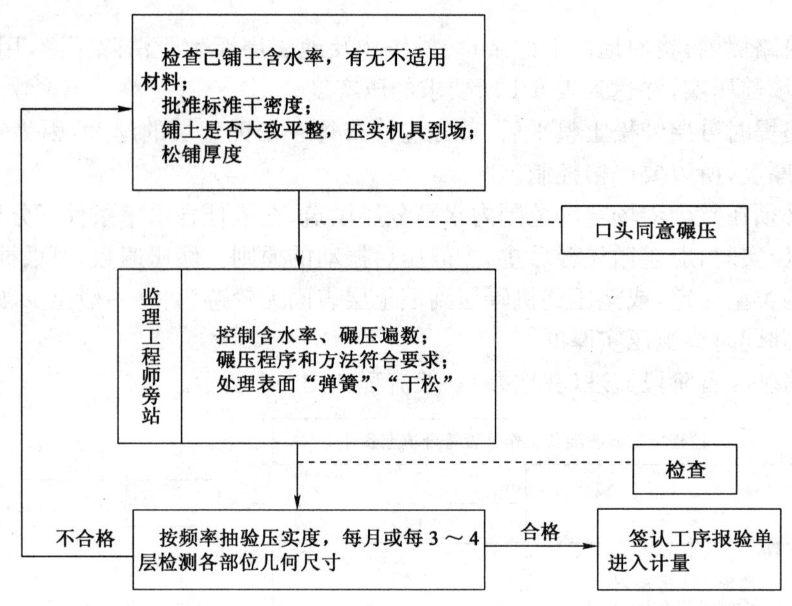

图7-2　填土路基监理流程图

7.2.3　监理控制要点

(1)填方路基应优先选用级配较好的砾类土、砂类土等粗粒土作为填料，填料最大粒径应小于150mm。

(2)泥炭、淤泥、冻土、强膨胀土、有机土及易溶盐超过允许含量的土等，不得直接用于填筑路基。冰冻地区的路床及浸水部分的路堤不应直接采用粉质土填筑。

(3)当采用细粒土填筑时，路堤填料最小强度应符合表7-1的规定。

(4)液限大于50%、塑性指数大于26的细粒土，不得直接作为路堤填料。

(5)浸水路堤应选用渗水性良好的材料填筑。当采用细砂、粉砂作填料时，应考虑振动液化的影响。

(6)桥涵台背和挡土墙墙背应优先选用渗水性良好的填料。在渗水材料缺乏的地区，采用细粒土填筑时，宜用石灰、水泥、粉煤灰等无机结合料进行处治。

(7)细粒土填筑时的含水率应接近最佳含水率。当含水率过高时，应采取晾晒或掺入石灰、水泥、粉煤灰等材料进行处治。

路堤填料最小强度要求　　表 7-1

项目分类	路面底面以下深度(m)	填料最小强度(CBR)(%)		
		高速公路、一级公路	二级公路	三、四级公路
上路堤	0.8～1.5	4	3	3
下路堤	1.5 以下	3	2	2

注:①当路基填料 CBR 值达不到表列要求时,可掺石灰或其他稳定材料处理。

②当三、四级公路铺筑沥青混凝土和水泥混凝土路面时,应采用二级公路的规定。

7.2.4　外观鉴定

(1)路基表面平整,边线直顺,曲线圆滑。不符合要求时,单向累计长度每 50m 减 1～2 分。

(2)路基边坡坡面平顺、稳定,不得亏坡,曲线圆滑。不符合要求时,单向累计长度每 50m 减 1～2 分。

(3)取土坑、弃土堆、护坡道、碎落台的位置适当,外形整齐、美观,防止水土流失。不符合要求时,每处减 1～2 分。

(4)设计植草的路段,发现明显缺陷时,单向累计长度每 50m 减 1～2 分。

(5)土方路基检查标准与频率如表 7-2 所示。

土方路基实测项目　　表 7-2

项次	检查项目			规定值或允许偏差			检查方法和频率	监理抽查频率
				高速公路一级公路	其他公路			
					二级公路	三、四级公路		
1Δ	压实度(%)	零填及挖方(m)	0～0.30	—	—	94	密度法:每 200m 每压实层测 4 处	密度法,每 100m 每压实层测 1 处
			0～0.80	≥96	≥95	—		
		填方(m)	0～0.80	≥96	≥95	≥94		
			0.80～1.50	≥94	≥94	≥93		
			>1.50	≥93	≥92	≥90		
2Δ	弯沉(0.01mm)			不大于设计要求值			按规范检查	跟踪旁站
3	纵断高程(mm)			+10,−15	+10,−20		水准仪:每 200m 测 4 断面	旁站检查(或专业工程师抽查),每 100m 测 1 点
4	中线偏位(mm)			50	100		经纬仪:每 200m 测 4 点,弯道加 HY、YH 两点	旁站检查(或专业工程师抽查),每 100m 测 1 点
5	宽度(mm)			符合设计要求			米尺:每 200m 测 4 处	旁站检查(或专业工程师抽查),每 100m 测 1 点
6	平整度(mm)			15	20		3m 直尺:每 200m 测 2 处×10 尺	旁站检查(或专业工程师抽查),每 200m 测 1 个断面

续上表

项次	检查项目	规定值或允许偏差			检查方法和频率	监理抽查频率
		高速公路一级公路	其他公路			
			二级公路	三、四级公路		
7	横坡(%)	±0.3	±0.5		水准仪：每200m测4个断面	旁站检查(或专业工程师抽查)，每200m测1个断面
8	边坡	符合设计要求			尺量：每200m测4处	旁站检查(或专业工程师抽查)，每200m测1处

注：①表列压实度以重型击实试验法为准，评定路段内的压实度平均值下置信界限不得小于规定标准，单个测定值不得小于极值(表列规定值减5个百分点)；按不小于表列规定值减2个百分点的测点数量占总检查点数的百分率计算合格率。

②采用核子仪检验压实度时应进行标定试验，确认其可靠性。

③特殊干旱、特殊潮湿地区或过湿土路基，可按交通部颁发的路基设计、施工规范所规定的压实度标准进行评定。

④三、四级公路铺筑沥青混凝土或水泥混凝土路面时，其路基压实度应采用二级公路标准。

7.3 填石路堤填筑

7.3.1 一般要求

(1)膨胀性岩石、易溶性岩石、崩解性岩石和盐化岩石等均不应用于路堤填筑。

(2)用填石料修筑公路路堤，应采取相应的技术措施，做好断面设计、结构设计和排水设计，保证填石路堤有足够的强度和稳定性，并具有可供铺筑路面的坚实基础。

(3)填石路堤应采用大功率推土机与重型压实机具施工。

(4)填石路堤在施工前，应通过试验路段，确定填石路堤合适的填筑层厚、压实工艺以及质量控制标准。

(5)采用强夯或冲击式压路机进行施工的填石路堤，其压实层厚与质量控制标准可通过现场试验或参照相应的技术规范确定。

7.3.2 填石路基监理流程图

填石路基监理流程见图7-3。

7.3.3 监理控制要点

(1)填石路堤的压实质量宜采用施工参数(压实功率、碾压速度、压实遍数、铺筑层厚等)与压实质量检测联合控制。

(2)填石路堤压实质量以采用压实沉降差或空隙率进行检测，空隙率的检测应采用水袋法进行。

(3)在填石料表面填筑土、粉煤灰等其他材料时，填石料顶面应无明显孔隙、空洞。在

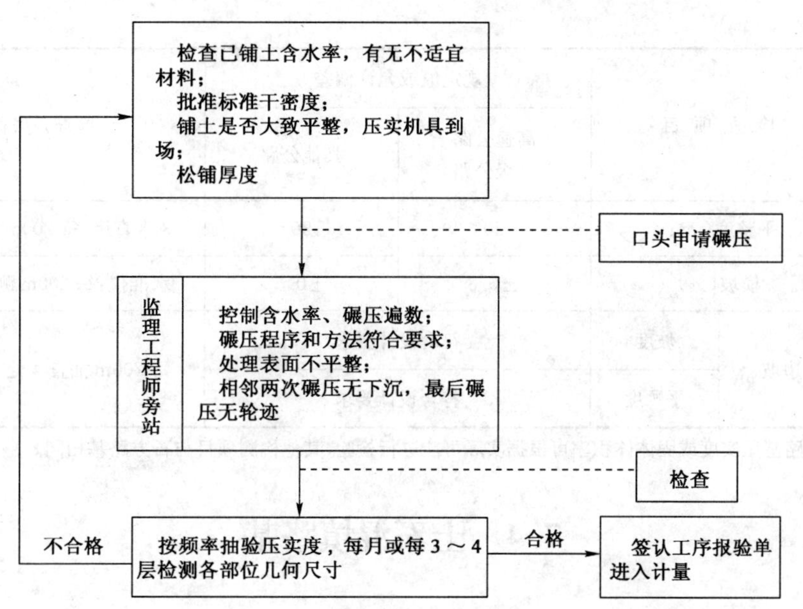

图 7-3　填石路基监理流程图

其他填料填筑前，填石路堤最后一层的铺筑层厚应不大于 400mm，过渡层碎石料粒径应小于 150mm，其中小于 0.05mm 细料含量不应小于 30％。在必要时，宜设置土工布作为隔离层。

7.3.4　外观鉴定

(1)上边坡不得有松石。不符合要求时，每处减 1～2 分。

(2)路基边线直顺，曲线圆滑。不符合要求时，单项累计长度每 50m 减 1～2 分。

(3)石方路基检查标准与频率如表 7-3 所示。

石方路基实测项目　　表 7-3

项次	检 查 项 目	规定值或允许偏差		检查方法和频率
		高速公路 一级公路	其他公路	
1	压实	层厚及碾压遍数符合要求		查施工记录
2	纵断高程(mm)	+10，-20	+10，-30	水准仪：每 200m 测 4 断面
3	中线偏位(mm)	50	100	经纬仪：每 200m 测 4 点，弯道加 HY、YH 两点
4	宽度(mm)	符合设计要求		米尺：每 200m 测 4 处

续上表

<table>
<tr><th rowspan="2">项次</th><th rowspan="2" colspan="2">检 查 项 目</th><th colspan="2">规定值或允许偏差</th><th rowspan="2">检查方法和频率</th></tr>
<tr><th>高速公路
一级公路</th><th>其他公路</th></tr>
<tr><td>5</td><td colspan="2">平整度(mm)</td><td>20</td><td>30</td><td>3米直尺:每200m测2处×10尺</td></tr>
<tr><td>6</td><td colspan="2">横坡(%)</td><td>±0.3</td><td>±0.5</td><td>水准仪:每200m测4断面</td></tr>
<tr><td rowspan="2">7</td><td rowspan="2">边坡</td><td>坡度</td><td colspan="2">符合设计要求</td><td rowspan="2">每200m抽查4处</td></tr>
<tr><td>平顺度</td><td colspan="2">符合设计要求</td></tr>
</table>

注:土石混填路基压实度或固体体积率可根据实际可能进行检验,其他检测项目与石方路基相同。

7.4　土石混填路基

7.4.1　一般要求

(1)路堤应分层填筑,分层压实。分层松铺厚度以30~40cm为宜。

(2)当石块含量多于50%而小于70%时,将石块大面朝下分开摆放平稳,缝隙内填以土或石屑,每层40cm,整平后需再压实。

(3)当石块含量高于70%时,石块应按上述方法摆平放稳,每层厚度不得超过30cm,大石块间的空隙,填土并予以压实。

(4)石块含量少于50%时,可在卸土后随摆石块随匀土,平垫成层厚30cm再压实。

(5)土石混合材料中所含石块强度大于20MPa时,石块的最大粒径不得超过压实层厚度的2/3,超过的应清除或打碎。当所含石块强度小于15MPa(软质岩)或强度小于5MPa(极软质岩)时,石块最大粒径不得超过压实层厚,超过的应打碎。

(6)应采用振动压路机或35~50t轮胎压路机进行碾压。采用振动压路机碾压时,第一遍应不振动静压,然后先慢后快(最佳适宜速度:振动压路机为3~6km/h;光轮压路机为2~5 km/h;平均采用4 km/h),由弱振到强振。碾压数遍直至使土达到要求的密实度,使各石块之间松散接触状态变为紧密咬合状态,具体的碾压遍数及压实标准需按现场试验确定。

(7)路床顶面以下80cm范围内应填筑符合路床要求的土并分层压实,填料最大粒径不大于10cm。

7.4.2　土石混填路基监理流程图

土石混填路基监理流程见图7-4。

7.4.3　监理控制要点

(1)土石混填摊铺不宜采用倾填方法,仍然按填石路堤施工方式,采用"进占式"填筑工艺进行,填石路堤施工质量控制方法仍适用于此。

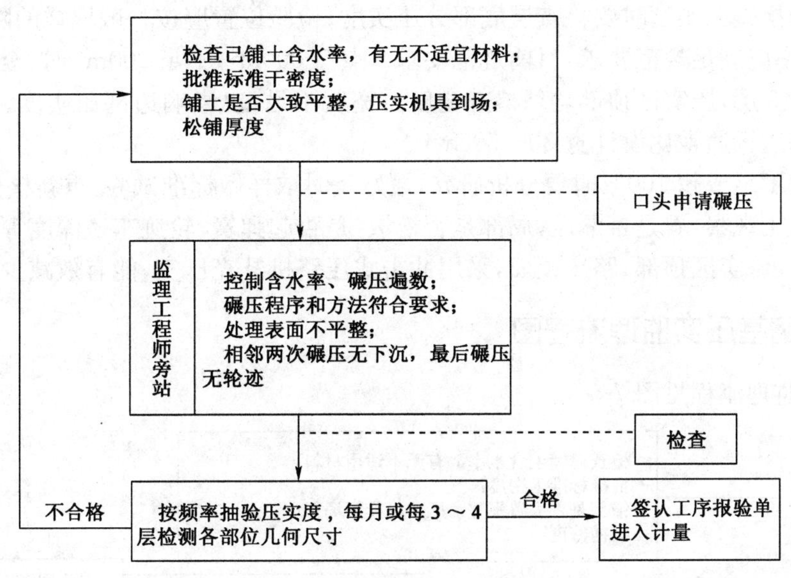

图 7-4　土石混填路基监理流程图

(2)由于压实层厚随土石所占比例含量而变化。因此，应根据施工前铺筑的试验路确定，但松铺厚度不宜超过 40cm。

(3)料场不同，土石含量变化大，且压实后渗水性差异较大的填料应分段或分层填筑，一般不宜纵向分幅填筑。

(4)土石混合料比相差较大时，或岩石的岩性不同时，应分层或分段填筑；否则，应将硬质石块铺于填筑面的下层，且石块不得过分集中或重叠，上面再铺含软质混合料，再进行整平碾压。

(5)靠近路床顶面部分仍然按填石路堤的要求，采用逐渐碎石过渡层。

(6)同一断面上，土石混合结构层与填石路堤或填土路堤结构层组合时，层间均应设置 2～3 层总厚度 30～50cm 的碎石过渡层。每种结构层总厚度不能小于 80cm；否则，应作废弃处理。

7.5　路基压实

7.5.1　一般规定

(1)严格遵守试验路所确定的松铺厚度—压实机械吨位功率—压实遍数的关系，特别应防止松铺厚度过厚或过薄，防止压实遍数过多或过少。

(2)严格控制在最佳含水率范围施工，对于特定碾压机械，含水率过大或者过小都会使压实度下降。

(3)压路机行走速度、行走路线、振动、静压工作次序，也影响压实度。压实的组织原则是：先轻后重，先慢后快，先低后高，先两边后中间，前后两遍轮印重叠 15～20cm，压至无明显痕迹。

(4)灌砂法检查压实度时要检查层底部分压实度;检验位置应按一般取样的随机抽检计算确定。检查频率应满足规范要求,目前规范要求 8 点/2 000m^2,不足 200m^2 时,至少检验 2 点。

(5)每填土 5 层,压实区顶部均须检查宽度。宽度不足,也影响边部压实度。为保证边部压实,两侧路基边缘通常比设计宽 30～50cm。

(6)压实度不足或超 100%时要分析研究,最好及时取样做标准试验,重新核校。

(7)配合人工观察,看是否漏压,局部是否松散,是否起弹簧,轮迹车辙深度等。

(8)每五层、压实区顶部、路床顶面,采用冲击式压路机补充压实,能有效减少工后沉降。

7.5.2　路基压实监理流程图

路基压实监理流程见图 7-5。

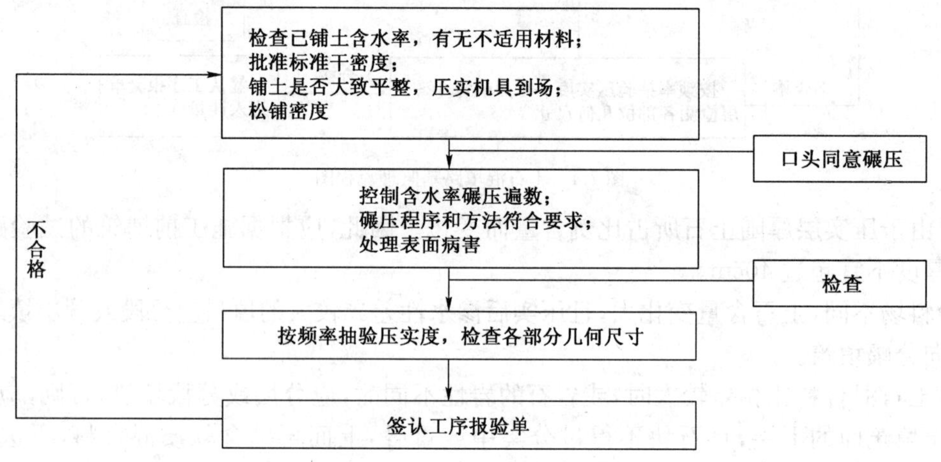

图 7-5　路基压实监理流程图

7.5.3　土质路基压实

表 7-4 规定了各区域路基压实度要求。

土质路基压实度标准　　表 7-4

填挖类型		路床顶面以下深度(m)	压实度(%)		
			高速公路、一级公路	二级公路	三、四级公路
路堤	上路床	0～0.30	≥96	≥95	≥94
	下路床	0.30～0.80	≥96	≥95	≥94
	上路堤	0.80～1.50	≥94	≥94	≥93
	下路堤	>1.50	≥93	≥92	≥90
零填及挖方路基		0～0.30	≥96	≥95	≥94
		0.30～0.80	≥96	≥95	—

注:①表列压实度以《公路土木试验规程》重型击实试验法为准。
②三、四级公路铺筑水泥混凝土路面或沥青混凝土路面时,其压实度应采用二级公路的规定值。
③路堤采用特殊填料或处于特殊气候地区时,压实度标准根据试验路在保证路基强度要求的前提下可适当降低。
④特别干旱地区的压实度标准可降低 2%～3%。

高速公路、一级公路、二级公路路堤与桥台、横向构造物(涵洞、通道)连接处应设置过渡段,路基压实度不应小于96%,并注意填料强度、地基处理、台背防排水系统等综合设计。过渡段长度宜按2～3倍路基填土高度确定。

7.5.4　石质路基压实

不同强度的石料,应分别采用不同的填筑层厚和压实控制标准。填石路堤的压实质量标准宜用空隙率作为控制指标,并符合表7-5～表7-7要求。

硬质石料压实质量控制标准　　表7-5

分区	路面底面以下深度(m)	摊铺层厚(mm)	最大粒径(mm)	压实干密度(kN/m³)	空隙率(%)
上路堤	0.80～1.50	≤400	小于层厚2/3	由试验确定	≯23
下路堤	＞1.50	≤600	小于层厚2/3	由试验确定	≯25

中硬石料压实质量控制标准　　表7-6

分区	路面底面以下深度(m)	摊铺层厚(mm)	最大粒径(mm)	压实干密度(kN/m³)	空隙率(%)
上路堤	0.80～1.50	≤400	小于层厚2/3	由试验确定	≯22
下路堤	＞1.50	≤500	小于层厚2/3	由试验确定	≯24

软质石料压实质量控制标准　　表7-7

分区	路面底面以下深度(m)	摊铺层厚(mm)	最大粒径(mm)	压实干密度(kN/m³)	空隙率(%)
上路堤	0.80～1.50	≤300	小于层厚	由试验确定	≯20
下路堤	＞1.50	≤400	小于层厚	由试验确定	≯22

现场必须控制石料的最大粒径在30cm以内,摊铺、整平过程中随时观察是否有粒径超过30cm的石块。

填石路基应选择水稳性好的石料,其强度不应小于15MPa。路基边坡码砌厚度不应小于1m(填土高度小于6m)或2m(填土高度大于6m)。码砌宽度属于加宽部分,不在路基宽度之内。码砌边坡可按1∶1控制。卸载后用320t推土机平整,个别不平整处应配合人工用细石块、石屑找平。采用50t凸块振动压路机、50t冲击压路机振动碾压。

填石路基压实控制通常根据试验路报告控制碾压遍数。观测最后两遍相邻碾压痕迹高差不超过规定值(一般为3mm)。填石路基应建立长期的沉降观测点,定期观测沉降量。

7.5.5　土石混填路基压实

填石路堤的压实表现为外力作用使石与石之间镶紧的排列过程、填装过程、分离过程和夯实过程。土石混填路堤当采用石料含量在$30\%<T<70\%$的填料时,路堤填筑、压实控制应按土石混填工艺施工,排列过程、分离过程和夯实过程同时发生。石料含量在$30\%<T<40\%$时,以排列过程、分离过程较显著,这时一般按填土控制;石料含量在$40\%<T<70\%$时,以填

装过程和夯实过程较显著，这时一般按填石控制。

1)土石混填压实质量控制

(1)土石混填路堤的压实层厚除了取决于压实机械外，还与土石含量比例有关。所以必须两者综合考虑决定层厚。

(2)压实机械的吨位大于 40t，小于 40t 基本上达不到预期压实效果。为有效消除沉降量，每填 2～3m 高度应使用 50t 冲击压实机械冲击 15～20 遍，并观察、检测痕迹、高程。

(3)坚持每层足够频率检测沉降量，局部使用灌砂法校核。

(4)土石混填路堤压实既要防止细粒土过量振实，又要避免石料"顶天立地"，石料间隐存空隙，或过量碾碎石料，同时土石不能产生离析。目前一般采用 50t 凸块振动压路机、50t 冲击压路机、30～50t 压路机控制压实。

(5)为了避免运输、摊铺过程中土石产生离析，一律采用大吨位自卸汽车运输。

2)监理控制要点

(1)用灌砂法或水袋法检测压实度，其标准干重度应根据每一种填料的不同含石量的最大干重度作出标准干密度曲线，然后根据试坑挖取试样的含量，从标准干重度曲线上查出对应的标准干密度。

(2)土石路堤的压实度标准可采用灌砂法或水袋法检验，当按"填石路堤(包括分层填筑岩块及倾填爆破石块)的紧密程度在规定深度范围内，以通过 12t 以上振动压路机进行压实试验，当压实层顶面稳定，不再下沉(无轮迹)时，可判为密实状态"的规定方法检验时，应按该条的规定判定压实度是否合格。

第 8 章　路堑开挖监理

路堑开挖要注意边坡的稳定性，对于有软弱结构面的岩质边坡、坡顶边缘附近有较大荷载的边坡、边坡高度超过岩质路堑边坡坡率规定范围的边坡，边坡坡率应按有关规定通过稳定性计算确定。

挖方路基监理一般流程见图 8-1。

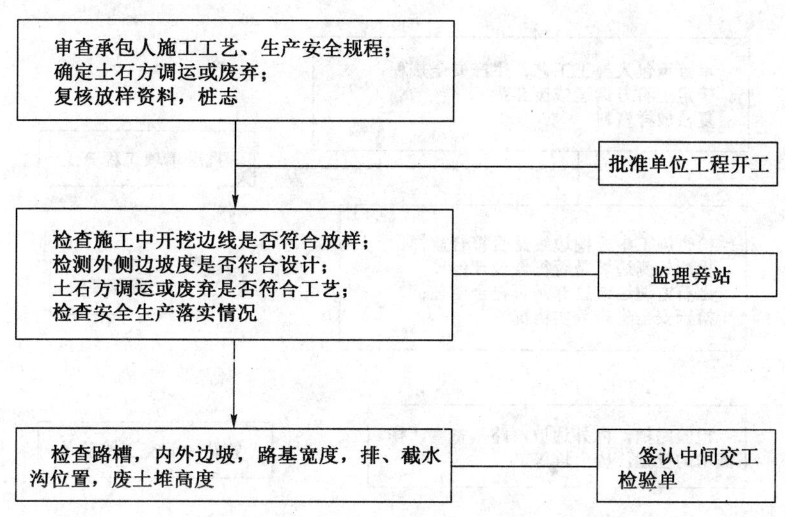

图 8-1　挖方路基监理一般流程图

8.1　土质路堑开挖

8.1.1　概述

(1)土质路堑边坡形式及坡率应根据工程地质、水文地质条件、边坡高度、排水措施、施工方法，并结合自然稳定山坡和人工边坡的调查及力学分析综合确定。

(2)边坡高度不大于 20m 时，边坡坡率不宜陡于表 8-1 的规定。

土质路堑边坡坡率　　表 8-1

土的类别		边坡坡率
黏土、粉质黏土、塑性指数大于 3 的粉土		1∶1
中密以上的中砂、粗砂、砾砂		1∶1.5
卵石土、碎石土、圆砾土、角砾土	胶结和密实	1∶0.75
	中　密	1∶1

注：黄土、红黏土、高液限土、膨胀土等特殊土质挖方边坡形式及坡度应按《公路路基设计规范》(JTG D30—2004)的有关规定确定。

(3)路堑边坡高度大于20m时,其边坡形式及坡度应按挖方高边坡的要求确定。

(4)土质路堑开挖无论工程量有多大,土层有多深,均严禁用爆破法施工。开挖时,均应自上而下,按图纸或监理工程师指定边坡坡率进行分层开挖,不得乱挖超挖。

(5)开挖中发现土层性质有变化时,应修改施工方案,并立即报告监理工程师,并按其指示办理。如果在预定的地方设置弃土场不能满足堆积弃方数量时,承包人应提前选择弃土场,否则应停止开挖,重新选择弃土位置后并相应修改施工方案提交监理工程师批准。

8.1.2　土方路堑监理流程图

土方路堑监理一般流程见图8-2。

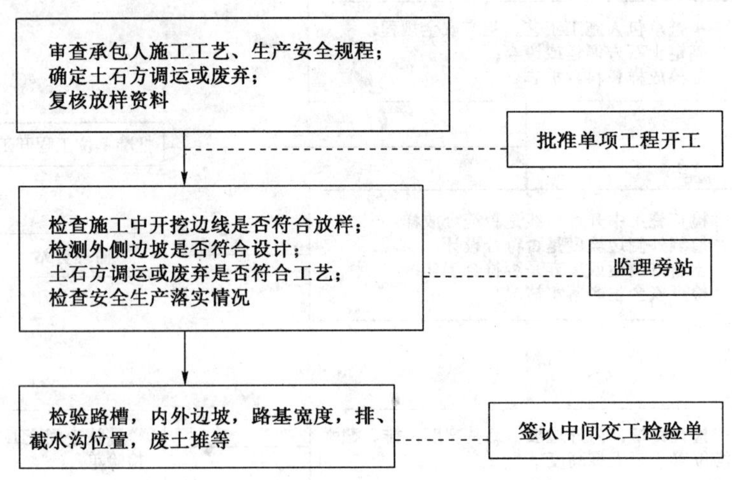

图8-2　土方路堑监理一般流程图

8.1.3　监理控制要点

(1)开挖前应清场并将清场土运至监理工程师指定的地点储存。

(2)挖方路基的弃土,一般应以挖作填。若设计文件无明确规定时,承包人不得随意动用,而应按监理工程师的指令处理。

(3)挖方路基应按设计的横断面及边坡坡度要求,自上而下逐层开挖,不得乱挖、超挖和欠挖。严禁掏洞取土,更不得因开挖方式不当引起边坡失稳或坍塌。

(4)挖方路基施工,边坡修正与边坡的稳定是影响施工质量的主要工序之一。当遇过高的边坡或挖方路段水文地质情况不良时,应即时采取必要的应急措施或设置必要的防护工程。

(5)路堑路床的表层下为有机土、难以晾晒与压实的土或CBR值较低的土壤,不宜作路床用土时,均应清除后用质量符合规定的土换填。

(6)路堑路床深度范围内的压实度应达到表7-4规定的压实度标准。施工时宜全部翻松,分层回填,分层压实。若含水率过大还应晾晒。

(7)方路堑开挖的施工方法分横挖法和纵挖法。

8.2 石质路堑开挖

8.2.1 概述

(1)岩质路堑边坡形式及坡度应根据工程地质与水文地质条件、边坡高度、施工方法,结合自然稳定边坡和人工边坡的调查综合确定,必要时可采用稳定分析方法予以验算。

(2)边坡高度不大于 30m 时,无外倾软弱结构面的边坡按岩质边坡的岩体分类确定岩体类型,边坡坡率可按表 8-2 确定。

岩质路堑边坡坡率 表 8-2

边坡岩体类型	风 化 程 度	边 坡 坡 率	
		$H<15$m	$15\text{m}\leqslant H<30$m
Ⅰ类	未风化、微风化	1∶0.1~1∶0.3	1∶0.1~1∶0.3
	弱风化	1∶0.1~1∶0.3	1∶0.3~1∶0.5
Ⅱ类	未风化、微风化	1∶0.1~1∶0.3	1∶0.3~1∶0.5
	弱风化	1∶0.3~1∶0.5	1∶0.5~1∶0.75
Ⅲ类	未风化、微风化	1∶0.3~1∶0.5	
	弱风化	1∶0.5~1∶0.75	
Ⅳ类	弱风化	1∶0.5~1∶1	
	强风化	1∶0.75~1∶1	

注:①有可靠的资料和经验时,可不受本表限制。
②Ⅳ类强风化包括各类风化程度的极软岩。

(3)对于有外倾软弱结构面的岩质边坡、坡顶边缘附近有较大荷载的边坡、边坡高度超过表 8-2 范围的边坡等,边坡坡率应按有关规定通过稳定性分析计算确定。

(4)硬质岩石挖方路基宜采用光面、预裂爆破技术。

(5)边坡高度大于 20m 的软弱松散岩质路堑,宜采用分层开挖、分层防护和坡脚预加固技术。

8.2.2 石方路堑监理流程图

石方路堑监理一般流程见图 8-3。

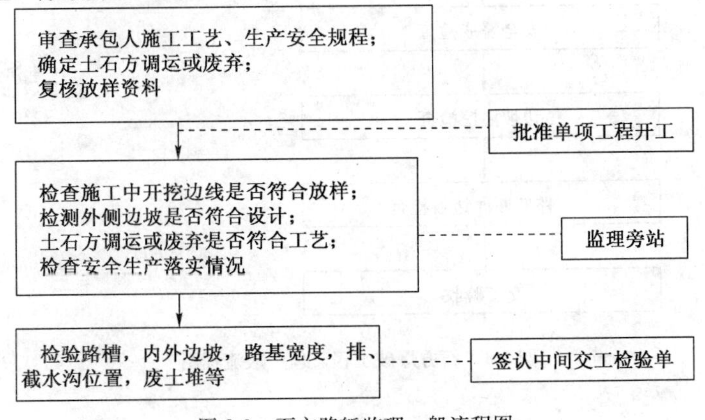

图 8-3 石方路堑监理一般流程图

8.2.3 监理控制要点

(1)开挖石方,应根据岩石类别、风化程度和节理发育程度来确定开挖方式,对于软质岩石和强风化岩石能用机械直接开挖的,均采用机械开挖,不能用机械或人工开挖的石方,则应采用爆破法开挖。

(2)采用爆破法开挖的石方,首先应确定爆破的方案,根据确定的爆破方案,进行炮位、炮孔深度和用药量计算,其设计图纸和资料应报送主管部门或监理单位审批。

(3)选用爆破法开挖石方应按爆破步骤进行。

8.3 石方爆破

采用爆破法开挖的路段,如空中有缆线,应查明其平面位置和高度,还应调查地下有无管线;如果有管线,应查明其平面位置和埋设深度,同时应调查开挖边界线外的建筑物结构类型、完好程度、距开挖界距离,然后制定爆破方案。任何爆破方案的制订,必须确保中缆线、地下管线和施工区边界处建筑物的安全。

8.3.1 石方爆破工程监理工作流程图

石方爆破工程监理一般流程见图 8-4。

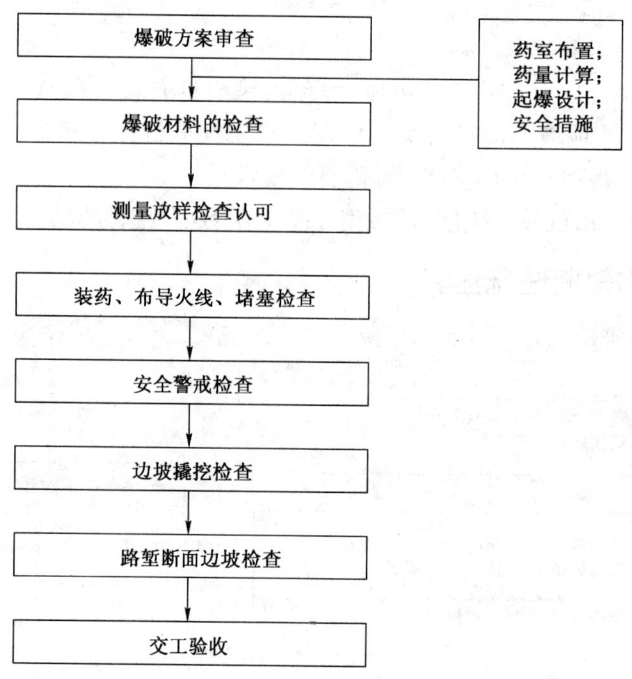

图 8-4 石方爆破工程监理一般流程图

8.3.2　监理控制要点

(1)爆破后如有瞎炮,应由原施工人员参加处理,采取安全措施排除。对于大爆破,应找出线头接上电源重新起爆,或者沿导洞小心掏取堵塞物,取出起爆器,用水灌浸药室使炸药失效,然后清除。对中小型炮,可在距瞎炮的最近距离不小于 0.6m 处,另行打眼爆破,当炮眼不深时,也可用裸露药包爆破。

(2)大爆破后,应及时清理危石和堑内土石方,测定爆破效果。

(3)开挖石方如为废弃方,如装运受装载运输机械的限制,可对个别大石块进行二次爆破。

第9章 特殊路基施工

9.1 软土地基处理

软土地基的处治方法有垫层及浅层处治、反压护道、土工合成材料处治、袋装砂井、塑料排水板、粉喷桩、砂桩、碎石桩、加固土桩、重锤夯实、强夯地基等，具体根据实际情况选用，下面分别详述每种处治方法的监理流程和监理要点。

9.1.1 垫层及浅层处治

垫层及浅层处治的方法通常有换填地基法、抛石挤淤法、砂砾垫层等，其施工监理主要是确保增加地表强度、防止地基局部剪切变形等设计目的的较好实现，同时由于地表以下浅层的软土、泥沼的范围变化复杂，垫层及浅层处治施工中工程量的设计值多为参考值，故施工监理的另一个重点是控制实际工程量。

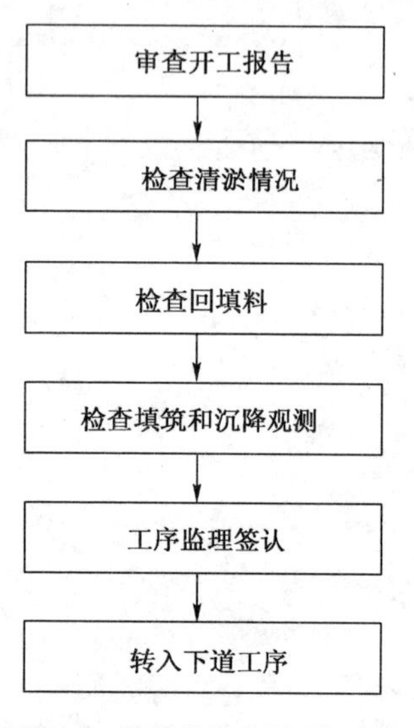

图9-1 换填地基监理一般流程图

1)换填地基

(1)监理程序流程图

换填地基监理一般流程见图9-1。

(2)监理控制要点

①清淤的废料应妥善堆放到指定的弃土场，不得随意倾倒，造成污染环境；

②回填料检验；

③分层填筑检查；

④进行之后的沉降或位移观测。

2)抛石挤淤

抛石挤淤施工监理控制要点包括以下内容。

(1)填料质量控制

①使用不易风化石料挤淤，片石大小随泥炭或淤泥稠度而定；

②对于容易流动的泥炭或淤泥，片石宜稍小些，但小于30cm粒径的含量不得超过20%。

(2)抛石施工质量控制

①当软土地层平坦时，抛投应沿路中线向前抛填，再渐次向两侧扩展，软土地层横坡陡于1∶10时，应自高侧向低侧抛投，并在低侧边部多抛投，使低侧边部约有2m宽的平台顶面；

②片石抛出软土面后，应用较小石块填塞垫平，用重型机械碾压密实，然后在其上设反滤层，再行填土；

③填土施工应分层填筑、分层碾压，与一般路基填筑施工相同，其质量控制均与路堤填筑

的监理工作相似，可参考路堤填筑。

3)砂砾垫层

(1)监理程序流程图

砂砾垫层监理流程见图9-2。

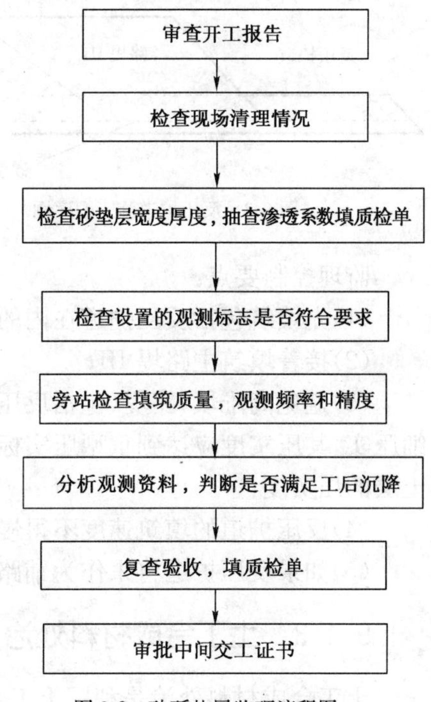

图9-2　砂砾垫层监理流程图

(2)监理控制要点

①规格和质量必须符合设计要求和规范规定；

②洒水，分层压实；

③垫层宽度应宽出路基边脚0.5～1.0m，两侧端以片石护砌；

④垫层厚度及其上铺设的反滤层应符合设计要求。

(3)质量控制与检验

①质量控制

砂垫层施工一般采用分层振实法，压实机械宜采用1.55～2.20kW的平板振捣器。这种方法要求在基坑内分层铺砂，然后逐层振实。第一分层(底层)松砂铺设厚度宜为150～200mm，应仔细夯实并防止扰动坑底原状土，其余分层铺设厚度可取200～250mm。

铺筑前基坑两侧附近如有低于基坑的孔洞、沟、井、墓穴等，应在未做地基前填堵并进行夯实。

分段施工时，接头处应做成斜坡，每层错开0.5～1.0m并应充分捣实。对人工级配的砂石地基，应将砂石拌和均匀后，再进行铺筑振实。

②质量检验

a)检验方法。

I环刀取样法。用容积不小于200cm^{3}的环刀压入垫层中取样，测定其干重度，以不小于砂料在中密状态时的干重度数值为合格，如中砂为16kN/m^3，粗砂为17kN/m^3。取样点应位于每层2/3的深度处。

II钢筋贯入测定法。检查时应先将表面的砂刮去3cm左右，并用贯入仪、钢叉或钢筋等以贯入度的大小检查砂垫层的质量。钢筋贯入工具是用直径为ϕ20mm、长度为1.25m的平头钢筋，落距为700mm，自由下落，测其贯入度，检查点的间距应不少于4m。对砂石垫层可设置纯砂检验点，再按环刀法取样检验。垫层质量检验点，对于基坑每50～100m^{2}应不少于1个检验点；基槽每10～20m应不少于1个点；每个单独柱基应不少于1个点。

b)砂垫层允许偏差及检查频率如表9-1所示。

砂垫层允许偏差及检查频率　　表9-1

项次	检查项目	规定值或允许偏差	承包人检查方法和频率	监理抽检频率
1	砂垫层厚度	不小于设计	每200m检查4处	旁站检查，每200m检查1处
2	砂垫层宽度	不小于设计	每200m检查4处	旁站检查，每200m检查1处
3	反滤层设置	符合设计	每200m检查4处	旁站检查，每200m检查1处

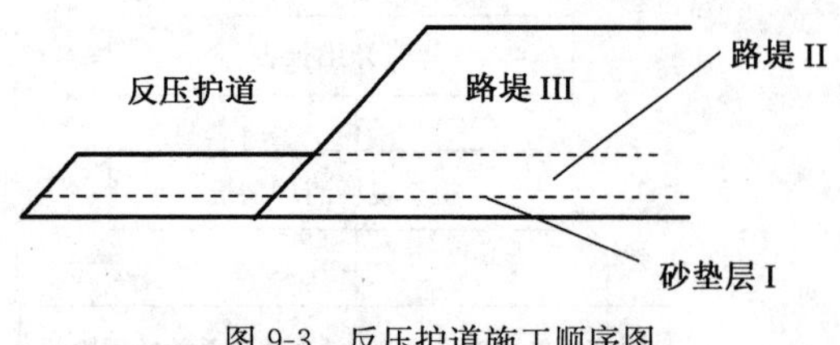

图 9-3　反压护道施工顺序图

9.1.2　反压护道

反压护道法主要是当路堤在施工过程中，达不到要求的稳定安全系数容许值时，用主路堤两侧的反压护道达到路堤稳定的目的。反压护道施工顺序见图 9-3。

监理控制要点：

(1)先填筑包括反压护道在内的砂垫层 I 及路堤 II；

(2)接着填筑主路堤 III；

(3)避免高堆填，路堤(包括反压护道在内)的填筑，要摊成大致水平的薄层，每层填土要仔细压实，其压实度应达到重型压实标准的 90%，并保持一定的横坡，监理工程师应现场抽检填土层的压实度；

(4)反压护道的填筑速度不得慢于主路堤；

(5)如果反压护道将来作为辅路使用，施工时可用它做施工便道。

9.1.3　土工合成材料处治

土工合成材料处治是利用土工合成材料的抗剪、抗拉强度好，改善施工机械的作业条件，均匀支撑路堤荷载，减小地基的沉降和侧向位置，提高地基的承载力。

1)监理控制要点

(1)应在平整好的下承层上按路堤底宽全断面铺设，摊铺时应拉直平顺，紧贴下承层，不得出现扭曲、折皱、重叠。监理工程师旁站检查。

(2)铺设土工聚合物，应在路堤每边各留足够的锚固长度，回折覆裹在压实的填料面上，平整顺适，外侧用土覆裹，以免人为破坏。监理工程师应检查核实锚固长度是否满足设计要求。

(3)应保证土工合成材料的整体性，接缝处应重叠一定的宽度，当采用搭接法连接时，搭接长度宜为 30～90cm；采用缝接法时，缝接宽度应不小于 5cm；采用黏结法时，黏结宽度不应小于 5cm，黏合强度应不低于土工合成材料的抗拉强度。监理工程师应现场抽检接缝处的搭接宽度。

(4)现场施工中发现土工合成材料有破损时，监理工程师应令承包人立即修补好。

(5)双层土工合成材料上、下层接缝应交替错开，错开长度不应小于 0.5m。监理工程师应现场抽检搭接缝错开的距离。

2)质量检验

(1)基本要求

土工合成材料质量应符合设计要求，在平整的下承层上全断面铺设，土工合成材料应拉直平顺，紧贴下承层；锚固端施工应符合设计要求；接缝搭接黏合度应符合要求；上下层土工合成材料应错开。

(2)实测项目

土工合成材料施工质量要求应符合表 9-2 的要求。

土工合成材料施工质量要求 表 9-2

项次	检查项目	规定值或允许偏差	检查方法和频率
1	下承层平整度、拱度	符合设计施工要求	每 200m 检查 4 处
2	搭接宽度(mm)	+50,−0	抽查 2%
3	搭接缝错开距离(mm)	符合设计施工要求	抽查 2%
4	锚固长度(mm)	符合设计施工要求	抽查 2%

9.1.4 袋装砂井

1)袋装砂井监理流程图

袋装砂井监理流程见图 9-4。

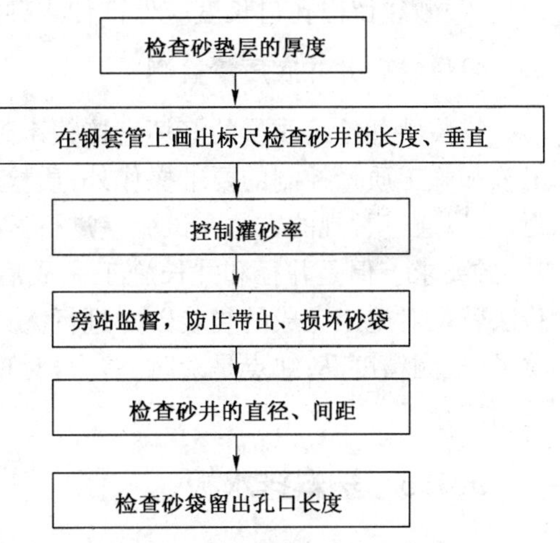

图 9-4 袋装砂井监理流程图

2)监理控制要点

(1)砂的规格、质量、砂袋织物质量必须符合要求；

(2)砂袋下沉时不得出现扭结、断裂等现象；

(3)井底高程必须符合设计要求，其顶端必须按规范要求伸入砂垫层。

3)施工质量控制

袋装砂井在施工过程中要严格控制各材料、工序等的施工质量，因为一旦施工完成，对成品的质量检查非常困难。因此，施工质量控制应符合以下规定。

(1)砂袋灌砂率 r 按下式计算：

$$r=\frac{m_{sd}}{0.78d^2L\rho_d}\times100\%$$

式中：m_{sd}——实际灌入砂的质量(kg)；

d、L——分别为井径、井深；

ρ_d——中、粗砂的干密度(kg/m^3)。

袋装砂井施工允许偏差见表 9-3。

袋装砂井施工允许偏差 表 9-3

项次	检查项目	规定值或允许偏差	检查方法和频率
1	井(板)间距(mm)	±150	抽查 2%
2	井(板)长度	不小于设计	查施工记录
3	竖直度(%)	1.5	查施工记录
4	砂井直径(mm)	+10、−0	挖验 2%
5	灌砂量(%)	−5	查施工记录

(2)砂袋灌入砂后,露天堆放要有遮盖,切忌长时间暴晒,以免砂袋老化。

(3)砂袋可用锤击法或振动法施工,导轨应垂直,钢套管不得弯曲,沉桩时应用经纬仪或重锤控制垂直度。

(4)为控制砂井的设计入土深度,在钢套管上应画出标尺,以确保井底高程符合设计要求。

(5)用桩架吊起砂袋入井时,应确保砂袋垂直下井,防止砂袋发生扭结、缩颈、断裂和砂袋磨损。

(6)拔钢套管时,应注意垂直起吊,以防带出或磨损砂袋。施工中若发现上述现象,应在原孔边缘重打;连续两次带出砂袋时,应停止施工,查明原因后再行施工。

(7)砂袋留出孔口长度应保证伸入砂垫层至少 30cm,并且不能卧倒。

4)袋装砂井井底质量检测

袋装砂井施工质量的好坏直接关系到软基处理的效果,因此,除施工部门要严格遵照施工工艺和施工质量控制的要求操作外,质检部门也要进行抽查。一般砂子、编织袋、灌砂量和井距,可以通过常规的方法在试验室进行试验测定和在现场进行实际量测,各项指标均应符合表 9-2 的要求。但是井径和井长施工完成后检测相对比较困难,这里主要介绍一下挖验法。挖验法就是对施工完成的袋装砂井进行大开挖检验。此种方法的优点是能够直观地看出砂井的质量,检测精度高;缺点是费时、费力,对现场破坏较大,且挖验深度受限,对于井长(深)大的不适用。

9.1.5　塑料排水板

1)塑料排水板监理流程图

塑料排水板监理流程见图 9-5。

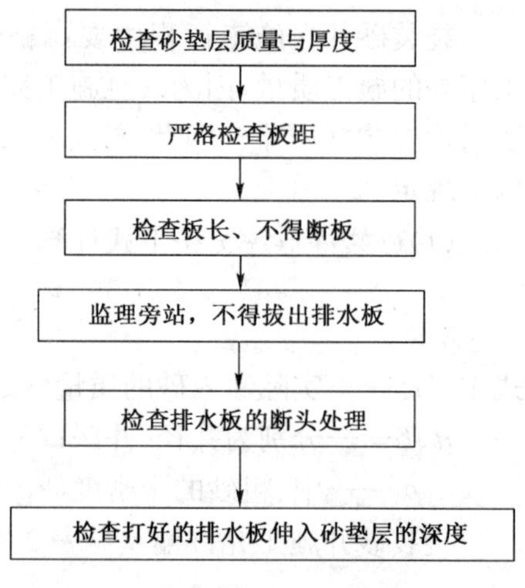

图 9-5　塑料排水板监理流程图

2)监理控制要点

(1)塑料排水板质量必须符合要求;

(2)塑料排水板下沉时不得出现扭结、断裂等现象;

(3)板底高程必须符合设计要求,其顶端必须按规范要求伸入砂垫层。

9.1.6　粉喷桩

1)监理程序流程图

粉喷桩监理流程见图 9-6。

2)监理控制要点

(1)水泥应符合设计要求;

(2)根据成桩试验确定的技术参数进行施工;

(3)严格控制喷粉时间、停粉时间和水泥喷入量,不得中断喷粉,确保粉喷桩长度;

(4)桩身上部范围内必须进行二次搅拌,确保桩身质量;

(5)发现喷粉量不足时,应整桩复打;

(6)喷粉中断时,复打重叠孔段应大于1m。

3)质量检测

粉喷桩施工质量规定值或允许值见表9-4。

粉喷桩施工质量规定或允许偏差 表9-4

项次	检查项目	规定值或允许偏差	检查方法和频率	项次	检查项目	规定值或允许偏差	检查方法和频率
1	桩距(mm)	±100	抽查2%	4	竖直度(%)	1.5	查施工记录
2	桩径(mm)	不小于设计	抽查2%	5	单桩喷粉量	符合设计	查施工记录
3	桩长(m)	不小于设计	查施工记录	6	强度(kPa)	不小于设计	抽查5%

成桩7d内应采用轻便触探仪(N10)检查桩的质量,触探点设在桩径方向1/4处,抽查频率2%。

桩身无侧限抗压强度试验应在成桩28d后在桩体上部(桩顶以下0.5m、1.0m、1.5m)截取三段桩体进行现场实测,检查频率为2‰,每一工点不得少于2根。

在取得粉喷桩材料与波速关系的前提下,可采用小应变动测法进行桩长及成桩均匀性的定性检查。

在保证取芯质量的前提下,可用钻探取芯进行质量检查及进行必要的室内强度试验。对于重要工程或有特殊要求的工程应做单桩及复合地基荷载试验。

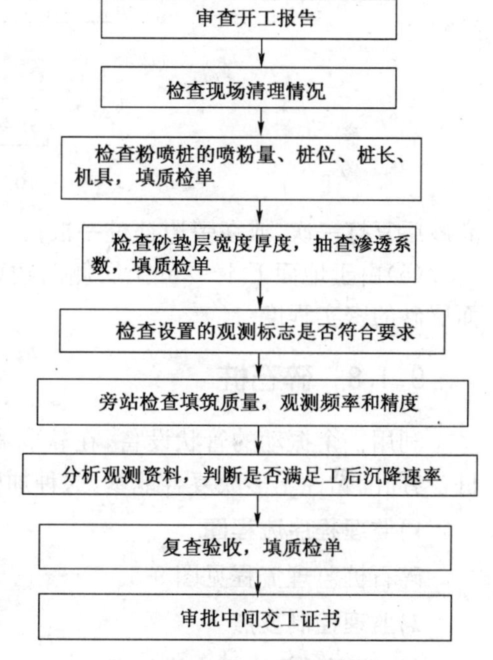

图9-6 粉喷桩监理流程图

9.1.7 砂桩

砂桩是利用一些专门机械(如振动沉管机)将砂或砾和角砾的混合料打入软弱黏性土地基内形成的。通过砂桩对地基土的置换作用、竖向排水作用和挤密集中作用,将砂桩桩体与桩间土形成复合地基,从而达到增强软弱地基承载力的作用。

1)监理流程图

砂桩监理流程见图9-7。

2)监理控制要点

(1)要求承包人以明显标志放出每一个桩位,并复测现场桩位放样,控制成桩时的桩位偏位,并用经纬仪或挂垂球法控制成桩时的桩管垂直度;

(2)根据批准的施工方法,严格控制砂的含水率,确保桩体的密实度符合要求;

(3)桩体在施工中要确保连续,避免缩径或局部不密实。在软弱黏性土中成桩困难时,可隔行施工,各行中也可间隔施工;

(4)实际灌砂量必须达到设计要求,如未达到设计用量要求时,应在原位将桩管打入,补充

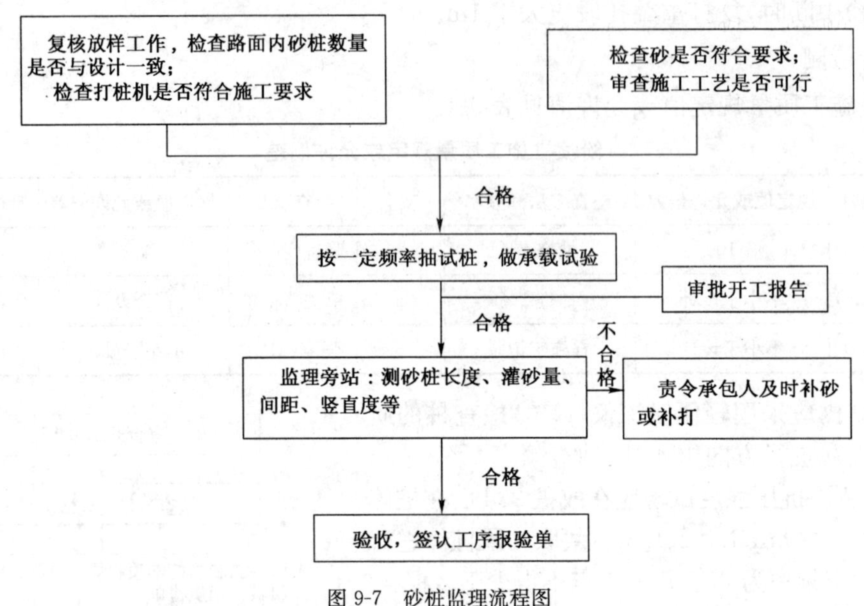

图 9-7 砂桩监理流程图

灌砂后复打一次，或在旁边补桩一根；

(5)由于地面下 1～2m 土层侧向约束软弱，不利成桩，应取超载投砂法，通过压挤提高表面层砂的密实程度。

9.1.8 碎石桩

利用一个振动的管状设备，在软弱黏性土地基中成孔，将孔内分批填入碎石加以振密制桩，与周围黏性土形成复合地基，这种加固技术称为碎石桩法，所形成的桩体即为碎石桩。

1)监理程序流程图

碎石桩监理流程见图 9-8。

2)监理控制要点

(1)碎石材料应符合设计要求；

(2)应严格按试桩结果控制电流和振冲器的留振时间；

(3)分批加入碎石，注意振密挤实效果，防止发生“断桩”或“颈缩桩”。

9.1.9 加固土桩

加固土桩是用某种专用机械将软土地基内局部范围的软土主体用无机结合料加固、稳定，使桩体与桩间的软土形成复合地基。改良后的加固土桩起置换作用和应力集中效应，以减少地基的总沉降。

1)监理流程图

加固土桩监理流程见图 9-9。

2)监理控制要点

(1)严禁使用过期、受潮、结块、变质的劣质水泥；

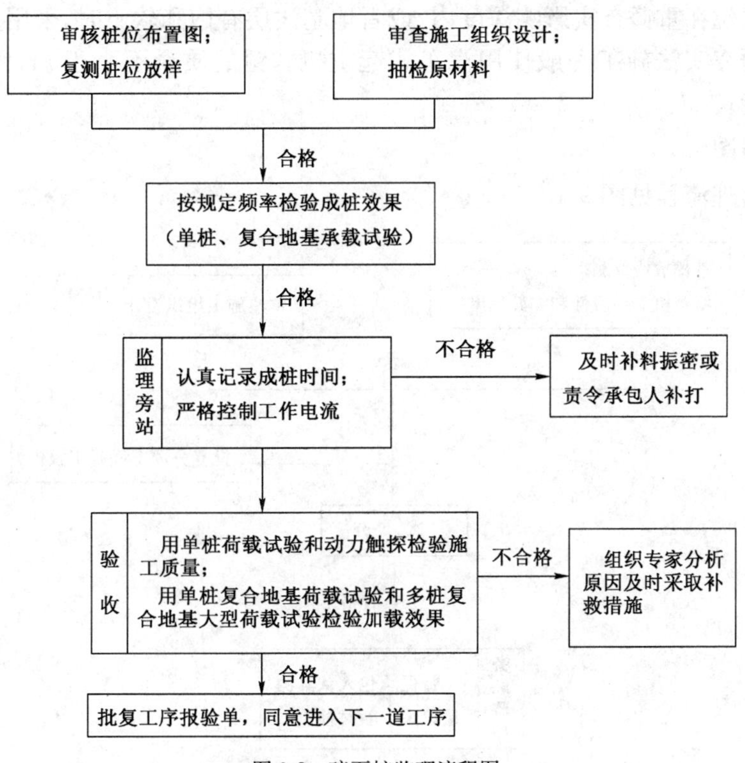

图9-8　碎石桩监理流程图

(2)粉煤灰最好选用干排粉煤灰，要求(SiO_2+Al_2O_3)的含量应大于70％，烧失量小于10％。

3)成桩试验

加固土桩施工前必须进行成桩试验，应达到下列要求，并取得以下技术参数作为施工质量控制的依据。

(1)满足设计喷入量的各种技术参数，如钻进速度、提升速度、搅拌速度、喷气压力、单位时间喷入量等；

(2)确定搅拌的均匀性；

(3)掌握下钻和提升的阻力情况，采取适当的技术处理措施；

(4)根据地层、地质情况确定覆喷范围，成桩工艺试验桩数不宜少于5根。

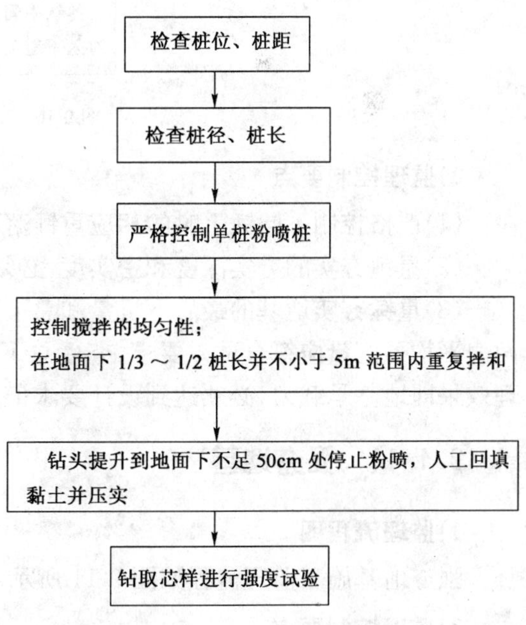

图9-9　加固土桩监理流程图

9.1.10　重锤夯实

重锤夯实法是利用重锤进行反复夯实，把地基表层夯实，从而提高其强度，减少其压缩性和不均匀性，适用于处理非饱和性黏土或杂填土。重锤夯实影响深度约为夯锤底直径的1倍左右。如地下水位在重锤夯实影响深度内，或者地基浅层有饱和软土时，采用重锤夯实将产生不良效果。重锤夯实法施工一般使用汽车式起重机。锤的质量不小于 2t，锤底直径不小于 1.5m，落距 3.5m 左右。

1)监理流程图

重锤夯实监理流程见图 9-10。

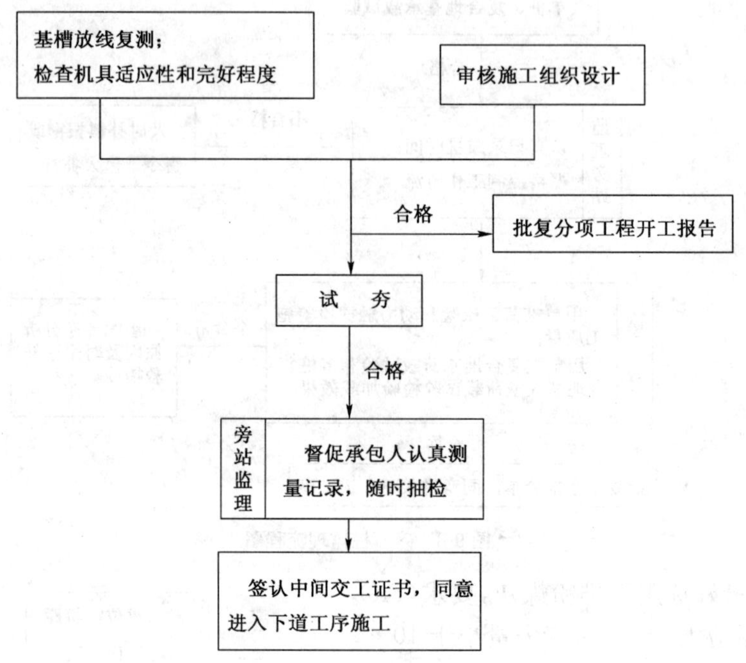

图 9-10　重锤夯实监理流程图

2)监理控制要点

(1)严格控制不同锤重时的相应重锤落距，使每击夯击能量与试夯时一致；

(2)重锤夯实的夯实深度和密实度，必须达到设计要求；

(3)重锤夯实地基的最后下沉量和总下沉量，必须符合设计文件和施工规范的规定。最后两遍平均下沉量应符合试夯要求，夯后总下沉量不小于试夯总下沉量的 90%，同时检验其处理效果即地基承载力，必须达到设计要求值。

9.1.11　强夯地基

1)监理流程图

强夯地基施工监理流程如图 9-11 所示。

2)监理控制要点

(1)夯点一般呈正方形布置，放样必须准确且应尽可能在处理范围内以路基中心线对称分布，中间一排主夯点置于中心线上，副夯点应置于相邻四个主夯点中间，亦呈正方形布置；

(2)严格控制夯击能量不小于设计要求；

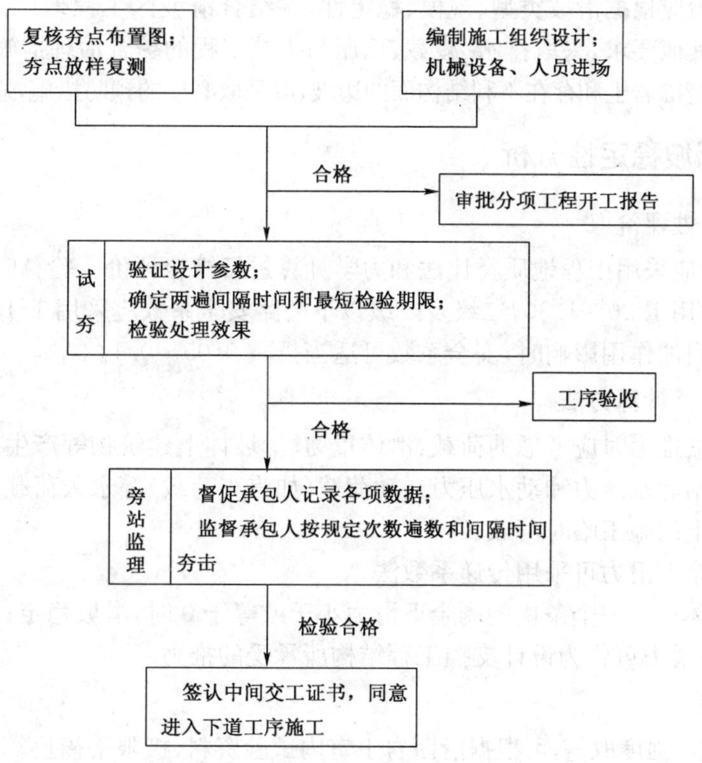

图9-11 强夯地基施工监理流程图

(3)认真记录同一夯实点的夯击次数和每一夯击沉降量；

(4)严格控制夯击遍数符合设计要求，且两遍之间的时间间隔满足试夯结果，以保证地下水位或水压降低或消散到一定范围；

(5)夯击时，夯击点中心位移偏差应小于150mm；

(6)当夯坑底倾斜大于30°时，应将夯坑填平后再进行夯击；

(7)主夯和副夯后应将夯坑推平；

(8)主夯前和满夯后整平所测得的高差，即为总夯沉量，满夯时，夯点彼此搭接锤底面积的1/4。

9.2 滑坡地段路基

9.2.1 一般要求

(1)路基设计应查明滑坡性质及滑坡体附近的地形地貌、水文地质和工程地质条件，以及滑坡的成因类型与滑坡规模特征等，分析评价滑坡稳定状况、发展趋势和对公路工程的危害程度，及时采取有效措施，保证路基施工和运营安全。

(2)对规模大、性质复杂、变形缓慢以及短期内难以查明其性质的滑坡，可采取全面规划、分期整治的方案。

(3)滑坡防治应根据滑坡类型、规模、稳定性,并结合滑坡区工程地质条件、公路的重要程度、施工条件及其他要求,采取排水、减载、反压与支挡工程的综合治理措施。

(4)高边坡、特殊岩土和存在不利结构面的边坡,应采取必要的预防措施,避免产生工程滑坡。

9.2.2 滑坡稳定性分析

1)滑坡稳定性评价

滑坡稳定性应采用工程地质类比法和力学计算进行综合评价。验算时,高速公路、一级公路安全系数应采用1.20～1.30,二级及二级以下公路安全系数应采用1.15～1.20。考虑地震力、多年暴雨的附加作用影响时,安全系数可适当折减0.05～0.1。

2)滑坡稳定性计算方法

(1)计算滑坡推力时应考虑的荷载:滑体重力、滑坡体上建筑物等产生的附加荷载、地下水产生的荷载(包括静水压力和动水压力)、动荷载(如汽车荷载)等永久荷载,以及地震水平作用力、作用在滑体上的施工临时荷载。

(2)滑坡剩余下滑力可采用传递系数法。

(3)当滑坡体最后一个条块的剩余下滑力小于或等于0时,滑坡稳定;当大于0时,滑坡不稳定。此剩余下滑力可作为设计支挡工程结构所承受的推力。

3)参数取值

滑面岩土抗剪强度取值,可根据滑面岩土室内试验资料、极限平衡反算值、工程地质类比经验数据,结合滑坡可能出现的最不利情况进行分析确定,必要时可由现场试验资料进行确定。

9.2.3 防治措施

1)排水工程

排水工程设计应在滑坡防治总体方案基础上,结合工程地质、地下水及降雨条件,制订排水方案。

(1)地表排水工程应在滑坡后缘的稳定地层上设置环形截水沟,滑坡范围较大时,应在滑坡体范围内设置树枝状排水沟。排水沟通过裂缝处应采取防裂措施,对有明显开裂变形的坡体应及时用黏土或水泥浆填实裂缝,整平积水坑、洼地,使地表的雨水能迅速向排水沟汇集排泄。

(2)地下排水工程应视滑动面状况、滑坡所在山坡流域水文地质条件及地下水动态特征,选用渗沟、仰斜式排水孔或者隧洞等排水方案。

(3)渗沟:

①适用于排除或疏干滑坡体内浅层地下水。必要时,可与抗滑支挡结合设置。

②支撑渗沟的沟底应置于滑面以下0.5～1.0m,排水纵坡不应小于2%,侧壁及顶部应设置反滤层,以防止渗沟淤塞。

③截水渗沟平面布置应垂直地下水流的方向,并修建在滑坡范围5m以外的稳定土体上。渗沟沟底宜置于含水层下的不透水层或基岩内,其纵坡不应小于2%。渗沟的迎水面应设反滤层,背水面应设隔渗层。

(4)暗沟适用于排除滑坡体内外的封闭积水或地下出露泉水。暗沟宜采用矩形断面,滑坡范围内的暗沟底部宜低于滑动面以下0.5m,滑坡范围以外的暗沟底部应低于含水层底面以下0.5m,其纵坡不应小于0.5%。

(5)仰斜式排水孔适用于疏干、排泄滑坡体内赋存的深层地下水。仰斜式排水孔的设置位置和数量应视地下水分布情况和地质条件而定,并符合《公路路基设计规范》(JTG D30—2004)的规定。

(6)排水隧洞:

①排水隧洞适用于引排深层地下水。

②排水隧洞四周应设置若干渗井或渗管,将水引入洞内。隧洞的埋深取决于主要含水层的埋藏深度,并应埋入稳定地层内,顶部应在滑动面(带)以下不小于0.5m。洞底排水纵坡不应小于1%。

③隧洞断面应根据地下水涌水量计算确定,结构设计应符合《公路隧道设计规范》(JTG D70—2004)的规定。

2)减载与反压措施

(1)适用条件:

①推移式滑坡或由错落转化的滑坡,宜采用滑坡后缘减重、前缘反压措施。

②滑床具有上陡下缓形状,滑坡后缘及两侧的地层相当稳定,不致因减重开挖而引起滑坡向后及向两侧发展时,宜采用减重措施。

③滑坡前缘有较长的抗滑段,宜利用减重弃方反压;或路基处于滑坡前缘时,应采用路堤通过。在滑体或滑带土具有卸载膨胀开裂的情况下,不应采用减重措施。

(2)减载时,必须考虑清方后滑坡后部和两侧山体的稳定性,防止后缘产生新的滑动。

(3)填土反压措施应防止堵塞滑坡前缘地下水渗出通道,并且要考虑基底的稳定性,必要时应进行地基处理。

3)抗滑支挡工程

(1)抗滑挡土墙

详见第11章11.5节。

(2)抗滑桩(含锚杆(索)抗滑桩)

①抗滑桩宜布置于滑坡体厚度较薄、推力较小,且嵌岩段地基强度较高地段。必须防止滑体从桩顶滑出或从桩底产生新的深层滑动的可能。

②抗滑桩宜以单排布置为主,当滑坡推力较大时,可对滑坡进行分段阻滑。若弯矩过大,应采用预应力锚杆(索)抗滑桩。

③抗滑桩桩长宜小于35m。对于滑带埋深大于25m的滑坡,应充分论证抗滑桩阻滑的可行性。

④抗滑桩结构设计应符合《公路路基设计规范》(JTG D30—2004)的有关规定。

(3)预应力锚固

①预应力锚杆(索)锚固段必须置于滑面以下的稳定地层中。

②预应力锚杆(索)承压结构应根据滑坡体岩土性质和承载力确定,宜采用钢筋混凝土框架或地梁,其坡面应采取防止表土被雨水冲刷、局部溜塌的措施。

③预应力锚杆(索)设计应符合《公路路基设计规范》(JTG D30—2004)的有关规定。

④可采取高压旋喷桩或注浆改良滑动带岩土的措施，提高滑动带岩土抗剪强度，增强滑坡稳定性。

滑坡体前缘受河水冲刷时，应采取冲刷防护措施。

9.2.4　施工监测与动态设计

高速公路、一级公路的滑坡防治应进行滑坡监测与动态设计。滑坡防治监测包括施工安全监测、防治效果监测和营运期监测，应以施工安全监测和防治效果监测为主。在施工期间，监测结果应作为判断滑坡稳定状态、指导施工、反馈设计和防治效果检验的重要依据。

监测点应布置在滑坡体稳定性差，或工程扰动大的部位，力求形成完整的剖面，采用多种手段互相验证和补充。

防治效果监测应结合施工安全和营运期监测进行，防治效果监测时间应在整治工程完工后不少于一年，施工期监测数据采集时间宜为每天一次，营运期监测数据采集时间间隔宜为7～15d，在外界扰动较大时，如暴雨期间，应加密观测次数。

应及时分析滑坡监测资料，预测滑坡位移、变形的发展趋势和整治工程的效果，适时调整滑坡整治工程设计和施工方案，保证工程施工安全和路基稳定。

9.3　崩塌与岩堆地段路基

9.3.1　一般规定

(1)崩塌与岩堆地段路基设计，应调查该地段的地形、地貌、地质、水文、气象等资料，查明已经发生的崩塌与岩堆的类型、范围、成因及对公路的危害程度，作出公路建成后崩塌与岩堆的发生或发展的预测与稳定评价，并考虑综合防治措施。

(2)路基设计应避免高填、深挖并远离崩塌物堆积区。对于中、小型崩塌地段，采取遮蔽、拦截、清除、加固等工程措施进行综合治理。

(3)在岩堆地段，应根据路基类型、岩堆规模和物质组成、下伏岩土的性质和坡度、地下水以及地表水的情况等，对岩堆的稳定性进行分析。

(4)岩堆地段路基应采用低路堤或浅路堑，并采取稳定加固措施。

9.3.2　崩塌防治措施

(1)边坡或自然坡面比较平整、岩石表面风化易形成小块岩石呈零星坠落时，宜设置封面或护面墙以阻止风化发展，防止零星坠落。

(2)山坡或边坡坡面崩塌岩块的体积及数量不大，岩石的破碎程度不严重，可采用全部清除并放缓边坡的措施。

(3)岩体严重破碎，经常发生落石路段，宜采用柔性防护系统或拦石墙与落石槽等拦截构造物。拦石墙与落石槽宜配合使用，设置位置可根据地形合理布置。落石槽的槽深和底宽通过现场调查或试验确定。拦石墙墙背应设缓冲层，并按公路挡土墙设计，墙背压力应考虑崩塌冲击荷载的影响。

(4)对在边坡上局部悬空的岩石，但岩体仍较完整，有可能成为危岩石，可视具体情况采用钢筋混凝土立柱、浆砌片石支顶或柔性防护系统。

(5)当边坡为软、硬相间的地层，软岩部分风化严重形成凹壁时，可采用内部干砌片石，表面采用浆砌片石嵌补。

(6)易引起崩塌的高边坡，宜采用边坡锚固。

(7)当崩塌体较大、发生频繁、且距离路线较近而设拦截构造物有困难时，可采用明洞、棚洞等遮挡构造物处理。遮挡构造物应有足够的长度，洞顶应有缓冲层，并应考虑堆积石块荷载和冲击荷载的影响。

9.3.3　岩堆防治措施

(1)处于还在发展的岩堆地段路基，应尽量减少开挖，采取挡土墙、坡面封闭等防护措施；也可采用拦石墙与落石槽或修建明洞、棚洞等遮挡构造物。

(2)岩堆地段路基，应采取下列处治措施：

①位于岩堆上部时，宜采用台口式路基，将路基上方的岩堆堆积物沿放缓的边坡开挖或沿基岩面全部清除。

②位于岩堆中部时，挖方边坡应设置挡土墙等。

③位于岩堆下部时，宜采用填方路基通过岩堆。

④对活跃的岩堆补给区，应根据其面积、岩体类型和规模，采取拦截或加固工程措施。

⑤岩堆地段路基稳定性不足时，宜设置抗滑挡土墙或抗滑桩。

9.4　泥石流地区路基

9.4.1　一般规定

(1)泥石流地区的公路路基设计，应根据泥石流的成因类型、规模、特征、活动规律、发展趋势及危害程度，结合当地气象、水文、地质条件、公路等级及使用要求等，经综合考虑后进行。

(2)泥石流治理应全面考虑排导、拦截以及水土保持等各项措施，做好总体规划，进行综合治理。

9.4.2　泥石流的防治措施

1)跨越措施

(1)桥梁适用于跨越流通区的泥石流沟或者洪积扇区的稳定自然沟槽。设计时应结合地形、地质、沟床冲淤情况，河槽宽度，泥石流的泛滥边界，泥浪高度、流量、发展趋势等，采用合理的跨度及形式。

(2)隧道适用于路线穿过规模大、危害严重的大型或多条泥石流沟。隧道方案应与其他方案作技术、经济比较确定。

(3)泥石流地区不宜采用涵洞，在活跃的泥石流洪积扇上禁止使用涵洞。对于三、四级公路，当泥石流规模不大、固体物质含量低、不含较大石块，并有顺直的沟槽时，方可采用涵洞。

(4)过水路面适用于穿过小型坡面泥石流沟的三、四级公路。过水路面的路基横断面应为全封闭式，可与桥梁、涵洞等联合使用。路基坡脚设抑水墙以防止冲刷。

2)排导措施

(1)排导沟

排导沟适用于有排沙地形条件的路段。出口应与主河道衔接，出口高程应高出主河道20年一遇的洪水水位。排导沟纵坡宜与地面坡度一致。排导沟的横断面应根据流量计算确定，排导沟应进行防护。

(2)渡槽

渡槽适用于排泄流量小于30m^3/s的泥石流，且地形条件应能满足渡槽设计纵坡及行车净空要求，路基下方有停淤场地。

渡槽应与原沟顺直平滑衔接，纵坡不小于原沟纵坡，出口应满足排泄泥石流的需要。渡槽设计荷载按泥石流满载计算，并考虑冲击力。冲击系数可取1.3。

(3)导流堤

当在堆积扇的某一区间内，需要控制泥石流的走向或限制其影响范围时，可设置导流堤以防止泥石流直接冲击路堤或壅塞桥涵。

导流堤的高度应为设计使用年限内的淤积厚度与泥石流的沟深之和，在泥石流可能受阻的地方或弯道处，还应加上冲起高度和弯道高度。

3)拦截措施

(1)拦挡坝

拦挡坝适用于沟谷的中上游或下游没有排沙或停淤的地形条件，必须控制上游产砂的河道，以及流域来沙量大，沟内崩塌、滑坡较多的河段。

拦挡坝坝体位置应根据设坝目的，结合沟谷地形及基础的地质条件综合考虑确定，并注意坝的两端与岸坡的衔接和基础埋置深度。坝体的最大高度不宜超过5m，坝顶宜采用平顶式。当两端岸坡有冲刷可能时，宜采用凹形。

(2)格栅坝

格栅坝适用于拦截流量较小、大石块含量少的小型泥石流。

格栅坝的格栅间隔按拦截大石块、排除细颗粒的要求布置，其过水断面应满足下游安全泄洪的要求。坝的宽度应与沟槽同宽。坝基应设在坚实的地基上。

9.5　岩溶地区路基

9.5.1　一般规定

岩溶地区路基设计，应采用遥感、物探、钻探及其他有效方法进行勘察，取得岩溶地貌、发育程度、发展规律、溶洞围岩分级以及地面水、地下水活动规律等方面的资料。

位于岩溶地段路基，应结合工程实际，判别岩溶对路基工程的危害程度，选择合理的方法进行处治。

9.5.2 防治措施

(1)路基上方的岩溶泉和冒水洞,宜采用排水沟将水截流至路基外。对于路基基底的岩溶泉和冒水洞宜设置集水明沟或集水盲沟汇集水流,将水排出路基。

(2)对于稳定路堑边坡上的干溶洞,洞内宜采用干砌片石填塞。

(3)位于路基基底的开口干溶洞,当洞的体积不大,深度较浅时,宜予以回填夯实;当洞的体积较大或深度较深时,宜采用构造物跨越。对于有顶板但顶板强度不足的干溶洞,可炸除顶板后进行回填,或设构造物跨越。

(4)通过溶洞围岩分级判断或计算判断下伏溶洞有坍塌可能时,宜采用以下方法进行加固:

①洞径大、洞内施工条件好的无充填溶洞,宜采用干砌片石、浆砌片石或钢筋混凝土的支撑垛、支撑墙、支撑柱进行加固。

②深而小的溶洞不便于洞内加固时,宜采用石盖板或钢筋混凝土盖板跨越可能的破坏区。

③对于顶板较薄的溶洞,当采取地表构造物跨越有困难或不经济时,可炸除顶板,按明洞的方式进行处理。

④对于有充填物的溶洞,宜优先采用注浆法、旋喷法等进行加固,不能满足设计要求时宜采用构造物跨越。

如需保持洞内流水通畅时,应设置排水通道。

(5)对于路基范围内的土洞应先判明土洞是否仍在发展;对于已停止发展的土洞可按一般地基进行评价,需加固时宜采用注浆、复合地基等方法进行处理;对于还在发展中的土洞,宜采用构造物跨越。

9.5.3 溶洞顶板的安全厚度

当溶洞顶板岩层未被节理裂隙切割或虽被切割但胶结良好的完整顶板时,其溶洞顶板的安全厚度可按厚跨比法确定。当顶板的厚度与路基跨越溶洞的长度之比大于0.8时,溶洞的顶板岩层可不作处理。

9.5.4 溶洞距路基的安全距离

当岩溶地貌位于路基两侧时,应判定岩溶对路基的影响。对于开口的岩溶地貌可参照自然边坡来判别其稳定性及其对路基的影响;对于地下溶洞可按坍塌时的扩散角计算其影响范围。

如在顶板岩层上有覆盖土层,则自土层底部用45°角向上绘斜线,求出与地面的交点。路基坡脚应在交点范围以外。

路基坡脚处于溶洞坍塌扩散的影响范围之外,该溶洞可不作处理。

9.6 红黏土与高液限土地区路基

9.6.1 一般规定

路线通过红黏土或高液限土地区,应查明红黏土或高液限土分布范围、成因类型、土体的结构层次特征、湿度状态及其垂直分带、土体中裂隙分布特征、地下水分布规律、物理力学性质及胀缩性等资料。

红黏土分类：

红黏土的结构可根据其裂隙发育特征按表 9-5 分类。

红黏土的结构分类

表 9-5

土体结构	裂隙发育特征	S_t
致密状结构	偶见裂隙(<1 条/m)	>1.2
巨块状结构	较多裂隙(1～2 条/m)	0.8～1.2
碎块状结构	富裂隙(>5 条/m)	<0.8

注：S_t 为红黏土的天然状态与保湿扰动状态土样的无侧限抗压强度之比。

红黏土的复浸水特性可按表 9-6 分类。

红黏土的复浸水特性分类

表 9-6

类别	I_r 与 I'_r 关系	复浸水特性
Ⅰ	$I_r \geqslant I'_r$	收缩后复浸水膨胀，能恢复到原位
Ⅱ	$I_r < I'_r$	收缩后复浸水膨胀，不能恢复到原位

注：$I_r = w_L / w_P$，$I'_r = 1.4 + 0.0066 w_L$。

红黏土和高液限土具有膨胀性时，应按膨胀土路基进行设计。

路基设计应避免高路堤及深路堑，如不能避免，应与桥隧方案进行综合比选确定。

路基设计应注意边坡排水与支挡工程的综合设计，并与路面结构设计相协调，减少路基过大变形或不均匀沉降而引起路面结构性破坏。

9.6.2 填方路基

红黏土作为路基填料时，其最小强度应满足《公路路基设计规范》(JTG D30—2004)中路床土最小强度的规定。当不能满足时，应进行处治。压缩系数大于 0.5～1MPa 的红黏土不得用于填筑路堤。

未经改性处理的红黏土填筑路堤高度不宜大于 10m。

高液限土不能直接作为路堤填料。当利用挖方路段高液限土填筑路堤时，应进行处治。

在确定路堤填筑的最佳含水率和最大干密度时，宜采用湿土法重型击实试验。

边坡高度不大于 10m 的路堤边坡坡率宜为 1∶1.5～1∶1.75，当边坡高度大于 6m 时，宜设置边坡平台，其宽度不宜小于 2m。当边坡高度超过 10m 时，应按有关规定，通过路基稳定性分析计算确定路堤横断面形式、边坡坡度及路基防护加固措施。

路堤基底应设置排水隔离垫层，厚度为 0.3～0.5m，采用渗水性良好的砂砾或碎石填筑，其顶面应设置反滤层。

路堤边坡的防护，经改性处理或用非红黏土和高液限土外包封闭的可按一般路基防护处理。

9.6.3 挖方路基

挖方路基设计应注意复浸水Ⅰ类红黏土的开挖面土体干缩导致裂隙发展及复浸水使土质产生变化的不利影响。边坡稳定性分析计算宜采用饱水剪切试验和重复慢剪试验等强度指标，对于裂隙发育的土应采用三轴剪切试验或无侧限抗压强度试验指标；必要时，可进行收缩试验和复浸水试验。

挖方边坡高度不宜超过20m，路堑边坡设计应遵循“缓坡率、宽平台、固坡脚”的原则。边坡坡率及平台宽度可按表9-7确定，当边坡高度超过6m时，挖方路基宜采用台阶式断面，若地形允许，宜放缓边坡。

路堑边坡坡率　　表9-7

边坡高度(m)	边坡坡率	边坡平台宽度(m)
<6	1：1.25～1：1.5	—
6～10	1：1.25～1：1.5	2.0
10～20	1：1.5～1：1.75	≥2.0

应根据红黏土或高液限土的工程性质、公路等级，对路堑路床0.8m范围的红黏土或高液限土进行超挖，并换填渗水性良好的砂砾、碎石土或外掺石灰等材料处治。

应注意路基排水系统的综合设计，及时引排地面水和地下水。根据地下水发育情况，因地制宜在堑坡上设置仰斜式排水孔、支撑渗沟，在边沟下设置渗沟。

应注意路堑边坡坡面防护与支挡加固的综合设计，坡面防护宜采用骨架植物防护，当边坡稳定性不足时应增设支挡工程。对于全封闭的圬工防护，应在墙背设置厚度为0.15～0.30m的排水垫层。

9.7　膨胀土地区路基

膨胀土路基挖方必须按技术规范和设计文件要求保证挖方深度、碾压遍数，按照规定的挖方边坡、排水、封闭等设计要求实施，严防积水。

9.7.1　一般规定

(1)膨胀土路堑边坡坡率应根据土质的性质、软弱层和裂隙的组合关系、气候特点、水文地质条件，以及自然山坡、人工边坡的稳定坡度等综合确定。

(2)边坡设计应遵循：“缓坡率、宽平台、固坡脚”的原则。边坡坡率及平台宽度可按表9-8设计。边坡高度大于10m时应进行个别设计，必要时应与隧道方案进行比较。

膨胀土边坡坡率和平台宽度　　表9-8

膨胀土类别	边坡高度(m)	边坡坡率	边坡平台宽度(m)	碎落台宽度(m)
弱膨胀土	<6	1：1.5	—	1.0
	6～10	1：1.5～1：2.0	1.5～2.0	1.5～2.0
中等膨胀土	<6	1：1.5～1：1.75		1.0～2.0
	6～10	1：1.75～1：2.0	2.0	2.0
强膨胀土	<6	1：1.75～1：2.0		2.0
	6～10	1：2.0～1：2.5	≥2.0	≥2.0

(3)应对路堑路床0.80m范围内膨胀土进行超挖，换填为符合《公路路基设计规范》(JTG D30—2004)中路床土最小强度和压实度规定的填料，或者进行土质改良，或采取其他适宜的加固措施。对强膨胀土、地下水发育、运营中处理困难的路堑，路床的换填深度应加深至1.0～1.5m，并应采取地下排水措施。

9.7.2　监理程序流程图

膨胀土地区路基施工监理流程见图9-12。

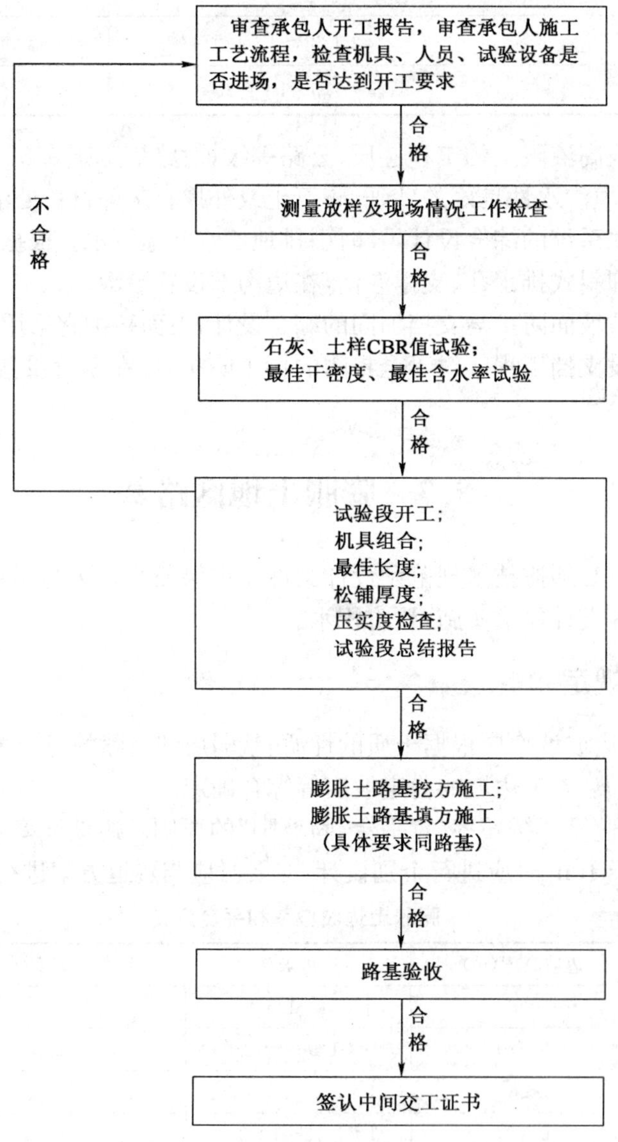

图9-12　膨胀土路基监理流程图

9.7.3　监理控制要点

(1)必须按技术规范和设计文件要求分层处理,对松铺厚度、含灰量、拌和方式、压实度、排水状况等进行严格控制。

(2)对于填方路基,高速公路及一、二级公路路基填土高度小于路面与路床的总厚度,基底为膨胀土时,宜挖除地表0.30～0.60m的膨胀土,并将路床换填非膨胀土或掺灰处理。若为强膨胀土,挖除深度应达到大气影响深度。

(3)对于挖方路基,应对路堑路床0.80m范围内膨胀土进行超挖,换填为符合规定的填料,或者进行土质改良或采取其他适宜的加固措施。对强膨胀土、地下水发育、运营中处理困难的路堑,路床的换填深度应加深至1.0～1.5m,并应采取地下排水措施。

9.8　黄土地区路基

9.8.1　一般规定

(1)黄土地区路基设计,应查明黄土分布范围、厚度及其变化规律,沿线黄土的成因类型和地层特征,路线所处的地貌单元及地面水、地下水等情况,各种不同地层黄土的物理、力学性质,湿陷性类型和湿陷等级。

(2)黄土塬梁地区,路基应避开有滑坡、崩塌、陷穴群、冲沟发育、地下水出露的塬梁边缘和斜坡地段。如必须通过,应有充分依据和切实可行的工程措施。

(3)位于冲沟沟头和陷穴附近的路基,应分析评价其发展趋势及对路基的危害程度,并在设计中考虑冲沟和陷穴对路基稳定性的影响。

(4)位于湿陷性黄土地段的路基,宜设在湿陷等级轻微、湿陷土层较薄、排水条件较好的地段。

(5)黄土地区路基设计应特别注意加强排水,采取拦截、分散的处理原则,设置防冲刷、防渗漏和有利于水土保持的综合排水设施及防护工程,并妥善处理农田水利设施与路基的相互干扰。

9.8.2　填方路基

(1)在黄土地区修筑填方路基时,填料的强度、基底的压实和处理等应符合《公路路基设计规范》(JTG D30—2004)中路床和填方路基的各项规定。高路堤的地基允许承载力低于车辆动力荷载和路堤自重的压力时,还应按承载力要求对地基进行处理。

(2)当路堤地基情况良好或经过处理,边坡高度不大于30m时,路堤的断面形式及边坡坡率可按表9-9选用。阶梯形断面适用于年平均降水量大于500mm的地区,在边坡高20m处设宽为2.0～2.5m的边坡平台,边坡平台宜设截水沟,并作防渗加固处理。

路堤断面形式及边坡坡率　　表 9-9

断面形式	路基以下边坡分段坡率		
	$0<H\leqslant10$m	$10<H\leqslant20$m	$20<H\leqslant30$m
折线形	1∶1.5	1∶1.75	1∶2
阶梯形	1∶1.5	1∶1.75	1∶1.75

(3)当路堤边坡高度大于 30m 时，宜与桥梁方案相比较，并按照《公路路基设计规范》(JTG D30—2004)中高边坡路堤与陡坡路堤的规定进行个别设计。路堤边坡形式及边坡坡度应根据路堤本体及地基土的性质、边坡高度、公路等级，采用力学分析法经稳定性验算确定，并结合所处地形、地层及水文等不同条件论证采用。

(4)边坡稳定检算宜采用圆弧法，其安全系数不得小于《公路路基设计规范》(JTG D30—2004)中路堤稳定安全系数的规定。填土的抗剪强度指标值应按设计填筑压实度的要求，采用压实后快剪试验测定。

(5)对高度大于 20m 的路堤，应按工后沉降量预留路基顶面加宽值，工后沉降量可按路堤高度的 0.7%～1.5%估算。

9.8.3　挖方路基

(1)黄土路堑边坡形式，应根据黄土类别及其均匀性、边坡高度，按表 9-10 确定。高速公路、一级公路黄土路堑边坡宜采用台阶形。边坡小平台宽度为 2.0～2.5m，边坡大平台宽度应根据稳定计算确定，宜为 4～6m。年平均降水量大于 250mm 的地区，平台上应设截水沟，并应予以防护。

(2)挖方边坡高度不超过 30m 时，边坡坡率应根据黄土的地貌单元、时代成因、构造节理、地下水分布、降雨量、边坡高度、施工方法，并结合自然或人工稳定边坡坡率按表 9-11 确定。

路堑边坡形式及适用条件　　表 9-10

边坡形式		适用条件
直线形(一坡到顶)		1. 均质土层，Q_4、Q_3 黄土边坡高度 $H\leqslant15$m； Q_2、Q_1 黄土边坡高度 $H\leqslant20$m； 2. 非均质土层，边坡高度 $H\leqslant10$m
折线形(上缓下陡)		非均质土层，边坡高度 $H\leqslant15$m；
台阶形	小平台	1. 均质土层，Q_4、Q_3 黄土边坡高度 $15\text{m}<H\leqslant30$m； Q_2、Q_1 黄土边坡高度 $20\text{m}<H\leqslant30$m； 2. 非均质土层，边坡高度 $15\text{m}<H\leqslant30$m
	宽平台	边坡高度 $H>30$m

黄土地区路堑边坡坡率　　表 9-11

分区	分类		边坡高度(m)			
			≤6	6～12	12～20	20～30
Ⅰ东南区	新黄土 Q_3　Q_4	坡积	1∶0.5	1∶0.5～1∶0.75	1∶0.75～1∶1.0	—
		洪积	1∶0.2～1∶0.3	1∶0.3～1∶0.5	1∶0.5～1∶0.75	1∶0.75～1∶1.0
	新黄土 Q_3		1∶0.3～1∶0.5	1∶0.4～1∶0.6	1∶0.6～1∶0.75	1∶0.75～1∶1.0
	老黄土 Q_2		1∶0.1～1∶0.3	1∶0.2～1∶0.4	1∶0.3～1∶0.5	1∶0.5～1∶0.75
Ⅱ中部区	新黄土 Q_3　Q_4	坡积	1∶0.5	1∶0.5～1∶0.75	1∶0.75～1∶1.0	—
		洪积、冲积	1∶0.2～1∶0.3	1∶0.3～1∶0.5	1∶0.5～1∶0.75	1∶0.75～1∶1.0
	新黄土 Q_3		1∶0.3～1∶0.4	1∶0.4～1∶0.5	1∶0.5～1∶0.75	1∶0.75～1∶1.0
	老黄土 Q_2		1∶0.1～1∶0.3	1∶0.2～1∶0.4	1∶0.3～1∶0.5	1∶0.5～1∶0.75
	红色黄土 Q_1		1∶0.1～1∶0.2	1∶0.2～1∶0.3	1∶0.3～1∶0.4	1∶0.4～1∶0.6
Ⅲ西部区	新黄土 Q_3　Q_4	坡积	1∶0.5～1∶0.75	1∶0.75～1∶1.0	1∶1.0～1∶1.25	—
		洪积、冲积	1∶0.2～1∶0.4	1∶0.4～1∶0.6	1∶0.6～1∶0.75	1∶0.75～1∶1.0
	新黄土 Q_3		1∶0.4～1∶0.5	1∶0.5～1∶0.75	1∶0.75～1∶1.0	1∶1.0～1∶1.25
	老黄土 Q_2		1∶0.1～1∶0.3	1∶0.2～1∶0.4	1∶0.3～1∶0.5	1∶0.5～1∶0.75
Ⅳ北部区	新黄土 Q_3　Q_4	坡积	1∶0.5～1∶0.75	1∶0.75～1∶1.0	1∶1.0～1∶1.25	—
		洪积、冲积	1∶0.2～1∶0.4	1∶0.4～1∶0.6	1∶0.6～1∶0.75	1∶0.75～1∶1.0
	新黄土 Q_3		1∶0.3～1∶0.5	1∶0.5～1∶0.6	1∶0.6～1∶0.75	1∶0.75～1∶1.0
	老黄土 Q_2		1∶0.1～1∶0.3	1∶0.2～1∶0.4	1∶0.3～1∶0.5	1∶0.5～1∶0.75
	红色黄土 Q_1		1∶0.1～1∶0.2	1∶0.2～1∶0.3	1∶0.3～1∶0.4	1∶0.4～1∶0.6

注:表内边坡值为设平台后的平均值。

(3)黄土路堑边坡高度超过 30m 时,应与隧道方案进行比较。路堑高边坡应按照《公路路基设计规范》(JTG D30—2004)中挖方高边坡的规定进行个别设计。

路堑边坡形式及边坡坡度应根据土的物理力学性质、自然坡面的稳定情况及附近已建工程的边坡稳定性进行分析,采用力学分析法经稳定性验算确定。当采用圆弧滑动法计算时,其稳定系数不小于《公路路基设计规范》(JTG D30—2004)中路堑边坡安全系数的规定。

(4)设有大平台的深路堑,除必须对全高边坡作稳定验算外,还应对大平台毗邻的上下分段边坡作局部稳定验算。

(5)边坡防护类型应根据土质、降雨量、气候条件、边坡高度及坡度、防护材料来源等,按规范规定选用。

(6)在有地下水活动的挖方路段,应采取截、排地下水及防止地面水渗漏等措施,设必要的防护工程。

9.8.4　湿陷性黄土处理

(1)黄土地区场地的湿陷类型按实测自重湿陷量或室内压缩试验累计的计算自重湿陷量判定。当实测或计算自重湿陷量不超过 70mm 时,应定为非自重湿陷性黄土场地;当实测或计算自重湿陷量超过 70mm 时，应定为自重湿陷性黄土场地。

(2)湿陷性黄土地基的湿陷等级，应根据基底下各层累计的总湿陷量和计算自重湿陷量的大小等因素，按表 9-12 判定。

湿陷性黄土地基的湿陷等级　　表 9-12

湿陷类型		非自重湿陷性场地	自重湿陷性场地	
计算自重湿陷量 Δ_{zs}(mm)		$\Delta_{zs}<70$	$70<\Delta_{zs}\leqslant 350$	$\Delta_{zs}>350$
总湿陷量 Δ_s (mm)	$\Delta_s<300$	I(轻微)	II(中等)	—
	$300<\Delta_s\leqslant 600$	II(中等)	II(中等)或 III(严重)	III(严重)
	$\Delta_s>600$	—	III(严重)	IV(很严重)

注：当 $300\text{mm}<\Delta_s<500\text{mm}$，$70\text{mm}<\Delta_{zs}<300\text{mm}$ 时，定为 II 级；当 $500\text{mm}\leqslant\Delta_s\leqslant 600\text{mm}$，$300\text{mm}\leqslant\Delta_{zs}\leqslant 350\text{mm}$ 时，定为 III 级。

(3)高速公路和一级公路通过湿陷性黄土和压缩性较高的黄土地段时，可根据路堤填高、受水湿浸的可能性及湿陷后危害程度和修复的难易程度，按表 9-13 确定湿陷性黄土处理深度。

湿陷性黄土地基处理深度　　表 9-13

湿陷等级与特征 / 路堤高度	经常流水（或浸湿可能性大）				季节性流水（或浸湿可能性小）			
	I	II	III	IV	I	II	III	VI
高路堤(>4m)	2～3	3～5	4～6	6	0.8～1	1～2	2～3	5
低路堤(≤4m)	0.8～1.2	1～1.5	1.5～2	3	0.5～1.0	0.8～1.2	1.2～2.0	2

(4)湿陷性黄土地基的处理，应根据道路等级、黄土湿陷等级、处理深度要求、施工条件及材料来源，并经技术经济比较后确定。湿陷性黄土路段，应采用拦截、排除地表积水的措施；对于湿陷等级为 I～II 级非自重湿陷性黄土和 I 级自重湿陷性黄土，可采用重锤夯实或冲击碾压；II 级以上自重湿陷性黄土，可采取强夯、挤密桩(石灰桩、碎石桩)或孔内深层强夯等方法进行压密、加固处理。农田灌溉可能造成黄土地基湿陷时，可对路堤两侧坡脚外 5～10m 作表层加固防渗处理或设侧向防渗墙。

(5)对危害路基稳定的黄土陷穴应进行处理。黄土陷穴的处理方法应根据陷穴埋藏深度及大小确定，可采用开挖回填夯实及灌砂、灌浆等方法处理，处理宽度视公路等级而定。对流向陷穴的地面水，应采取拦截引排措施；对堑顶的裂缝和积水洼地，应填平夯实。

9.9　盐渍土地区路基

9.9.1　一般规定

盐渍土地区的公路，应查明沿线不同类型盐渍土的分布范围、含盐特征及地下水与地表水等情况，根据盐渍土类型及盐渍化过程，研究和分析可能产生的路基病害(溶蚀、盐胀、冻胀、翻浆)，合理确定设计方案，满足路基强度和稳定性要求。

路基应以填方路堤通过，其高度应结合当地气候特征、水文地质、土质盐渍化程度、地下水毛细作用高度、盐胀深度、冻胀深度以及公路等级等因素综合确定。

9.9.2 盐渍土分类

盐渍土按含盐性质的不同，分为五类，见表9-14。

盐渍土按含盐性质分类 表9-14

盐渍土名称	离子含量比值	
	Cl^-/SO_4^-	$CO_3^- + HCO_3^- / Cl^- + SO_4^-$
氯盐渍土	＞2	—
亚氯盐渍土	1～2	—
亚硫酸盐渍土	0.3～＜1.0	—
硫酸盐渍土	＜0.3	—
碳酸盐渍土	—	＞0.3

注：离子含量以1kg土中离子的毫摩尔数计(mmol/kg)。

盐渍土的盐渍化程度，按细粒土和粗粒土分别进行分类，见表9-15。

盐渍土按盐渍化程度分类 表9-15

盐渍土名称	细粒土土层的平均含盐量（以质量百分数计）		粗粒土通过10mm筛孔土的平均含盐量（以质量百分数计）	
	氯盐渍土及亚氯盐渍土	硫酸盐渍土及亚硫酸盐渍土	氯盐渍土及亚氯盐渍土	硫酸盐渍土及亚硫酸盐渍土
弱盐渍土	0.3～＜1.0	0.3～＜0.5	2.0～＜5.0	0.5～＜1.5
中盐渍土	1.0～＜5.0	0.5～＜2.0	5.0～＜8.0	1.5～＜3.0
强盐渍土	5.0～8.0	2.0～5.0	8.0～10.0	3.0～6.0
过盐渍土	＞8.0	＞5.0	＞10.0	＞6.0

注：离子含量以100g干土内的含盐总量计。

9.9.3 填方路基

盐渍土地区路基边缘，高出地面或地下水位或地表长期积水位的最小高度，不应低于表9-16的规定。

盐渍土地区路基最小高度 表9-16

土质类别	高出地面(m)		高出地下水位或地表长期积水位(m)	
	弱、中盐渍土	强、过盐渍土	弱、中盐渍土	强、过盐渍土
砾类土	0.4	0.6	1.0	1.1
砂类土	0.6	1.0	1.3	1.4
黏性土	1.0	1.3	1.8	2.0
粉性土	1.3	1.5	2.1	2.3

注：一级公路、高速公路按2倍计，二级公路按1.2～1.5倍计。

盐渍土填筑路堤的填料可用性，应视不同公路等级和路堤填筑部位以及当地气候特征、水文地质条件，按表 9-17 确定。

盐渍土用作路基填料的可用性　　表 9-17

公路等级		高速公路、一级公路			二级公路			三、四级公路	
土类及盐渍化程度 \ 填土层位		0～0.80m	0.80～1.50m	1.50m以下	0～0.80m	0.80～1.50m	1.50m以下	0～0.80m	0.80～1.50m
粗粒土	弱盐渍土	×	○	○	△[1]	○	○	○	○
	中盐渍土	×	×	○	△[1]	○	○	△[3]	○
	强盐渍土	×	×	△[1]	×	△[2]	△[3]	×	△[1]
	过盐渍土	×	×	×	×	×	△[2]	×	△[2]
细粒土	弱盐渍土	×	△[1]	○	△[1]	○	○	△[1]	○
	中盐渍土	×	×	△[1]	×	△[1]	○	×	△[4]
	强盐渍土	×	×	×	×	×	△[2]	×	△[2]
	过盐渍土	×	×	×	×	×	△[2]	×	×

注：(1)表中○为可用；△为部分可用；×为不可用。

(2)△[1] 为氯盐渍土及亚氯盐渍土可用；△[2] 为强烈干旱地区的氯盐渍土及亚氯盐渍土经过论证可用；△[3] 为粉土质(砂)、黏土质(砂)的不可用；△[4] 为水文地质条件差时的硫酸盐渍土及亚硫酸盐渍土不可用。

盐渍土地区路堤基底，应视地表不同情况分别进行处理。表层的植被、盐壳、腐殖质土必须清除后再压实，过湿地段应排除积水，挖除表层湿土后换填，换填厚度不应小于 0.30m。在风积砂或河砂比较近便的路段，应优先利用风积砂或河砂换填。受地面水或地下毛细水影响的路基，可考虑设置隔断层。软弱地基应作特殊处理设计。

盐渍土地区路堤边坡坡率，应根据填筑材料的土质和盐渍化程度，按照表 9-18 确定。

盐渍土地区路堤边坡坡率　　表 9-18

土 质 类 别	填料盐渍化程度	
	弱、中盐渍土	强盐渍土
砾类土	1∶1.5	1∶1.5
砂类土	1∶1.5	1∶1.5～1∶1.75
粉质土	1∶1.5～1∶1.75	1∶1.75～1∶2.00
黏质土	1∶1.5～1∶1.75	1∶1.75～1∶2.00

9.9.4　防治措施

路基处理应针对土基含盐性质、盐渍化程度、当地工程地质、水文地质、地形和筑路材料等条件，因地制宜地采用提高路基、路基换填、设置隔断层、改善排水条件等有效措施，保证路床处于干燥或中湿类型的稳定状态，不受盐分、水分的影响。

路基提高的高度，应与防治措施及排水设计综合考虑。排水不良的过湿地带，路基最小高度不应小于表 9-16 的规定；二级以上公路路基高出地面 2m 时，应加设宽 1～2m 的护坡道，护坡道顶面应高出长期积水位 0.5m 以上。

路基换填材料宜选用砾类土或砂。换填厚度，高速公路、一级公路不应小于1.0m，二、三级公路不应小于0.80m，并宜结合隔断层措施综合治理。

隔断层设置层位应高出地面和地表长期积水位，以隔断水分和盐分进入路基上层或路面基层。

用风积砂或河砂作为路基填料或隔断层时，应适当放缓边坡或用砾(砂)类土包边，以防止边坡蚀坍。

盐渍土地区路基必须设置完善的排水设施，并结合当地农田排、灌系统综合考虑。

地面排水困难、地下水位较高或公路旁有农田排、灌水渠的路段，应在路基一侧或两侧设排(截)水沟，以降低地下水位或截阻农田排灌水，排(截)水沟距路基坡脚应不小于2m，沟深应低于地表1.0m以下。

在排水困难、占地容许的路段，可设置蒸发池。蒸发池设计应符合《公路路基设计规范》(JTG D30—2004)中蒸发池的规定。

当原有路基填料换填受到限制时，可在原填料中掺入加固剂处治。加固剂的类型、成分和掺入剂量可根据填料土质通过试验确定。

9.9.5　干涸盐湖地段路基

干涸盐湖地段路基设计应查明岩盐的种类、工程性质、溶蚀情况及地下水位、含盐特征情况。

干涸盐湖地段填筑路堤，可利用岩盐作为填料。

干涸盐湖地段的高速公路、一级公路应分期修建。其他等级公路，可采用低路堤的路基横断面形式，路堤高度不宜小于0.3m，路堤边坡坡度可采用1∶1.5。

当盐湖地表下有饱和盐水时，宜采用设有排水沟及护坡道的路基横断面。护坡道宽度应大于2m。

当地表有溶蚀、溶沟、溶塘时，应用填料填补，并洒饱和盐水，分层夯实。

9.10　多年冻土地区路基

9.10.1　一般规定

多年冻土地区路基设计，应查明沿线多年冻土的分布、类型、冻土层上限及水文地质等情况。在冻土沼泽、冰丘、冰椎、热融湖(塘)地段修筑路基，应详细调查其范围、规模、发生原因及发展趋势等。

冻土沼泽(沼泽化湿地)、热融湖(塘)地段，应以路堤通过。路堤高度应高出沼泽暖季积水水位加毛细水上升高度加有害冻胀高度再加0.5m，且满足保温厚度的要求；通过较大的热融湖(塘)，还需考虑波浪壅水的影响。

路基填料设计应考虑冻结层上水的发育情况及填料的冻胀敏感性，有条件时应优先采用卵石土或碎石土作填料。严禁使用塑性指数大于12，液限大于32%的细粒土，富含腐殖质的土及冻土。保温护道填料，应就地取材，采用泥炭、草皮、塔头草或用细粒土。

按工程环境特点和工程建设不同阶段采用区段设计和场地设计相结合的原则。根据冻土的类型及年平均地温采用保护、一般保护和一般路基的设计原则。

路基位于少冰冻土、多冰冻土地段，可按一般路基设计；位于富冰冻土、饱冰冻土、含土冰层地段，以及冰丘、冰椎、多年冻土沼泽、热融湖(塘)、地下水路堑地段，应进行特殊设计。

路基设计应与路面结构设计综合考虑，减少其路基过大变形或不均沉降而引起路面结构性破坏。

9.10.2　高含冰量冻土地段路基

路堤的设计应计算地基的融化沉降量和压缩沉降量，并按竣工后的沉降量确定路基预留加宽与加高值。

按保护或一般保护多年冻土的原则设计时，路堤最小填土高度不仅要满足防止冻胀翻浆的要求，而且必须保证冻土上限不下降。路堤也不宜过高，以防止路堤纵裂等次生病害。

路堤较高时，应采用土工格栅或土工格室等加强措施。

路堤高度不能满足保护冻土上限不变的最小高度时，可设置工业保温材料层等。

填挖过渡段、低填方地段应进行基础换填，换填厚度经热工计算确定，换填基底与挖方地段换填基底应顺接。采用卵砾石作为换填材料时，应在地面上设置复合土工膜防渗层，防止地表水渗入，防渗层表面做成向外成4%的横向排水坡。

路堑边坡、基底根据冻土层的分布、坡面朝向、地温情况及填料的来源，采用全部或部分换填处理，换填厚度应通过计算确定，边坡坡率不宜陡于1∶1.75。路堑堑顶应采用包角式断面形式，堑顶包角高程一般高出原地面0.8m，宽度为1.0m，外侧边坡坡率1∶1.75，内侧边坡坡率与路堑边坡一致。

当填方基底为饱冰细粒土或含土冰层，且地下冰层较厚时，可在边坡坡脚设置保温护道及护脚，并在填方基底设置保温层。保温设施可利用当地苔藓、草皮、塔头草、泥炭或黏质土等材料。

不稳定多年冻土区的路基应根据冻土的分布、填料、路基填挖及地温的情况，采用冷却地基、设置保温层的措施综合处理，保温层设置应根据热工计算确定。高含冰量冻土厚度较小，埋藏较浅的地段，经技术经济比较后，也可采用清除高含冰量冻土的措施。以上措施仍不能保证路基稳定时，宜采用桥梁代替填土路基。

不稳定多年冻土地段高含冰量冻土路基，宜采用土工合成材料加筋结构。

9.10.3　不良冻土工程地质路段路基

位于冰椎、冻胀丘下方地段的路堤，在其上方设排水沟，以截排冰椎、冻胀丘附近涌出的水流。属常年性融区，并有较大的地下水流，应设保温渗沟，将地下水引到路堤以外，必要时设桥通过。

位于冰椎、冻胀丘上方地段的路线通过方案应慎重采用。必须通过时，应在路堤上方坡脚外不小于20m，设较深的排水沟和冻结沟。若存在冻结层下水，应设保温渗沟将地下水引排至路基以外。若积冰量很大，或有大量地下水横穿路基，且截排有困难时，宜设桥通过。

路基通过融穿性湖塘，当湖塘面积不大时，可抽干积水，换填砂砾或抛石挤淤；若湖塘面积较大，可围堰抽干水，挖除基底松软土层，换填透水性材料。路堤宽度与高度应考虑预留沉落量，沉落量除考虑路基本体填土压实影响外，还需考虑基底土层压密沉降的影响。

沼泽地段的路堤，应根据沼泽特点、积水深度、多年冻土类型等，按照保护多年冻土的原则，并应采取加强排水、预留沉降、消除冻害的综合措施。

9.10.4 路基排水

高含冰量冻土地段应避免修建排水沟、截水沟，宜修建挡水埝。挡水埝断面尺寸应通过计算确定，并采取防渗和保温措施，必要时应采取加固措施。

高含冰量冻土地段如设计排水沟、截水沟时，应充分考虑冻土及冰层的埋藏深度，采用宽浅的断面形式，断面尺寸按计算确定。富冰冻土、饱冰冻土地段，排水沟、截水沟、挡水埝内侧边缘至保温护道坡脚或堑顶或路堤坡脚(无保温护道)的距离不得小于5m，含土冰层地段不得小于10m。

应根据地下水类型、水量、积水和地层情况，采用冻结沟、积冰坑、挡冰堤、挡冰墙或渗沟等措施，排除路基有危害的地下水。

采用渗沟排除地下水时，渗沟及检查井均应采取保温措施。出水口的位置应选在地势开阔、高差较大、纵坡较陡、向阳、避风处，并采用掩埋式锥体或其他形式的保温措施。

路堑边坡有地下水出露时，必须将水引排，并应在边坡上采取保温措施。

9.10.5 取土坑和弃土堆

取土坑(场)应符合多年冻土地区环境保护要求，适当远离路线，分段集中取土。取土坑(场)的设置应考虑减少取土后取土坑对周围地层的热平衡影响，避免造成天然上限下降，引起热融沉陷与滑塌等新的不良地质病害，影响路基稳定。

取土坑(场)应选择在路堤上侧植被稀疏的少冰、多冰冻土山坡或融区、河滩谷地。饱冰、富冰冻土及含土冰层地段不得取土。

路堑挖方为高含冰冻土时，不得作为路基或保温护道填料。

9.11 风沙地区路基

9.11.1 一般规定

风沙地区路基设计，应调查、收集并掌握当地气象、地形地貌、工程地质和水文地质、筑路材料、生态环境等方面的资料，确定当地沙漠类型。

在风沙地区筑路，应调查当地治沙经验，结合不同的沙漠类型和公路工程的特点，确定有利于风沙流顺畅通过的路线线位和路基横断面形式及防止路基被风沙吹蚀和积沙掩埋的工程或生物防护措施。

风沙地区应根据不同区域沙漠地貌类型设防，在风沙流比较严重的过干沙漠地区，应按照就地取材、因地制宜、综合治理的原则，除对路基采取防护措施外，还应在路基两侧建立完善的综合防沙体系；对干旱沙漠地区宜采用工程和生物相结合的防护措施；对于微湿和半干旱沙地地区宜采用生物防治或生态恢复措施。

沙漠地区路基在重点做好综合防沙设计的同时，也应注意路基填料、整体强度和稳定性问题，同时还应考虑今后养护维修和管理方便等问题。

干旱流动沙漠地区路基可不设置边沟等排水设施，但对于有浇灌要求的路段也应考虑排水设计，宜设置宽浅形边沟和大孔径桥涵。

沙漠公路修筑不得随意破坏当地脆弱的生态，取弃土不得随意堆放，在防治形成沙害的同时，应注重环境保护。保护路基两侧地表原有植被和地表硬壳。

9.11.2　填方路基

风沙地区路基应以低路堤为主，填土高度应根据路堤上的风向、风速变化等情况确定，一般路堤高度宜比路基两侧 50m 范围内沙丘的平均高度高出 0.3～2m。当路线通过高大复合型沙垄或复合型沙丘链地段，路基高度以填方略大于挖方或接近平衡为宜。

风沙地区填方路基应采用流线型横断面，高速公路、一级公路可采用分离式缓边坡路基形式，不宜采用凸形中央分隔带。路肩与边坡相交处宜设成圆弧形。

风沙地区一般路堤边坡坡度应根据填料、填土高度、风向、路侧地形及防护情况确定；对于微湿和半干旱沙地地区的高速公路和一级公路，路堤边坡坡度宜采用 1∶3。

风沙地区路基填料应满足《公路路基设计规范》(JTG D30—2004)中路床土最小强度和压实度及路堤填料最小强度要求的规定。纯风积沙可采用土工布等材料进行加固修筑路基，水源缺乏地区的沙基可采用振动干压实技术。

路基取土宜取自挖方断面，或取自上风侧阻风沙丘，以减少沙害。当纵向调运较远，采用路侧取土时，取土坑应设在背风侧坡脚 5m 以外，并设计成弧形的浅槽。必要时，对取土坑应采取防护措施。平沙地路段不宜取土，应加以保护。

应根据公路等级、材料来源、风力、风向等对路肩及边坡进行防护。在气候条件容许的情况下，宜采用生物防护。各种工程防护设施应坚固可靠。

9.11.3　挖方路基

风沙地区路基应避免采用长度大于 30m 和深度大于 6m 的路堑。

风沙地区路堑宜采用敞开式、缓边坡路基横断面，挖方边坡坡率应根据挖方深度、风力、风向、路侧地形及防护措施确定；深路堑边坡坡脚应设置积沙平台，以便于养护；对于微湿和半干旱沙地地区的高速和一级公路，路堑边坡坡率宜缓于 1∶3。

路线与主导风向正交时，应使路堑顶宽与路堑深度的比值接近 20～30 的范围，以减少堑内的积沙。

挖方弃土宜用于填方路基，多余弃土应置于背风一侧的低洼处，距离路堑坡顶不应小于 10m，必要时，应采取防护措施。

路堑应根据公路等级及筑路材料，在路肩、边坡坡面和坡顶外 20～30m 范围进行防护。

半填半挖路基应将挖方侧路基适当加宽，上下两侧宜采用缓边坡，边坡变坡点处宜设成圆弧形，同时对上下边坡进行加固。

9.11.4　路侧防沙工程

防沙工程应根据公路等级采取固、阻、输、导等工程或生物措施，总体布置，并形成完善的综合防护系统。其设置范围和部位应根据风沙活动特征、风况、输沙量、地形、防护材料性质、当地气象、土壤地质、自然生态环境及公路等级和使用要求等确定。

在适宜植物生长的微湿和半干旱沙地地区，应优先选用灌、草等植物固沙。在干旱沙漠地区宜采用工程和植物相结合，先工程后植物的固沙方法。固沙植物应选用根系发达、耐旱、固沙能力强，适应当地生长条件的植物品种，固沙带宽度可参照工程固沙宽度适当减小。在无条件栽种植物的过干沙漠地区，可利用当地材料、土工格室平铺固沙。

可利用柴草类等材料在路基迎风侧设置立式沙障固沙，有条件时可采用乔、灌结合的植物沙障。低立式沙障距离路基应大于20m，高立式沙障应大于50m。

在沙源极为丰富的风沙地区，应在路基迎风侧100m以外设置墙式、堤式、栅式、带式或植物等类型的阻沙障，以拦截风沙和限制积沙移动。

在平坦的流动沙地和风沙流地区以及路线与主导风向交角为45°～90°的流动沙丘地段，可采取必要的输沙措施，如设置浅槽、聚风板等，以使流沙顺利越过路基而不产生堆积。

路线与主导风向交角为25°～30°时，可采取改变风沙流或沙丘运动方向的导流方法，宜在路基迎风侧50～100m以外设置导沙墙、导沙板等措施。有条件时可种植乔灌结合的植物，形成导沙屏障。

在流沙危害严重的路段，路基两侧20～30m范围内的地面应保持平顺，地上的突起物均应铲除，并予整平，形成平整带。

综合植物防护系统的设置应与当地治沙规划相结合。当采用防护林带时宜采用种草、灌木和乔木相结合，先期树种和后期树种相结合，以及乡土树种和引进树种相结合的原则进行栽植。设置宽度应根据沙源、风沙流活动强度和沙丘移动特征等因素确定。迎风侧不宜小于200m；背风侧如为单向风时，可不设。如有反向风时，则应设置宽度不小于50m的防护带。

有条件时应在两侧防护林带之外，根据风沙严重程度设置植被保护带。植被保护带宽度一般在路基的迎风侧不应小于300m，在路基的背风侧不应小于100m。

采用植物防沙措施时，应结合当地植物适应条件，选择适宜的植物种类，确定合适的植物结构和种植方式，同时建立完善的灌溉措施和管理组织。

在缺乏筑路或固沙材料的干旱沙漠地区，可在试验验证可行的前提下，采用化学加固沙漠公路路基或进行防护。

9.12　雪害地段路基

9.12.1　一般规定

雪害地区路基设计，应调查收集当地自然地理、气象要素、灾害程度、积雪状况、风况、地质等资料，分析雪害成因，确定雪害类型，提出正确的处治方案和措施。

雪崩调查应查清公路沿线地形地貌、雪崩类型和分布、数量和范围、雪崩的汇雪面积、雪崩的裂点位置、山体坡度、发生频率、危害程度，必要时测绘汇雪面积地形图和雪崩运动路径的纵断面图。

在工程和水文地质调查中，应调查覆盖层的岩土性质、厚度、地质构造、地下水的分布情况以及植被情况。

风吹雪路段应对汇雪长度(汇雪面积)，风雪流行程中的地形、地物、植被等情况进行调查，测定风雪流的移雪数量，冬季风力与风向及其频率和持续时间、年总降雪量、最大及平均积雪深度、冬季气温及冻融时间、风雪流的主导风向、风吹雪的类型及其危害程度等。

在修筑高路堤、开挖储雪场及整修山坡的地段，还应查明场地工程地质及水文地质情况。

在路线必须通过可能发生雪崩的路段时，可按照稳定山坡积雪，改变雪崩运动方向，减缓雪崩运动和清除积雪等原则，采用水平台阶、导雪堤(墙)、土丘、挡雪墙、防雪林带等设施；在雪崩较严重路段，高速公路、一级公路及有特殊要求的公路，也可采用防雪走廊、明洞、隧道等遮挡构造物。

在风吹雪地段，应根据当地风雪情况及地形条件，合理设计路基横断面形式，并宜采用填方，避免或少设路堑。必要时，在工程量增加不大的情况下，可适当加宽路基。

在平坦开阔和稳定风吹雪路段，路基应采用流线型或缓边坡路堤形式，尽量避免挖方和采用路堑断面形式，路堤高度应比当地最大稳定积雪深度高出 0.3～0.5m，在风吹雪严重地段应高出 0.5～1.0m。

在草原、农牧区低填方风吹雪路段宜采用 1∶3 的路堤边坡，在浅挖方、荒原戈壁低填方处应采用 1∶4 的路堤边坡，有条件时可放缓边坡或做成流线型边坡。单向风强烈时，路堤迎风面的边坡应尽量放缓，沿主导风向的边坡坡度等于或缓于 1∶4。

对风吹雪路段路基两侧距路基边坡坡脚各 20m 范围内的障碍及构造物应清除，否则应设置防雪设施。根据需要，在有条件的情况下，填方路堤的取土坑也可用作储雪场。

风吹雪路段必须采用挖方时，应避免深路堑，宜敞开路基或以半填半挖的横断面形式通过，当挖方路基外侧剩余台地工程量不大时，宜全部挖除。雪害严重地段宜适当加宽路基，并设积雪平台。

山区风吹雪挖方边坡宜缓于 1∶4，并设置积雪平台，其横坡同路拱坡度，对无条件放缓边坡的路段，应加大积雪平台宽度。必要时，可在挖方路堑内采用路堤断面形式或设置储雪场。

风吹雪路段高速公路、一级公路的中央分隔带应与路面齐平，路肩、坡脚、坡顶等有棱角部位宜设成圆弧形，以利于风雪流顺滑通过。

9.12.2　防治原则

防治雪害应以防为主，防治结合，遵循“因地制宜、就地取材、有效、易行、经济、持久”的原则，优先采用生物防治。工程治理应注意保护生态环境，防止水土流失，为生物防治创造条件。

9.12.3　防雪措施

1)综合防治

雪害防治应采取工程治理与生物防治相结合的综合治理方案。雪害严重路段可结合公路的重要程度设防，采用多种工程和生物措施组合的稳、阻、导、排等措施，因地布设，互相配合。

2)雪崩防治措施

(1)水平台阶

地面横坡小于45°、土层较厚且透水性较好、不易产生滑坡或泥流的山坡上,为防止小型雪崩,可沿等高线开挖水平台阶。台阶间距应视山坡坡度而定,台阶宽度则依最大积雪厚度与山坡坡度而定。

(2)稳雪栅栏

坡度较陡、土层较薄、透水性差不宜开挖水平台阶的山坡,可沿等高线设置栅栏以稳定山坡上的积雪。稳雪栅栏宜设置多排,最高一排栅栏应尽可能在雪崩裂点附近及雪檐下方。

(3)防雪林

从雪崩源头开始到雪崩运动区,从上到下分期种植合适树种,防治雪崩发生,防雪林初期可配合工程措施。

(4)土丘及楔

土层较厚,坡度小于30°的雪崩沟内,可设置土丘,以减低雪崩速度;楔还有分割雪体的作用,设置地点宜选在雪崩途径的坡折处,布设一个或多个。土丘及楔的高度应大于最大雪崩锋面高度。

(5)导雪堤

在宽的雪崩槽中,可以设置导雪堤。导雪堤应自沟槽一侧下斜伸至沟中,与雪崩流的交角不应大于30°。导雪堤的高度,应大于雪崩最大锋面高度。

(6)防雪走廊

雪崩严重的路段,可修筑防雪走廊。防雪走廊净空应满足隧道净空技术标准的规定。

3)风吹雪防治措施

(1)防雪林

当条件适宜时,可在路基的一侧或两侧种植防雪林带,防雪林带的宽度不宜小于50m。宜采用多条林带,各林带间距为20～50m,单条林带宽为20m。

选择防雪林的类型、树种,应根据当地积雪深度、土质及气候条件等确定,宜采用乔、灌木混合林型,选用能早期和长期起到防护作用的树种。防雪林到路基坡脚的净距可按防护林高度的10倍设置,但不应小于25m。

(2)防雪栅

风雪量较小但持续时间较长、风向变化不大的路段,可采用固定式防雪栅。固定式防雪栅的高度应根据风力及雪量大小而定,但不宜小于3m。从路基边缘到防雪栅的距离,应根据栅后积雪堤的长度确定,宜为30～50m。

风向多变、风力大、雪量多的路段,可采用移动式防雪栅,移动式防雪栅的高度宜为1～2m。防雪栅的初设位置,距离路基边缘为20～50m。

防雪栅应布置在迎风一侧,并与冬季主导风向垂直,当地形开阔、积雪量过大时,可设置两排防雪栅,间距宜为50～80m。

(3)导风板

下导风板适用于路线与主导风向的交角大于30°及迎风山体坡度小于40°的路段;否则,

宜采用侧导风板。

导风板的位置应根据当地主导风向、路基横断面形式及地形等条件而定，下导风板宜设在迎风侧的路肩附近，侧导风板宜设在迎风侧路基边缘以外不小于15m处。

(4)防雪堤(墙)

积雪较少，且不宜设置防雪栅的路段，可在迎风侧设置挡雪墙或防雪堤。防雪堤(墙)高度可根据降雪量的大小确定。防雪堤(墙)距路基边缘应有一定的距离。

9.13 涎流冰地段路基

9.13.1 一般规定

涎流冰地段路基设计，应对当地地形、地质、气象，涎流冰的水源、类型及规模、危害情况及当地防治经验等进行调查，并经技术经济论证，确定合理的处治措施。

所需资料可经有关部门实地观测或由涎流冰形成期间实地调查所得，其主要内容应包括：地形及水源类型、流量；土质类型及厚度；冻融周期和深度；涎流冰类型、规模大小及与可选路线方案的关系。对河谷涎流冰还应调查汇水面积、水位、流量等资料。

在冰冻或高寒的涎流冰地区，路基应尽量设在干燥的阳坡上，并以路堤或浅挖方形式通过为宜。

涎流冰地段的路基设计，应以预防为主，防治结合。

山坡涎流冰除将山坡水引离路基外，还可采用加宽、加深上边坡边沟、设置挡冰墙、聚冰坑或挡冰堤、聚冰沟等设施。当山坡地下水量较大时，可设置渗沟、暗沟等地下排水设施。聚冰沟或聚冰坑处应设净空较高的涵洞排除融冰水。

河谷涎流冰，应提高路基，并采用跨径较大的桥涵跨越，以避免涎流冰溢上路面。

路基工程应避免干扰原有的自然排水状况，不宜切割含水层，当采取排、挡、截等防治措施进行处理时，应保留自然形成的疏水系统的畅通。

9.13.2 防治措施

涎流冰的防治应因地制宜，统筹考虑，可采用下列措施。

1)提高路基

聚冰量不太大的涎流冰，可采用提高路基的方式进行防治。路基高度应高于涎流冰最大壅冰高度加0.5m，同时筑路材料应选用水稳性比较好的碎砾石土等材料。

采用桥涵跨越涎流冰，桥涵净空应满足历年最高涎流冰冰位加壅冰高度，再加0.5m安全高度。

2)聚冰沟和挡冰堤

对于冲积扇或缓山坡上的涎流冰，可在路基上边坡外设置聚冰沟。聚冰沟可设置多道。第一道聚冰沟应从水源起顺山坡或沟谷布设，将水导入附近的河沟或桥涵。

聚冰沟横断面应根据地形、地质、水量、聚冰量确定，并做好排水设施的顺接。

挡冰堤宜设置在聚冰沟的下方，其高度及宽度的确定应考虑淤冰的影响。

3)挡冰墙和聚冰坑

挡冰墙应设在边沟外侧，并采用浆砌片、块石砌筑，当为干砌时，应采用大块石砌筑。挡冰墙高度由聚冰量确定。

当聚冰量大时，可在挡冰墙外侧设置聚冰坑，并利用天然山坳或由超挖边坡筑成。聚冰坑的大小，由聚冰量确定。

土质地段的聚冰坑，可根据坡面渗水和土质情况，在边坡坡脚设置干砌片石矮墙。边沟应采用浆砌片石防护。

4)地下排水措施

当有地下水出露时，可采用渗沟、暗沟等地下排水设施，将地下水引离路基。

地下排水设施应设在冻结深度以下，并做好反滤层、隔水层及出水口的保温。

9.14 采空区路基

9.14.1 一般规定

(1)公路采空区的路基设计应调查收集沿线自然环境、矿产资源分布与开采、地基变形与移动等资料。通过调查、测绘、综合勘探、实验与现场测试等综合手段，查明采空区的分布、规模、变化特点和各有关地层岩土体物理、力学性质。

(2)采空区的路基设计应结合当地环境特点、工程地质条件、材料分布与供应、资源规划与工期要求等因素，进行多方案比较。

(3)公路保护煤柱的留设。

①保护煤柱的留设条件。在尚未开采的煤层分布区，属下列情况之一者应设保护煤柱。

a. 高速公路及一级公路。

b. 隧道。

c. 特大桥、大桥和中型桥。

d. 地下开采会有严重滑坡危险而又难以处理的路段。

②保护煤柱的围护带宽度。路堤部分以公路两侧路堤坡脚外1m为界，路堑部分以两侧堑顶边缘为界，两侧界线以内的范围为受保护对象。沿两侧界线向外留设围护带，高速公路围护带宽为20m，一级公路围护带宽度为15m。

③保护煤柱边界的确定。倾斜煤层保护煤柱的边界根据上山方向移动角、下山方向移动角及松散层移动角，用垂直剖面法确定。

9.14.2 采空区处治

1)处治范围

开挖回填处理的浅采空区，其处治长度为公路轴向采空区实际分布长度，处治宽度为路基底面宽度或构造物的宽度，处治深度为底板风化岩位置。其余采空区治理范围按下述规定执行。

2)处治长度

处治长度为公路轴向采空区实际分布长度。当采空区的厚度较大,地表变形破坏严重时,处治长度应增加覆岩移动角的影响宽度。

3)处治宽度

处治宽度由路基底面宽度、围护带宽度、采空区覆岩影响宽度三部分组成,具体数值按《公路路基设计规范》(JTG D30—2004)上的相应公式计算。

4)处治深度

处治深度为地面至采空区(或煤层)底板以下不应小于3m。

5)处治措施

公路采空区设计应根据采空区的形成时间、埋深、采空厚度、采煤方法、顶板岩性及其力学性质、水文地质、工程地质条件等选择治理方案。治理方案主要有开挖回填、充填、桥跨和注浆四种。在实际工程中,应针对采空区的具体情况,可将这几种方案联合使用。

6)开挖回填

对于路基挖方边坡上的采空区宜采用开挖回填方案。

7)充填

对于煤层开采后顶板尚未垮落的采空区,可采用非注浆充填方案,包括干砌片石,浆砌片石,井下回填,钻孔干湿料回填等方案。

干砌(浆砌)片石适用于采空区未完全塌落、空间较大、埋深小、通风良好,并具备人工作业和材料运输条件的采空区治理。一般路段的路基用干砌片石回填,抗压强度不应低于10MPa,对有构造物的路段,应用浆砌片石,抗压强度不应低于15MPa。

8)桥跨

对于煤层开采规模较小、开采深度小于100m的采空区,可采用桥跨方案。

9)注浆

对于煤层开采规模较大、开采深度(埋深)小于250m的采空区,宜采用全充填注浆方法。对于埋深大于250m采空区,宜根据其开采特征、水文地质、工程地质条件及其对公路工程的危害程度等因素,确定是否采用全充填注浆方案。

9.15　滨海路基

9.15.1　一般规定

滨海路基设计应根据路基所处的地理环境及特点,考虑地形、地貌、地质、水文、气象等因素,结合施工条件及材料供应情况,合理地确定路基设计高程,选择适宜的路基断面及防护形式,保证路基的整体稳定性、耐久性、耐腐蚀性。

路堤两侧有较大的水头差时,宜设置过水构造物。当堤身或地基可能发生管涌潜蚀时,应在低水位一侧边坡下部设置排水设施、放缓边坡或设护坡道以及在路堤中心设置防渗墙等防渗加固措施。

路堤填料应选择渗水性好的材料，有困难时，可采用细粒土，并应采取适当的防护和加固措施。

9.15.2　滨海路基的设计

1）滨海路基的设计高程

滨海路基的设计高程应不低于高潮水位频率的设计潮水位加波浪侵袭高，以及 0.5m 的安全高度。各级公路路基设计高潮水位频率应符合表 9-19 规定。不能满足要求时，应设置防浪墙等。

路基设计高潮水位频率　　表 9-19

公路等级	高速公路	一级公路	二级公路	三级公路	四级公路
路基设计高潮水位频率	1/100	1/100	1/50	1/25	按具体情况确定

2）设计波浪标准

设计波浪重现期标准，高速公路、一级公路、二级公路采用 50 年一遇，三、四级公路采用 25 年一遇。

3）设计波高累积频率

计算滨海路基支挡和坡面防护工程的强度和稳定性时，设计波高的波高累积频率宜按表 9-20确定。

当推算的波高大于浅水极限波高时，应采用极限波高值。

波高累积频率标准　　表 9-20

滨海路堤形式	部　位	计 算 内 容	波高累积频率 F(%)
斜坡式	胸墙、堤顶方块	强度和稳定性	1
	护坡块石、护坡块体	稳定性	13
	护底块石	稳定性	13
直墙式	上部结构、墙身、桩基	强度和稳定性	1
	基床、护底块石	稳定性	5

9.15.3　滨海路基的形式

滨海路基宜采用斜坡式，特殊情况下也可采用直墙式。

9.15.4　滨海路堤边坡坡率

滨海路堤边坡坡率应根据填料性质、路堤高度、浸水深度、防护形式及海洋水文条件等确定，边坡坡率不宜陡于 1∶1.5。

9.15.5　滨海路堤边坡坡面防护

(1)坡面防护应根据水深、波浪特点、施工条件及材料情况等采用条石、块石、混凝土异型块体、土工合成材料等护坡。为减弱波浪对路堤的破坏作用，提高路堤边坡的稳定性，可在堤前采取防浪凌台、顺坝及潜坝等措施。各种防护工程应能抗海水及生物侵蚀，在寒冷地区还应具有耐冻和承受冰凌撞击的能力。

(2)外海侧护坡底部应设抛石棱体，其顶面高程应高于施工水位，顶宽不应小于1.0m。

(3)外海侧坡脚应根据最大冲刷深度、地形、基础形式等采取妥善的护底措施，护底石厚度不应小于1.0m，宽度不应小于5m。

9.16　水库地区路基

9.16.1　一般规定

(1)应调查收集水库的水位设计资料、库区的气象资料；查明库岸的地形、地貌特点，组成库岸的地层岩性、产状、地质构造、地下水位变化情况；查明峡谷斜坡的稳定情况，有无滑坡、崩塌等不良地质现象，分析评价水库对斜坡稳定的影响；查明填料的来源及其物理力学性质。

(2)设计时应根据水库的特点和要求及水库对路基的影响，考虑库水浸泡、渗透、水位升降、波浪侵袭、水流冲刷、坍岸、淤积和地下水壅升而引起土的重度和强度的变化以及大孔隙性土的湿陷等因素，并采取相应的防护加固措施。

9.16.2　路基断面形式及填料要求

(1)路堤应按浸水路基的要求设计，当边坡高度较大时，宜采用台阶型断面，边坡坡度在设计水位以下不宜陡于1：1.75；当路堤边坡较高时，边坡坡度应经稳定性验算确定。

(2)路基应采用压缩变形小、水稳性好的渗水性材料作填料。当渗水性材料较为缺乏时，路堤受库水位浸泡的部位宜用渗水性材料填筑，库水位以上的部位可用细粒土填筑。

(3)用细粒土填筑的路堤，当渗透速度和渗透压力较大而可能发生冲蚀时，除放缓边坡外，宜在低水位一侧设置排水设施。

9.16.3　路堤和库岸稳定性分析

(1)路堤稳定性分析应考虑上下游水头差在堤内产生的稳定渗流及水位骤然下降在堤内产生的不稳定渗流对路堤边坡产生的渗透压力和冲蚀作用，土质路堤应按路堤内渗流的最不利情况进行验算，必要时应进行流网计算。

(2)土的强度参数按地下水位高度(浸润曲线以上加地下水壅升高度)以上和以下分别采用夯后快剪和夯后饱和快剪试验值，物理参数也应按地下水位以上和以下分别取值。

(3)在封冰和流冰地区，应考虑冰荷载作用。在水库的上游地段，若流速较大，还需考虑水流的冲刷作用。

(4)稳定安全系数不应小于1.25。当考虑水位升降变化并同时考虑地震的作用影响时，稳定安全系数宜为1.05～1.15。

9.16.4　路基边坡防护类型

应根据水库类型、波浪力大小、路基所处位置等因素，按照第 11 章中 11.2 节的有关规定予以确定，并应做好防渗反滤层。由于浸水等原因而影响路基稳定时，可采用挡土墙、副堤等形式进行加固。各种防护工程应与周围环境景观相协调。

9.16.5　水库路基的防护

水库坍岸危及路基稳定时，应根据线路的位置、库岸土质、库岸高度和坡度、浸水深度、水库淤积等情况，对库岸采取适当的防护措施。水库坍岸的防护类型可根据波浪的破坏作用和地形地质等情况，合理选用。水库坍岸的防护长度范围应根据公路路基所在库岸边坡受波浪作用影响的地段而定，防护工程两端应有适当的安全距离，并应嵌入库岸或路基边坡内。

第10章　路基排水

10.1　路基排水的一般要求

(1)排水工程的建筑材料,其规格和质量均应符合设计图纸或规范的要求。

(2)承包人应在施工前将所用建筑材料的试验数据、配合比以书面形式报送监理工程师,监理工程师接到报告后应予以审查或复核,如能接受则给予认可。

(3)排水工程的每个单项工程开工之前,承包人应向监理工程师提供该单项工程有关施工方法和具体安排的书面报告,经监理工程师批准后才能开工。

(4)承包人应按图纸要求的排水工程位置和高程进行放样测量,并使监理工程师满意。

(5)总重超过5t的设备,不许直接在排水管道结构上通过,除非管线上方填土高度超过1m或经监理工程师书面批准。

(6)排水工程中有很多属于隐蔽工程,监理人员要增加检查频率或进行必要的旁站,未经检查、试验和监理工程师批准前,承包人不得覆盖和隐蔽。隐蔽工程要有完整、准确的施工原始资料。

10.2　浆砌块石排水沟施工监理

10.2.1　浆砌块石排水沟质量监理的主要内容

(1)审查承包人的施工图纸、施工工艺和施工计划安排。

(2)审查承包人报送的砂浆的配合比,对其进行对比试验。有必要时,对片石、料石强度、外观进行试验与鉴定。

(3)审查承包人分项工程开工报告,检查其劳务组织人员情况和施工的外部条件。符合要求后,驻地工程师批准开工。

(4)施工前,须对测量放样进行抽查,频率为20%以上。

(5)施工阶段监理抽查,其主要内容如下:

①基槽的检查;

②石料的厚度、颜色、大小;

③砂浆的配合比;

④砌石的铺砌厚度、基础垫层厚度;

⑤砂浆的饱满度;

⑥表面平整度,轴线顺直度。

(6)分项工程中间交工验收,其主要内容如下:

①砂浆强度；
②轴线偏位；
③沟底高程；
④墙面直顺度或坡度；
⑤断面尺寸；
⑥铺砌厚度；
⑦基础垫层宽、厚度。

10.2.2　浆砌块石排水沟施工工艺流程

浆砌块石排水沟施工工艺流程如图 10-1 所示。

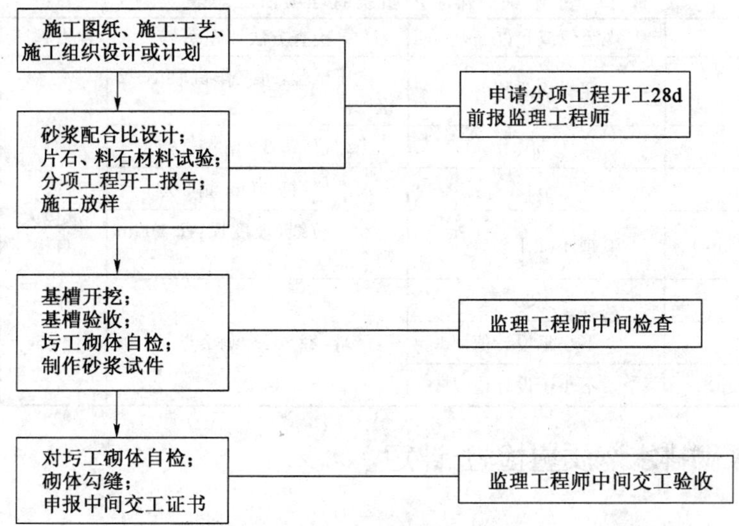

图 10-1　浆砌块石排水沟施工工艺流程图

10.2.3　浆砌块石排水沟监理工作流程

浆砌块石排水沟监理工作流程如图 10-2 所示。

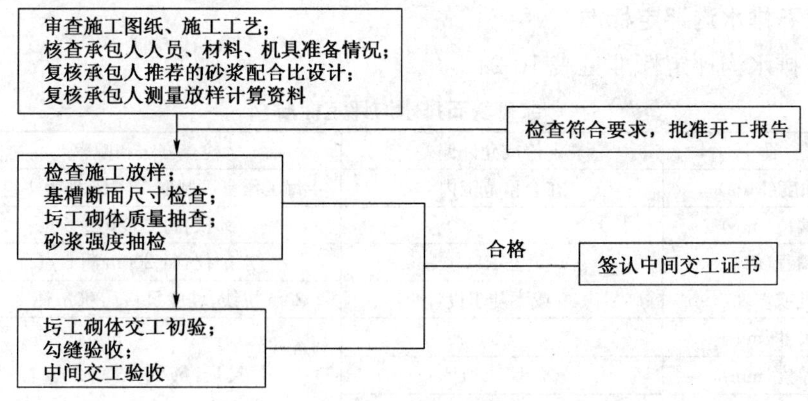

图 10-2　浆砌块石排水沟监理工作流程图

10.2.4　浆砌块石排水沟监理工作控制要点

(1)浆砌块石排水沟放样后的线形要流畅,出口处与自然河沟、洼地相接要顺畅,沟底纵坡符合设计要求且无积水。

(2)按设计要求进行伸缩缝施工,伸缩缝不能渗漏,不能对排水沟造成损坏。

(3)排水沟的侧墙要符合设计的坡度,且表面平整、美观、线形好。

(4)浆砌块石排水沟要保证砌体的厚度,浆砌的强度、饱满度,不能有侧漏。

10.2.5　浆砌块石排水沟质量监理项目

浆砌块石排水沟质量监理项目汇总如表10-1所示。

浆砌块石排水沟质量监理项目汇总表　　表10-1

项　目	规定值或允许偏差	检查方法和频率	检查程序	认可程序	备注
砂浆强度(MPa)	在合格范围内	抗压试验,每工作班取1～2组试样	承包人自检	专业监理工程师	
轴线偏位(mm)	50	经纬仪:每200m测5点			
沟底高程(mm)	±15	水准仪:每200m测5点			
墙面直顺度或坡度(mm)	30或不陡于设计值	20m拉线,坡度尺:每200m测2点			
断面尺寸(mm)	±30	尺量:每200m测2点			
铺砌厚度(mm)	不小于设计值				
基础垫层宽、厚(mm)	不小于设计值				

10.2.6　浆砌排水沟质量检验、评定

1)基本要求

(1)砌体砂浆配合比准确,砌缝内砂浆饱满,勾缝密实。

(2)浆砌片(料)石质量和规格应符合设计要求。

(3)基础伸缩缝应与墙身伸缩缝对齐。

(4)砌体抹面应平整、压光、顺直,不得有裂缝、空鼓现象。

2)浆砌块石排水沟评定标准

浆砌块石排水沟评定标准见表10-2。

浆砌块石排水沟评定标准　　表10-2

项次	检查项目	规定值或允许偏差	检查方法和频率	规定分
1	砂浆强度(MPa)	在合格范围内	每工作班可制取1组(6件为1组)	30
2	轴线偏位(mm)	50	经纬仪:每200m测5点	10
3	沟底高程(mm)	±15	水准仪:每200m测5点	15
4	墙面直顺度或坡度(mm)	30或不陡于设计	20m拉线,坡度尺:每200m测2点	10
5	断面尺寸(mm)	±30	尺量:每200m测2点	15
6	铺砌厚度(mm)	不小于设计		10
7	基础垫层宽、厚(mm)	不小于设计		10

3)外观质量鉴定

(1)砌体内侧沟底应平顺,不符合要求时,减1～2分。

(2)沟底不得有杂物,不符合要求时,减1～2分。

10.3　暗沟与渗沟施工质量监理

10.3.1　暗沟与渗沟质量的一般要求

(1)暗沟与渗沟的设置及材料、规格、质量应符合设计要求和施工规范规定。

(2)反滤层应用筛选过的中砂、粗砂、砾石等渗水性材料分层填筑。

(3)排水层应采用石质坚硬的较大粒料填筑,以保证排水所需的孔隙度。

10.3.2　暗沟与渗沟监理工作流程

暗沟与渗沟监理工作流程见图10-3。

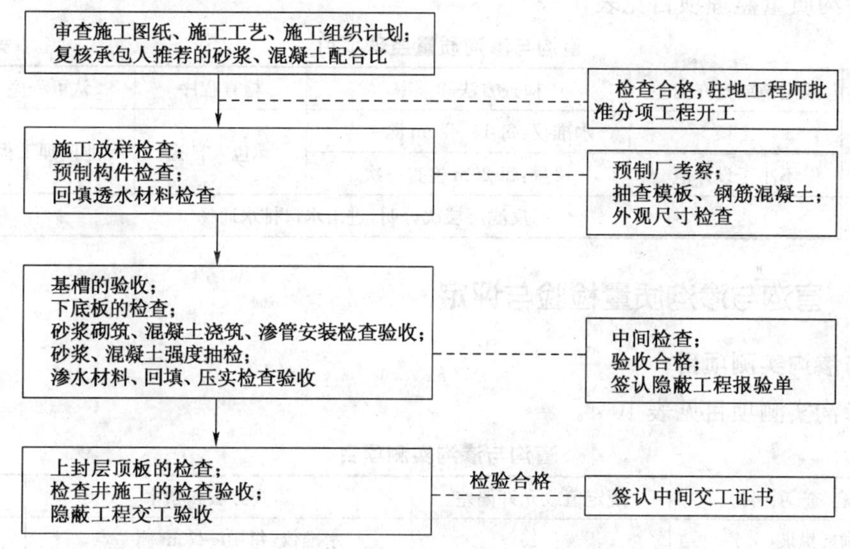

图10-3　暗沟与渗沟监理工作流程图

10.3.3　暗沟与渗沟质量监理控制要点

(1)审查承包人报送的暗沟与渗沟分项工程施工图纸、测量放样内业计算资料。

(2)审查承包人报送的砂浆、混凝土配合比,并对其进行复核性试验。

(3)对承包人报送的渗沟施工原材料、预制构件进行抽检。

(4)审核施工人员、设备、材料等的准备情况。

(5)以上四方面都符合要求,驻地工程师可批准开工。

(6)施工前监理工程师必须对测量放样进行检查,抽检频率20%或取代表性的点位进行抽查。

(7)施工阶段监理检查,其主要内容如下。

①基槽的检查:a.深度、底部高程;b.断面尺寸;c.平面布置。

②基础(底部不透水层)强度、纵坡的检查;管式渗沟基座强度、纵坡的检查。

③浆砌片石侧墙的检查:a.垂直度、斜坡度;b.砂浆配合比、砂浆的强度、砂浆的饱满度;c.纵向顺直度。

④渗水材料填筑检查:a.渗水材料的级配;b.渗水材料含泥量;c.渗水材料填筑密实;d.不同透水材料的填筑层次。

⑤上封层、盖板或混凝土现浇封层的检查。

(8)施工中各项质量检查合格,签认隐蔽工程报验单。

(9)分项工程中间交工验收,其主要内容如下:

①砂浆、混凝土的强度。

②盲沟与渗沟的沟底纵坡、断面尺寸。

10.3.4　盲沟与渗沟质量监理项目

盲沟与渗沟质量监理项目见表10-3。

盲沟与渗沟质量监理项目　　表10-3

项　目	规定值或允许偏差	检查方法和频率	检查程序	认可程序	备注
沟底纵坡(%)	±15	水准仪:每10～20m测一点	承包人自检	专业监理工程师	
断面尺寸	不小于设计值	尺量:每20m检查一次			
外观	反滤层层次分明,进出水口排水通畅				

10.3.5　盲沟与渗沟质量检验与评定

1)盲沟与渗沟实测项目

盲沟与渗沟实测项目见表10-4。

盲沟与渗沟实测项目　　表10-4

项次	检 查 项 目	规定值或允许偏差	检查方法和频率	规定分
1	沟底纵坡(%)	±15	水准仪:每10～20m测一点	50
2	断面尺寸(mm)	不小于设计值	尺量:每20m检查一次	50

2)外观质量鉴定

(1)反滤层应层次分明。不符合要求时,减1～2分。

(2)进出水口应排水通畅。不符合要求时,减1～2分,并及时清理。

第 11 章　路基防护工程质量监理

11.1　路基坡面防护

11.1.1　边坡防护工程质量监理的一般要求

(1)承包人在防护工程施工开始前,要对设计图纸、设计资料进行现场核对、调查,调查的结果提交监理工程师批准;否则,不得作为依据加以利用。

(2)业主和监理工程师提供的所有地质情况的简明记录以及土壤的试验资料,承包人应进行补充调查,这种补充调查结果必须准确,在监理工程师批准前,不得进行土方开挖工作。

(3)承包人应对中线、水准点进行详细检查、核对,若发现有误,应立即报告监理工程师,修正后再行测量放样。各种主要控制桩均应稳妥、可靠,保留至工程结束。

(4)在不良地质和水文条件下,对黏土、碎石土、粉性土、粉砂、细砂及易风化的岩石边坡,均应于土石方施工时或完工后及时地进行防护。对各种冲刷防护工程,承包人应根据图纸规定和监理工程师的指导加强基础处理,一般应将基础处理置于冲刷深度以下至少 1m。在冲刷防护工程基坑开挖前,应就基础处理方法提交监理工程师批准,决定施工方法后,承包人在施工中必须遵守。

(5)防护工程部分或全部完工到竣工验收前,承包人必须负责维护,使之保持良好状态。结构物竣工时,承包人必须彻底清理场地,清除所有的临时建筑物和垃圾等。

(6)承包人在施工过程中,要认真填写施工原始记录、试验和测试报告,收集与合同条款规定有关的资料,监理工程师有权随时调阅上述文件和资料。竣工验收后,承包人必须及时编制竣工资料,并经监理工程师审查和签认;否则,竣工资料无效。

11.1.2　植物边坡防护工程质量监理

1)植物边坡防护工程质量的一般要求

(1)在采用种草坡面防护时,草籽应均匀撒布。在土质边坡上种草,土表面应予耙松。在不利于植物生长的土壤上,应先在坡面上铺一层厚度不小于 10cm 的种植土,当坡面较陡时,应将坡挖成台阶,再铺新土,种植植物。

(2)采用铺草皮防护时,草皮尺寸不应小于 20cm×40cm。满铺草皮时,应从坡脚向上逐排错缝铺设,用木桩或竹桩固定于边坡上。也可视具体情况和监理工程师的指示,采用迭铺或铺方格等形式。

(3)采用种灌木丛防护时,应优先选用根系发达、枝叶茂盛、生长快的灌木丛,成行交错排列。

(4)对新种草籽、灌木和草皮的边坡,应经常进行浇水养护。

(5)植物在装卸运输过程中,要用湿麻袋、篷布或其他合适的覆盖物遮盖,防止太阳、大风和恶劣天气的损害。

2)植物边坡防护工程监理工作流程

植物边坡防护工程监理工作流程如图 11-1 所示。

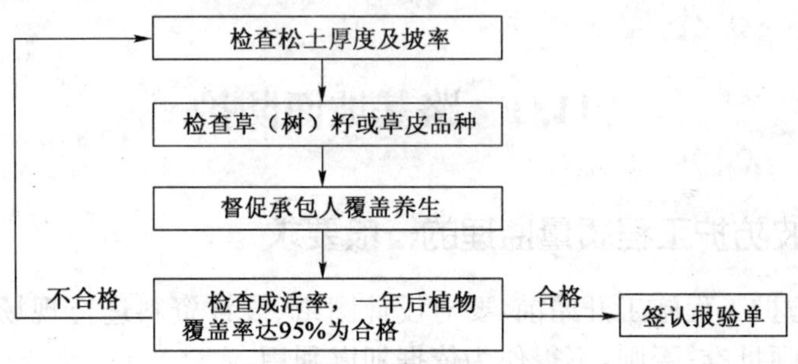

图 11-1　植物边坡防护监理工作流程图

3)植物边坡防护工程监理控制要点

(1)平整土地,使绿地坡度不小于 1.5%,砂质土排水坡度不小于 1%。

(2)松土不小于 30cm。

(3)施基肥:松土前施入,以农家肥或腐殖质肥为宜,如果使用复合肥其肥力应与农家肥肥力相当,不准使用化学肥料。施肥量每 1 000m^2 施用农家肥为 1m^3。

(4)植草(播种或栽草苗)前必须整畦浇灌一次。

(5)播种或栽苗草的品种应是图纸所规定的品种,如更换品种,应得到监理工程师的书面认定。

(6)施工:种草应在土壤具有一定温度的情况下进行。

草籽:承包人应按设计文件要求选择草籽。

播种:对边坡,要求使用喷播机进行机械化施工作业。播种工作完毕后,均应加盖无纺土工布,然后追肥、洒水。设计使用三维土工布的边坡,三维土工网最小抗拉强度应大于 2.7kN/m。在完成清坡、松土、施基肥工序后,应进行挂网作业。三维网的上部应予反压,叠压长度不应大于 45cm;下部应予顺压,叠压长度不应小于 30cm;搭接重叠部分不小于 10cm。应同时使用锚钉固定,锚钉用量为 1～1.5 个/m^2。挂网作业后,由监理工程师验收后方可进行下一步工序。挂网后覆土 2cm 之后进行喷播作业。

用苗:如果采用分栽草苗时,每 100m^2 应用 20～25m^2 的草苗(图纸另有规定者除外),草苗必须是无缺苗草坪。

施工季节:播草种季节为春季、雨季或秋季,栽草季节以春季为最宜。

11.1.3　砌石边坡防护工程质量监理

1)砌石边坡防护工程质量监理的一般要求

(1)浆砌片石护坡工程监理的一般要求

①浆砌片石护坡适用于容许流速 4～8m/s、主流冲刷及波浪作用强烈处的路堤边坡。其厚一般为 0.3～0.6m,在有冻胀变形的边坡上应设置垫层。

②砌体基础如若直接置于天然地基上，应经监理工程师检验，并且证明符合要求后才能开始砌筑。当有渗透水时，应及时排除，以防基础在砌浆初凝前被水浸害。

③砌体较长时，应分段砌筑，相邻两工作段的砌筑高差不应超过 2m，分段位置应设在沉降缝或伸缩缝处。砌体下部应按设计要求设置泄水孔，孔后铺设反滤层。

④砌体沉降缝和伸缩缝的位置应符合设计要求。沉降缝两接触面要平整，缝中可用油毛毡等材料隔开，要求填塞后不留缝隙。

⑤易受河流冲刷的路基护坡，应按设计图纸及对反滤材料的要求铺设护坡反滤层，以防坡后土体被水淘空，引起坡身坍塌。砌筑前石块要洗净、饱水。如基底为混凝土基础，应先将其表面弄净和湿润，再坐浆砌筑，在土基上采用浆砌片石护坡时，第一层石块可不坐浆，自第二层开始必须坐浆。

⑥砌筑时应先外后内，内外砌体要交错连成一体，砌体的外露部分和坡顶应选择较大较平的石块，并稍加修整。砌石应分层错缝、挤紧，砌缝宽度不应大于 40mm，填缝料和砂浆要填塞饱满，无空洞现象。不容许在石块下用高于砂浆层的小石子支垫。

⑦砌体隐蔽面可随砌随刮平，外露面另行勾缝。勾缝要牢固、平顺、美观，不容许有脱落现象，砌体表面不得被砂浆弄脏。砌筑上层时，避免下层振动或松动，不能在已砌好的砌体上抛掷、滚动、翻转和敲击石块。如发现有松动或灰缝开裂现象，应拆除重新砌筑，砌筑好的砌体要注意养护。

(2)浆砌片石框格护坡工程监理的一般要求

①土质或风化岩石边坡或表层易发生溜坍的边坡，采用浆砌片石框格护坡，框格内采用植物防护或其他辅助防护措施，要求防护的边坡有足够的稳定性。

②框格防护的骨架平面布置形式、尺寸，砌体的宽度、厚度，应按图纸规定或监理工程师指示进行施工。

③浆砌砌体的其他一般要求尚应符合设计图纸的规定。

④采用框格防护的边坡坡顶及坡脚，应采用与骨架部分相同的石料砌筑。

⑤作为骨架的片石应竖栽砌筑，挖槽栽入边坡，上端外露 5～10cm，使草坪与骨架顶面齐平。

⑥骨架砌筑完成后，应及时植草或铺草皮。如果边坡土质不适宜草的生长，则应铺设一层厚度不小于 10cm 的种植土再进行播种或铺植。

2)砌石防护工程监理工作流程

砌石防护工程监理工作流程如图 11-2 所示。

3)砌石防护工程监理工作控制要点

(1)浆砌片石护坡、锥坡应表面平整，无垂直通缝；勾缝平顺，无脱落现象。

(2)护面墙砌体牢固，边缘直顺；勾缝平顺，缝宽均匀，无脱落现象。

(3)窗孔式护面墙孔大小均匀，整体外形美观，辅助防护材料质地均匀，铺设牢固无松动。

(4)浆砌片石框格护坡表面整齐，线条直顺，勾缝平顺，无脱落现象。草坪与骨架顶面齐平。

(5)泄水孔排水通畅，无淤塞及流泥浆现象。

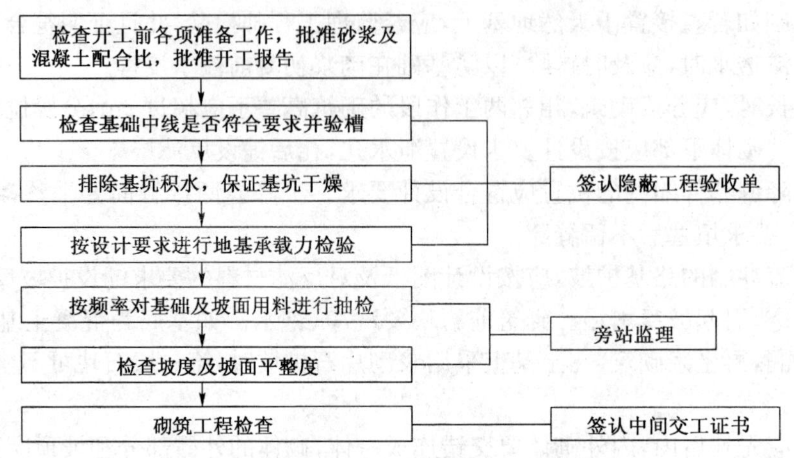

图 11-2 砌石防护工程监理工作流程图

11.1.4 喷浆防护工程质量监理

1)喷浆防护工程质量监理一般要求

(1)喷射前施工现场的清理和坡面修整。清除开挖面的浮石和坡脚的岩渣、堆积物，并用高压水冲洗受喷面；对遇水易潮解、泥化的岩层，则应用风机清扫岩面。对坡面凹凸起伏较大的地方，应对不平顺之处进行嵌补。

(2)锚杆施工应随脚手架上升，自下而上按设计图纸标定位置进行钻孔。钻孔的直径、深度和倾斜度按设计规定。钻孔后应清孔，用水泥砂浆灌入至孔深的 2/3 处，将锚杆插入，锚杆头部在边坡上外露 8cm。锚固后的锚杆 3d 内严禁受力。

(3)喷射混凝土防护及喷浆防护的厚度应符合图纸规定。当受喷坡面不平整时，喷射混凝土中的钢筋网宜在喷射一层混凝土后铺设，钢筋与坡面的间隙宜为 3cm。

(4)喷浆防护中，在砂浆内可采用高强度聚合物土工格栅挂网，并通过锚杆固定于边坡上。

(5)高强土工格栅施工时，自上而下顺边坡挂网，横向搭接，搭接宽度不小于 50cm，采用多点相互绑扎进行连接，土工格栅与锚杆就地绑扎，挂网时可施加 5kN/m 的预应力将网面绷紧，并与岩面保持 3～4cm 的间距。

(6)施工中应将锚杆孔清除干净后方可注浆放置锚杆，并在孔内砂浆充分凝固后才能挂网，挂网后喷射混凝土时应分层施工。

(7)喷浆和喷射混凝土前应先试喷，确定合适的配比及施工方法，经监理工程师认可后才能大面积施工。

(8)对于大面积喷浆和喷射混凝土，沿路线方向喷层每间隔 20～25m 应设一道伸缩缝，缝宽 2cm。

(9)喷浆及喷射混凝土施工中，应严格按图纸规定或监理工程师指示设置泄水孔和反滤层。

(10)喷浆和喷射混凝土后 2～2.5h 后开始喷水养护，阳光直射时作遮阳处理。养护时间不少于 3d。

2)喷浆防护工程监理工作流程

喷浆防护工程监理工作流程如图11-3所示。

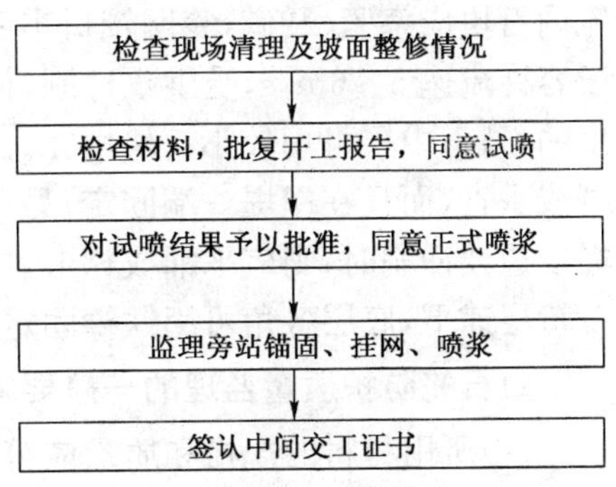

图11-3　喷浆防护工程监理工作流程图

3)喷浆防护工程监理控制要点

(1)喷浆或喷射混凝土表面应密实。

(2)防护的表面平顺,无脱落现象。锚杆杆体埋入防护层内。

(3)泄水孔坡度向外,无堵塞现象。

(4)设置的伸缩缝整齐垂直,上下贯通。

(5)在喷射砂浆或混凝土的板件切割制取试件,检查其强度。

11.1.5　锥、护坡

1)锥、护坡监理的一般要求

(1)石料质量规格符合有关规定。

(2)基础埋置深度及地基承载力应符合设计要求。

(3)浆砌时砂浆强度应符合设计规定,砌体要咬扣紧密,嵌缝饱满密实。

(4)锥、护坡填土密实度应达到设计要求,对坡面刷坡整平后方可铺砌。

2)锥、护坡监理的控制要点

(1)表面平整,无垂直通缝。

(2)勾缝平顺,无脱落现象。

11.2　沿河路基及防护

11.2.1　沿河路基防护的一般要求

(1)沿河地段路基当受水流冲刷时,应根据河流特性、水流性质、河道地貌、地质等因素,结合路基位置,选用适宜的防护工程类型、导流或改河工程。

(2)冲刷防护工程顶面高程,应为设计水位加上波浪侵袭、壅水高度及安全高度。基底埋设在冲刷深度以下不小于1m或嵌入基岩内。当冲刷深度较深、水下施工困难时,可采用桩基、沉井基础或适宜的平面防护。

(3)设置导流建筑物时,应根据河道地貌、地质、水流特性、河道演变规律和防护要求等设计导治线,并应避免农田、村庄、公路和下游路基的冲刷加剧。在山区河谷地段,不宜设置挑水导流建筑物。

11.2.2　石笼

石笼是用铁丝编织成框架,内填石料,设在坡脚处,以防淘刷。一般采用细钢筋和镀锌铁丝编制成箱形或圆形,其网眼尺寸应符合图纸要求;笼内填石块,其外围尺寸应大于笼的网眼;

笼内石块应塞紧、装满，笼网锁口牢固；石笼应铺放平整，错缝排列，相互锁联。石笼防护适用于容许流速5～6m/s，受洪水冲刷，但无滚石的地段和大石料缺少地区。外层应用大且棱角突出的石料，内层可用较小石块填充。石笼在坡脚处排列，用于防止冲刷淘底时，应平铺，并与坡脚线垂直，而且在岸堤一端固定，另一端不必固定，淘刷后可以向下沉落贴于底面。用于防止堤岸边坡冲刷时，则应平铺成梯形，单个石笼的大小，以不被水流冲动为宜，铺设时须用碎(砾)石垫层铺平，底层各角可用铁棒固定于基底。

1)石笼防护质量监理的一般要求

(1)所用材料的规格和质量应符合有关规定。

(2)铁丝笼的网眼尺寸应符合设计要求。

(3)石笼的坐码或平铺应符合设计要求。

2)石笼防护质量监理的控制要点

石笼内所填石料，应采用重度大、浸水不崩解、坚硬且未风化石块，块径应大于石笼的网孔。

3)石笼防护实测项目

石笼防护实测项目如表11-1所示。

石笼防护实测项目　　表11-1

项次	检查项目	规定值或允许偏差	检查方法和频率	权值
1	平面位置(mm)	符合设计要求	经纬仪：按设计图控制坐标检查	1
2	长度(mm)	不小于设计长度－300	尺量：每个(段)检查	1
3	宽度(mm)	不小于设计宽度－200	尺量：每个(段)量5处	1
4	高度(mm)	不小于设计	水准仪或尺量：每个(段)检查5处	1

4)外观鉴定

表面整齐，线条直顺，曲线圆滑。不符合要求时减1～2分。

11.2.3　导流工程

对于导流构造物的施工监理，应按设计文件要求和有关规范规定进行。导流构造物系通过水流方向的改变，以消除和减缓水流对堤岸的直接作用和破坏，同时促使堤岸近旁缓速淤积，起安全保护作用，它是一种起间接防护作用的工程措施。其设置应根据河道的地形、地质、水文条件和防护要求，合理规划导流线。导流线应符合河道演变的发展规律，并使上下游水流转向圆顺，但应注意设置后不使农田、村庄和上下游路基的冲刷加剧。导流构造物主要有顺坝、丁坝、格坝等。由于导流构造物是桥涵和路基的重要附属工程，涉及水流改向，影响范围较大，造价较高，作为监理工程师，对于图纸的审核及其他要求，以及施工质量，要特别注意。

顺坝一般用于河床较窄处，起导流作用，其起点(上游)应选在水流匀顺的过渡河段，其终点应与河岸连在一起。一般采用开口式，以利淤积。当顺坝为淹没式时，可在坝后设置格坝，以促进坝内淤积，防止边坡与河岸遭受冲刷。

丁坝能将水流挑离河岸，用于改变流向，减低流速及束水归槽，改变流态，保护河岸和路基。丁坝长度一般不宜大于河床宽度的 1/4，坝的间距一般为坝长的 1～1.5 倍，当水流较平顺时，可增至 3～4 倍。淹没式丁坝下游适当长度内应进行铺砌。

修筑高坝时，其坝顶高程应不低于设计水位加 0.25m。顺坝、丁坝应注意坝身、坝头、坝根及基础的冲刷。坝根应嵌入河岸足够的深度，一般为 3～5m，必要时与坝根连接的河岸应进行适当长度的加固。

1）导流工程质量监理的一般要求

（1）导流构造物的施工要求应根据基本结构类型按有关规定办理。

（2）导流坝的基础埋置深度及地基应符合图纸的规定和要求。

2）导流工程质量监理的控制要点

（1）丁坝长度应根据防护长度、丁坝与水流方向的交角、河段地形、水文条件及河床地质情况等确定，垂直于水流方向上的投影长度不宜超过稳定河床宽度的 1/4。

（2）用于路基防护的丁坝宜采用漫水坝或潜坝，丁坝与水流方向的交角以小于或等于 90°为宜。

（3）当设置群坝时，坝间距离不应大于前坝的防护长度。丁坝间的河岸或路基边坡所能承受的容许流速小于水流靠岸回流流速时，应缩短坝距，或对河岸及路基边坡采取防护措施。

（4）丁坝的横断面形式和尺寸应根据材料种类、河流的水文特性等确定，坝顶宽度根据稳定计算确定。

（5）顺坝与上、下游河岸的衔接，应使水流顺畅，起点应选择在水流匀顺的过渡段，坝根位置宜设在主流转向点的上方。

（6）坝顶宽度应根据稳定计算确定，坝根应嵌入稳定河岸内不小于 3m。漫溢式顺坝，应在坝后设置格坝。

3）导流工程实测项目

导流工程实测项目见表 11-2。

导流工程实测项目　　表 11-2

项次	检查项目		规定值或允许偏差	检查方法和频率	权值
1	砂浆强度（MPa）		在合格标准内	按规范规定检查	3
2	平面位置（mm）		30	经纬仪：按设计图控制坐标检查	2
3	长度（mm）		不小于设计长度－100	尺量：每个检查	1
4	断面尺寸（mm）		不小于设计	尺量：检查 5 处	2
5	高程（mm）	基底	不大于设计	水准仪：检查 5 点	2
		顶面	±30		

4）外观鉴定

表面规整，线条直顺，曲线圆滑。不符合要求时减 1～3 分。

11.3 边坡锚固

11.3.1 边坡锚固的一般规定

(1)边坡锚固设计时,应根据边坡稳定性分析资料,鉴别边坡的破坏模式,确定边坡不稳定程度及范围,对锚固方案的合理性、安全性进行技术经济论证。锚固的形式应根据边坡岩土体类型、工程特征、锚承载力大小、锚材料和长度、施工工艺等条件确定。

(2)边坡锚固设计应具备如下资料:

①与锚固工程有关的地形、地貌及边坡总体布置设计;

②岩土体类别、主要构造的产状、各种结构面的组合关系及地下水发育程度;

③锚固工程所涉及部位岩土体的抗压强度、岩土体的c、φ值,以及可能失稳的结构面的c、φ值和胶结材料与被锚固介质的黏结强度。

(3)锚杆材料可根据锚固工程性质、锚固部位、工程规模选择高强度低松弛的钢绞线、精轧螺纹钢筋或普通预应力钢筋。有条件时,宜优先采用无黏结钢绞线。

(4)锚固边坡排水设计应符合《公路路基设计规范》(JTG D30—2004)的规定。

11.3.2 边坡锚固施工工艺流程

边坡锚固施工工艺流程见图11-4。

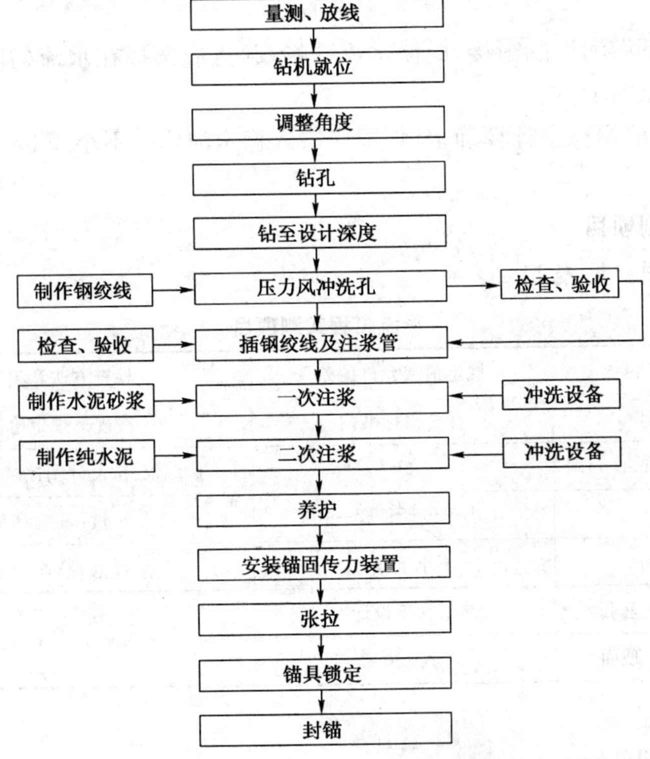

图11-4　边坡锚固监理工作流程图

11.3.3　边坡锚固监理控制要点

(1)预应力锚杆可用于土质、岩质边坡加固,其锚固段应置于稳定地层中。

(2)硬质岩锚固宜采用拉力型锚杆,土质及软质岩锚固宜采用分散型锚杆。

(3)在确定锚杆锚固段长度时,应分别对锚杆黏结长度 L_r 和 L_g 进行计算,实际锚固段长度应取 L_r 和 L_g 中的大值,且不应小于 3m,也不宜大于 10m。

(4)锚杆自由段长度受稳定地层界面控制,在设计中应考虑自由段伸入滑动面或潜在滑动面的长度不小于 1m,且自由段长度不得小于 5m。

(5)锚固段内的预应力筋每隔 1.5～2.0m 应设置隔离架。预应力筋的保护层厚度不应小于 20mm,临时性锚杆预应力筋的保护层厚度不应小于 10mm。

(6)应根据对锚杆腐蚀环境的调查试验,选择适当的防腐方法。

(7)永久性锚杆宜进行双层防腐。

(8)不处在腐蚀环境中的永久性锚杆和临时性锚杆可采用简单的防腐方法。

(9)锚固段、自由段及锚头的防腐方法应考虑在锚杆施工及使用期都不会损伤其防腐功能。

11.3.4　锚杆试验

(1)在锚固工程施工初期,应进行预应力锚杆锚固试验。锚杆试验包括基本试验和验收试验。锚杆验收试验的数量可按工作锚杆的 5%控制,当有特殊要求时,可适当增加。

(2)锚杆试验内容及要求应符合《锚杆喷射混凝土支护技术规范》(GB 50086—2001)的规定。

11.4　土 钉 支 护

11.4.1　土钉支护的一般要求

(1)土钉支护适用于硬塑或坚硬的黏性土、胶结或弱胶结的粉土、砂土、砾石、软岩和风化岩层等挖方边坡的临时支护和永久支护。但在下列土体中,不宜设置永久土钉支护:

标贯击数 $N<9$,相对密度 $D_r<0.3$ 的松散砂土。

液性指数大于 0.5 的软塑、流塑黏性土。

含有大量有机物或工业废料的低强度回填土、新填土以及强腐蚀性土。

在塑性指数大于 20 和液限大于 50%且无侧限抗压强度<50kPa 的黏性土中修建土钉支护工程时,应通过现场的土钉抗拔试验,检验土体的蠕变性能。

(2)土钉支护的设计应特别重视水的作用与影响,必须在地表和支护内部设置适宜的排水系统以疏导地表径流和地下水。对于永久性土钉支护的设计,应考虑长期使用过程中土体含水率的变化对土体抗剪强度的不利影响。边坡地下水较发育的挖方边坡不宜设置永久土钉支护。

(3)土钉支护设计前必须进行充分的工程调查,收集场地周围已建工程及本项公路建设工程的工程地质与水文地质勘察资料,查明支护周围已有构造物、埋设物(管线等)和道路交通等周边环境条件与施工场地条件、当地气象条件、水文地质条件及与周围地表水体的供给与排泄关系，地层、地质构造和岩土的物理力学特性及其潜在腐蚀性。

(4)土钉支护工程应进行土钉的基本抗拔力试验，试验数为工作土钉总数的1%，且不少于3根。

(5)塑性指数 $I_P \geqslant 20$ 和液限 $W_L \geqslant 50\%$ 的黏土中的永久土钉支护应进行蠕变试验，试验数不少于3根。

(6)应根据边坡工程的重要性和实际条件，对土钉的工作状况和支护效果进行施工期和永久运行期的原位监测，监测项目可按《公路路基设计规范》(JTG D30—2004)附录B选定。土钉支护边坡的水平位移不得超过0.3%H(H 为边坡高度)。

11.4.2　土钉支护施工工艺流程

土钉支护施工工艺流程如图11-5所示。

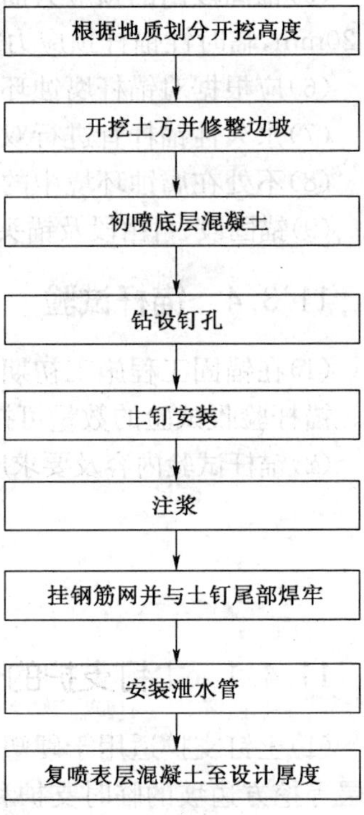

图11-5　土钉支护监理工作流程图

11.4.3　土钉支护监理控制要点

(1)土钉支护宜用于高度不大于18m的边坡防护，当土钉支护与预应力锚杆联合使用时，边坡高度可增加。边坡较高时，宜设多级土钉支护。多级边坡的上下级之间应设置平台，平台宽度不宜小于2.0m，每级坡高不宜大于10m。

(2)土钉长度包括非锚固长度和有效锚固长度，非锚固长度应根据墙面与土钉潜在破裂面的实际距离确定。有效锚固长度由土钉内部稳定检算确定。土钉间距0.75～2m，与水平面夹角宜为5°～25°。

(3)土钉钉材宜采用II、III级钢筋，钢筋直径宜为18～32mm，钻孔直径宜为70～100mm。土钉钢筋应设定位支架。

(4)喷射混凝土面层厚度：临时支护不宜小于60mm，永久支护不宜小于80mm。喷射混凝土强度等级不宜低于C20。

(5)喷射混凝土面层应配置钢筋网，钢筋直径不应小于6mm，间距宜为150～250mm。

(6)钻孔注浆材料宜采用水泥浆或水泥砂浆，其强度不宜低于20MPa。注浆采用孔底返浆法，注浆压力宜为0.4～1.0MPa。

(7)土钉必须与面层有效连接，可采用外端设钢板或加强钢筋，通过螺栓端杆锚固或焊接。

(8)面层应设泄水孔，泄水孔后应设无砂混凝土板滤层。边坡渗水严重时应设置仰斜式排水孔，角度宜仰斜5°～10°，长度比土钉略长。混凝土面层在长度方向应设伸缩缝。

(9)永久支护的面层底端应插入地表以下200～400mm。如面层由预制混凝土件构筑，则需设置专门的基础。

(10)当土钉被用于腐蚀性土质、雨水较多的地区边坡支护，或土钉不可避免地要深入到地下水位以下时，应对土钉进行防锈处理。可根据情况选用聚乙烯、聚丙烯塑料波纹套管或环氧涂层钢筋。

11.5　抗滑挡墙

抗滑挡土墙因其受力条件、材料和结构不同而有多种类型，如重力式抗滑挡土墙、锚杆式抗滑挡土墙、加筋土抗滑挡土墙、桩板式抗滑挡土墙、竖向预应力锚杆抗滑挡土墙等，一般多采用重力式抗滑挡土墙。本文仅介绍重力式抗滑挡土墙的质量监理。

11.5.1　抗滑挡土墙的一般要求

(1)抗滑挡土墙适用于以挖去山坡坡脚失去支撑而引起滑动为主要原因的牵引式滑坡，特别是滑动面较陡、含水率较小、整体性较弱、滑动较急剧的滑坡，宜设置在滑坡前缘。必要时，可与排水、减重、锚固等措施联合使用。

(2)抗滑挡土墙应根据滑坡剩余下滑力和库仑土压力两者之中的大值设计，其高度和基础埋深应防止滑体从墙顶滑出或从基底以下土层滑移的可能。

(3)应用时必须弄清楚滑坡的性质、滑体结构、滑动面层位和层数、滑体的推力及基础的地质情况，否则易使墙体变形而失效。

(4)抗滑挡土墙结构设计应符合《公路路基设计规范》(JTG D30—2004)的有关规定。

(5)抗滑挡土墙基坑较深、土体稳定性较差时，应采取临时支挡措施，其施工必须分段进行，保证滑坡在施工期间的稳定和施工安全。

(6)如果开挖基坑太深，则施工困难，又易加剧滑坡滑动，因此，深层滑坡和正在滑动的滑坡不易采用。

11.5.2　抗滑挡土墙的监理控制要点

监测滑动面土的抗剪强度指标是否达到要求。

11.5.3　试验

用剪切试验方法确定滑动面土的抗剪强度。对于新生滑坡，由于滑动面尚未完全形成，采用滑动面原状土根据滑动面的充水情况(持续充水或季节充水)做固结快剪试验。对于多次滑动的滑坡，由于滑动面已经完全形成，滑动面原状土已遭受破坏，所以应取残余值作为抗剪强度指标。残余抗剪强度指标可用滑动面重合剪切试验、重塑土多次直剪试验、环状剪力仪大变形剪切试验(简称环剪试验)测定。在室内试验中，也可用三轴剪切试验来较快地测得黏性土的残余强度。除了室内试验外，还可以做现场原位剪切试验，现场试验多在滑坡前缘出口处挖试坑或探井进行。对于古滑坡来说，滑动面土的抗剪强度介于峰值强度与残余强度之间，故较难确定。一般可在现场实际滑动面上做原位剪切试验测定，但是这种方法往往受条件限制，只能在滑坡体四周进行，而主滑地段滑动面太深，不易做到，用边缘部位的指标来代替则有一定出入。抗剪强度指标也可做滑动面处原状土样的重合剪切试验来求得；另外，还可以根据滑坡体当前所处的状态，用滑动面土的重塑土做多次剪切试验，选用其中某几次剪切试验结果作为抗剪强度指标。

第12章 路基支挡结构质量监理

支挡结构物主要是各类挡土墙。挡土墙种类与形式繁多，常用的从施工方法和所用材料分，有干砌挡土墙、浆砌挡土墙、水泥混凝土挡土墙及加筋土挡土墙等。

12.1 一般要求

(1)所用石料应经过挑选，要求其质地均匀，无裂缝，不易风化，在冰冻地区应具有耐冻性。

(2)片石是由爆破直接得到的形状不规则的石块，长边30～40cm，质量20～30kg，通常最小边在15cm以上，体积不小于0.01m^3。

(3)块石形状应大致方正、无尖角，有两个较大的平行面，边角可不加工。其厚度不小于20cm，宽度为厚度的1～1.5倍，长度为厚度的1.5～3倍。

(4)料石应是较规则的四面体石块，粗料石表面凹凸相差不大于10mm，厚度和宽度均不小于20cm，长度不大于厚度的3倍。细料石表面凹凸相差要求不大于5mm。

(5)所用石料的抗压强度应不低于25MPa，在地震区及严寒地区应不低于30MPa，并应尽量选用较大的石料砌筑。

(6)如果用大卵石砌筑时，石料应经过选择，并剖开或凿毛，使之只有两个较大的平行面，砌筑时不应形成通缝和过大的三角缝，砂浆须饱满。

(7)建筑砂浆可按设计要求而定。墙高大于12m及地震烈度9度以下的地震区，应采用较非地震区高一级的砂浆，勾缝可采用比砌筑用砂浆强度等级增高一级的砂浆。

(8)施工中应按时检查所用砂浆的稠度及配合比，并按要求取样做试件，以检查砂浆的强度等级是否符合设计要求。

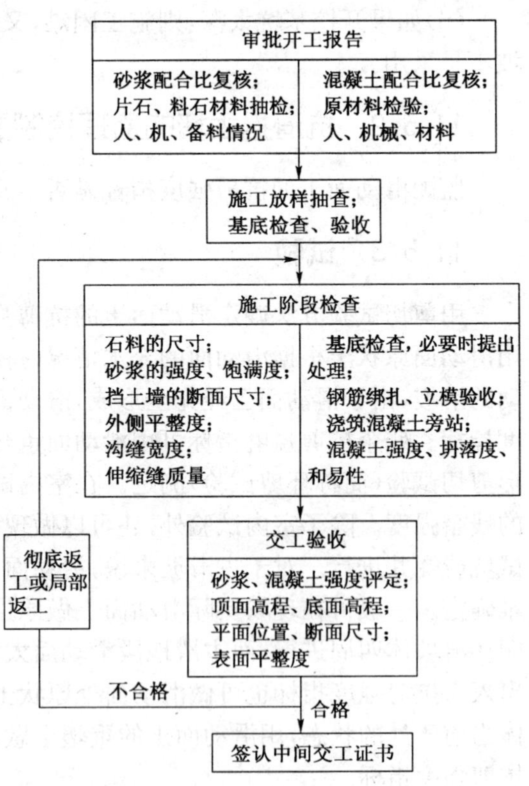

图12-1 砌石挡土墙监理工作流程图

12.2 路基支挡结构物质量监理工作流程

砌石挡土墙质量监理工作流程如图12-1所示。混凝土挡土墙监理工作流程如图12-2所示。加筋土挡土墙监理工作流程如图12-3所示。

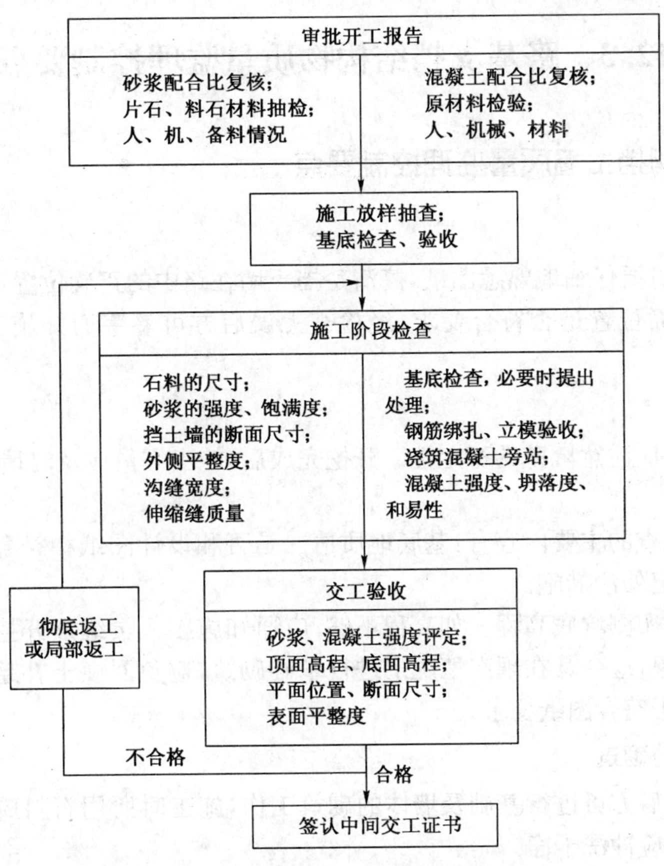

图 12-2　混凝土挡土墙监理工作流程图

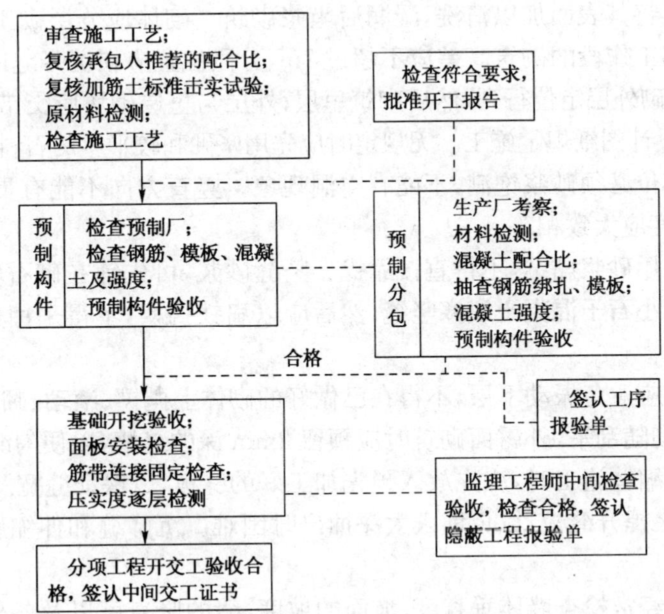

图 12-3　加筋土挡土墙监理工作流程图

12.3　路基支挡结构物质量监理控制要点

12.3.1　浆砌挡土墙质量监理控制要点

1)施工放样

施工的监理人员要仔细地熟悉图纸，搞清楚挡土墙在路中的正确位置，并实地检查承包人施工人员放线的平面位置是否符合要求，经检查无误后方可签字通知施工人员组织基坑的开挖。

2)基坑开挖

(1)基坑开挖中应注意坑壁的稳定性。开挖完成后，施工人员应及时请监理人员对基坑进行检查。

(2)监理人员检查的主要内容有：基底地质情况是否和设计图纸相符合，不相符合时应和施工人员及业主商定处治措施。

(3)应用水准仪实测坑底高程。如高程不够，应通知施工人员继续开挖至要求高程；如经检查发现有超挖现象，应令其在现有情况下进行基础砌筑，避免回填土补超挖部分；还应检查基坑的大小尺寸是否符合图纸要求。

3)基础及墙体的砌筑

(1)经监理同意后方可进行基础及墙体的砌筑工作，施工时所用石料应预先浇水湿润，表面如有泥土和水垢，应冲洗干净。

(2)砌筑基础的第一层时，如基底为土质，可不坐浆，以后均应采取坐浆法砌筑。如基底为石质或混凝土时，应将其表面加以清洗，湿润后坐浆砌筑。砌体应分层砌筑，砌体较长时应分段分层砌筑，两相邻工作段的砌筑高差应不超过 2m，分段位置应在沉降缝或伸缩缝处。

(3)各砌层应先砌外层定位行列，然后砌筑里层；外层与里层砌块应交错连成一体。砌体外露面镶面种类应按设计图纸规定施工。无规定时应先用坚硬和较平整的石料进行加工使用。

(4)砌体任何部位必须砂浆饱满，不能有空洞现象。竖直方向不能有贯通多层的砌缝，每层所用砌体石料厚度应大致相等。

(5)石块间均应用砂浆黏结，不得直接靠拢。竖缝砂浆，可先铺在砌石块侧面或在石块放好后仔细填塞，或用小石子混凝土填塞竖缝，然后应以扁铁捣实，不得采用先堆积石块再灌缝的做法。

(6)砌筑上层时应避免振动下层，不得在已做好的砌体上抛掷、滚动、翻转和敲击石块。砌体隐蔽面砌缝可随砌随刮平，外露面砌筑时应预留 2mm 深的缝槽，以便勾缝时用。

(7)沉降缝和伸缩缝施工时，应先放入预先加工好的缝板，以保证缝宽及两侧砌面的平整，砌一定高度对应随之提升缝板，以免埋入太深抽出时困难。沉降缝和伸缩缝应径直并贯穿整个断面。

(8)监理人员应经常检查墙体垂直度、坡面的坡度、缝的竖直度以及各外形尺寸及内在质量，特别是隐蔽工程部分应进行旁站，以保证施工质量。

(9)浆砌石料挡土墙应按图纸要求布置泄水孔,泄水孔进水口应设置反滤层。若墙后排水不良或填料有冻胀可能者,应在墙后最低排泄水孔距墙顶 0.5m 之间,填筑不小于 0.3m 厚的砂砾。

(10)基础和墙身的整个砌石施工,均应符合浆砌石料的有关规定。监理人员可依国家标准中有关规定进行监督检查。

4)墙后填土

(1)浆砌挡土墙要待砂浆的强度达到设计强度的 70%以上时,方可逐层回填夯实。墙趾部分基坑应及时回填,并做成外倾斜坡,墙前水沟应及时砌筑。

(2)墙后填土宜采用透水性土,含有淤泥、杂草、腐殖物或冻土块的土不得使用。应在接近最佳含水率的情况下分层填筑,每层压实厚度不超过 20cm,压实度应达到设计规定,在设计无规定时,应达到 90%以上。

(3)如填土时取透水性土有困难时,在冬季冰冻地区,可自路堤顶起 2.5m 以下用与路基相同的土填筑,但需设置排水盲沟。为防止填土冻胀,应做好路面的排水或隔水设施。无冰冻地区,可在高水位以下用与路堤相同的土填筑,填筑时应在透水性土下面填筑一层胶泥层,胶泥层顶部应设置排水横坡。

5)应检查护柱、护栏或护墙的地段

下列地段的路肩挡土墙,监理人员还应依设计图纸检查护柱、护栏或护墙的设置情况。

(1)墙顶高出地面 6m,已连续长度大于 20m。

(2)墙顶高出地面 4m,且靠近居民集中点。

(3)位于悬崖、陡坎或地面横向坡度陡于 1∶0.75,且连续长度大于 20m。

(4)在弯道处的挡土墙。

12.3.2　干砌石挡土墙质量监理控制要点

(1)干砌挡土墙时,如墙身较高,最好选用块石砌筑,在墙高越过 6m 或石料质量较差时,可沿墙高每隔 3～4m 设置厚度不小于 0.5m 的浆砌水平层,以增加墙身的稳定。

(2)干砌石挡土墙可不设泄水孔、伸缩缝和沉降缝,但过长的干砌石挡土墙仍应设缝。干砌石挡土墙的顶部 0.5m 厚宜用浆砌。

(3)干砌石挡土墙的施工还应符合规范对干砌石料的有关规定。

12.3.3　水泥混凝土挡土墙质量监理控制要点

(1)所用混凝土的强度等级不应低于设计要求,其基础部分可采用相同强度等级的片石混凝土。

(2)混凝土及片石混凝土挡土墙的监理内容与桥涵基础、墩台混凝土的相同,监理过程中可参照其有关规定进行。

12.3.4　加筋土挡土墙质量监理控制要点

(1)监理过程中,监理人员首先应熟悉设计文件,做好现场材料核查和施工组织方案的审查。

(2)检查施工放线情况，正确测定地面板基线的位置和基础的高程。

(3)基坑的开挖和检查与其他结构物的项目内容相同。

(4)面板安装时，监理人员应提醒并监督承包人按要求堆放和运输面板，面板可竖放或平放，但应防止损坏变形和角隅翼缘的碰坏。平放时，块间应垫方木，但堆高不宜超过5块。

(5)第一层面板安装时，应注意检查面板外缘线的位置。安装时应用低强度砂浆砌筑调平，同层相邻面板间水平误差不大于10mm，轴线偏差每20延米不大于10mm。

(6)按要求的垂度、坡度挂线安装，安装缝宜小于10mm。

(7)安装时应防止角隅碰坏和插销孔破裂及插销变形。

(8)当填料为黏性土时，宜在面板后不小于0.5m范围内回填砂砾材料。

(9)安装时单块面板倾斜度一般可内倾1/200～1/100，作为填料压实时面板外倾的预留度。以后各层面板的安装均应用垂球或挂线核对，每3层面板安装完毕应测量高程和轴线，其允许偏移量与第一层相同。宜用夹木螺栓或斜撑固定相邻面板，避免其错位。

(10)水平及倾斜误差逐层调整，不得将误差累积后再行总调整。不得在未完成填土作业的面板上安装上一层面板。严禁采用坚硬石子及铁片支垫，以免造成应力集中而损坏面板。

(11)沉降缝一般宽1～2cm，缝宽一致，上下贯通，用规定材料填塞，填塞深度不小于8cm。当墙顶有纵坡时，用异型面板、浆砌块(片)石或现浇混凝土等作顶面调整层。

(12)筋带铺设时，所用筋带的种类一般为钢筋混凝土带、钢带、聚丙烯土工带等。筋带和面板的连接可按设计要求或规范完成。铺设时，筋带底面的填料应平整、密实。可在压实的填料达到设计高程后，按设计位置挖槽铺设，也可直接铺设于压实的填料上。

(13)加筋土填料应不含草皮、杂物和表面种植土。浸水加筋土应选用水稳性好的透水性材料，填料应根据筋带竖向间距进行分层摊铺和压实。

(14)碾压时应检查含水率是否达到要求，应先轻后重，并不得使用羊脚碾碾压，压路机不得在未压实的填料上紧急制动或转向。压实作业时，应从筋带中部开始，逐步碾压到筋带尾部，再碾压靠近面板部位，压实机械距面板不得小于1m。面板内侧1m范围，应按设计要求选用填料，并优先选用透水性好的材料。以小型机具碾压或人工夯实，以防面板错位。压实度应经常检查，以保证达到压实度要求。

第三篇

公路路面质量监理

第 13 章　公路路面基层质量监理

13.1　公路路面基层和底基层质量监理的主要内容

13.1.1　监理实施细则的编制、审批

专业监理工程师制定详细的、可操作性的基层和底基层施工监理实施细则，报监理项目负责人审定、批复后执行。

13.1.2　检查承包人的设备

基层和底基层开工前，监理工程师应根据进场设备报验单认真检查、清点承包人进场的施工机械及测量试验设备情况，不符合要求的，以书面形式指令承包人增加或更换设备，以满足施工时对设备数量及性能的要求，督促承包人及时有效地对设备进行检修、保养及试机等工作。

13.1.3　原材料试验、配合比审批

会同承包人对进场前的材料取样试验，以评定材料质量是否符合规定要求，把好材料进场第一关，控制住工程质量的源头。材料经试验不合格的，监理工程师应以书面形式通知承包人，要求改变材料的料源，试验监理工程师应跟踪对原材料进一步取样试验。不合格材料，严禁用于工程项目中。对合格材料，试验监理工程师应予以签认。

对承包人上报的混合料设计配合比，监理试验室应对其进行复核试验，验证承包人配合比设计的可靠性。试验监理工程师对不符合要求的配合比应责令承包人重新配制，上报批准。正确的混合料配合比设计，应予以书面认可。

13.1.4　试验段监理

专业监理工程师应对下承层进行复核，检查验收放样资料和桩志，检查高程、平面位置、横坡度、平整度等是否符合质量标准要求。目测下承层表面是否有坑槽、“弹簧”、松散、薄层粘贴等外观缺陷。监理工程师应指令承包人对缺陷部位进行整修，直至合格。

监理工程师审阅批复承包人上报的试验段开工申请报告。按试验段开工报告批复的内容，旁站监理试验段的全过程，着重研究决定试验段需要解决的问题。

试验段结束后，监理工程师应督促承包人及时对成功的试验段进行总结，并写出“试验段总结报告”报监理工程师审阅批复。监理工程师应认真审查、确定今后施工的工艺、应注意的事项等内容，书面批复报告作为正式施工时施工监理的依据。

对试验段存在的问题，承包人整改后，监理工程师应进行全面的检查，并对上报的基层和底基层开工申请报告，审查签署审核意见，确认是否具备开工条件，符合要求者正式批准开工。

13.1.5　施工阶段监理

施工过程中，监理工程师应加强旁站或巡视，测量监理工程师、试验监理工程师及路面监理工程师各司其职，全面控制施工的质量，按确定的抽检频率进行抽检、检查、验收，使施工的基层和底基层质量，完全在监理人员的有效控制下。施工期间监理工程师应严格执行监理实施细则及《公路路面基层施工技术规范》(JTJ 034—2000)。现场监理、专业监理工程师对施工过程中监理抽样的抽检资料要及时按规定要求整理，及时签认"中间检验申请单"、"工程报验单"等。

13.1.6　分项目工程质量验收

对已完成的基层和底基层，在承包人自检合格的基础上，监理工程师应进行检验验收，以判定是否满足设计文件与施工规范的要求。抽验验收合格的签署"工程检验认可书"，并作为剂量的基础资料；不合格的，以书面监理指令的形式，通知承包人及时返工处理，监理工程师应跟踪检查。

13.2　公路路面基层和底基层的质量要求

13.2.1　原材料质量要求

1)土类

(1)水泥土对土的要求

对于高速公路和一级公路，水泥土用于底基层。土颗粒的最大粒径不应超过37.5mm。水泥土的颗粒组成级配范围应在表13-1级配范围内，土的均匀系数应大于5。细粒土的液限不应超过40%，塑限指数不应超过17。实际施工中，宜选用均匀系数大于10，塑性指数小于12的土。

水泥土的颗粒组成范围　　表13-1

筛孔尺寸(mm)	53	4.75	0.6	0.075	0.002
通过质量百分率(%)	100	50～100	17～100	0～50	0～30

(2)石灰土对土的要求

①石灰土用做高速公路和一级公路底基层时，土颗粒的最大粒径不应超过37.5mm。

②石灰土中碎石或砾石的抗压碎能力，高速和一级公路的底基层集料压碎值不大于35%。

③塑性指数为15～20的黏性土适宜用石灰稳定。

④硫酸盐含量超过0.8和有机质含量超过10%的土，不宜用石灰稳定。

(3)石灰、粉煤灰土对土的要求

宜采用塑性指数为12～20的黏性土(亚黏土)。土块的最大尺寸不应大于15mm。有机质含量超过10%的土不宜选用。

2)水泥

普通硅酸盐水泥、矿渣硅酸盐水泥和火山灰硅酸盐水泥都可应用，但应选用初凝时间 3h 以上，终凝时间较长(宜 6h 以上)的水泥。快硬水泥、早强水泥以及受潮变质的水泥不得使用。宜采用强度等级为 32.5 或 42.5 的水泥。

3)石灰

(1)石灰土对石灰的要求

石灰技术指标应符合表 13-2 的规定，要尽量缩短石灰的存放时间。石灰在野外堆放时间较长时，应妥善覆盖保管，不应遭日晒雨淋，影响石灰质量。对于高速公路和一级公路，宜采用磨细生石灰。

(2)石灰、粉煤灰土对石灰的要求

石灰质量应符合表 13-2 规定的 III 级消石灰或 III 级生石灰的技术指标，应尽量缩短石灰的存放时间。有效钙含量 20%以上的等外石灰、贝壳石灰、珊瑚石灰、电石渣等的应用，应通过试验，其石灰、粉煤灰土混合料的强度符合规定的强度标准方可使用。

石灰的技术指标　　表 13-2

<table>
<tr><th colspan="2" rowspan="3">类别
指标
项目</th><th colspan="3">钙质生石灰</th><th colspan="3">镁质生石灰</th><th colspan="3">钙质生石灰</th><th colspan="3">镁质生石灰</th></tr>
<tr><th colspan="12">等　级</th></tr>
<tr><th>I</th><th>II</th><th>III</th><th>I</th><th>II</th><th>III</th><th>I</th><th>II</th><th>III</th><th>I</th><th>II</th><th>III</th></tr>
<tr><td colspan="2">有效钙加氧化镁含量(%)　不小于</td><td>85</td><td>80</td><td>70</td><td>80</td><td>75</td><td>65</td><td>65</td><td>60</td><td>55</td><td>60</td><td>55</td><td>50</td></tr>
<tr><td colspan="2">未消化残渣含量(5mm 圆孔筛的筛余,%)　不大于</td><td>7</td><td>11</td><td>17</td><td>10</td><td>14</td><td>20</td><td></td><td></td><td></td><td></td><td></td><td></td></tr>
<tr><td colspan="2">含水率(%)　不大于</td><td></td><td></td><td></td><td></td><td></td><td></td><td>4</td><td>4</td><td>4</td><td>4</td><td>4</td><td>4</td></tr>
<tr><td rowspan="2">细度</td><td>0.71mm 的方孔筛的筛余(%)　不大于</td><td></td><td></td><td></td><td></td><td></td><td></td><td>0</td><td>1</td><td>1</td><td>0</td><td>1</td><td>1</td></tr>
<tr><td>0.125mm 的方孔筛的累计筛余(%)　不大于</td><td></td><td></td><td></td><td></td><td></td><td></td><td>13</td><td>20</td><td>—</td><td>13</td><td>20</td><td>—</td></tr>
<tr><td colspan="2">钙镁石灰的分类界限，氧化镁含量(%)</td><td colspan="3">≤5</td><td colspan="3">>5</td><td colspan="3">≤4</td><td colspan="3">>4</td></tr>
</table>

4)粉煤灰

粉煤灰中 SiO_2 和 Al_2O_3 总含量应大于 70%，烧失量不应超过 20%，比表面积宜大于 2 500cm^2/g。干湿粉煤灰均可使用，干粉煤灰应防止扬尘污染，湿粉煤灰的含水率不宜超过 35%。使用时，应将固结的粉煤灰块打碎或过筛，同时清除有害物质。

5)碎石

(1)轧制碎石的材料可以是各种类型的坚硬岩石、圆石或矿渣。圆石的粒径应是碎石最大粒径的 3 倍以上；矿渣应是已崩解稳定的，其干密度和质量应比较均匀，干密度不小于 960kg/m^3。

(2)碎石中的针片状颗粒的总含量应不超过 20%;碎石中不应有黏土块、植物等有害物质。

6)石屑

石屑或其他细集料可以使用一般碎石场的细筛余料,也可以利用轧制沥青表面处治和贯入式用生产石料时的细筛余料或专门轧制的细碎石集料,也可以使用天然砂砾或粗砂代替石屑。天然砂砾的颗粒尺寸应合适,必要时应筛除其中的超尺寸颗粒。天然砂砾或粗砂应有较好的级配。

7)级配碎石

(1)级配碎石用作高速公路和一级公路的基层时,其颗粒组成和塑性指数应满足表 13-3 的规定。

级配碎石或级配砾石的颗粒组成范围　　表 13-3

项　目		通　过　百　分　率
筛孔尺寸(mm)	37.5	—
	31.5	100
	19.0	85～100
	9.5	52～74
	4.75	29～54
	2.36	17～37
	0.6	8～20
	0.075	0～7
液限(%)		＜28
塑性指数②		＜6(或 9①)

注:①潮湿多雨地区,塑性指数宜小于 6;其他地区,塑性指数宜小于 9。
②对于无塑性指数的混合料,小于 0.075mm 的颗粒含量应接近高限。

(2)在塑性指数偏大的情况下,塑性指数与 0.5mm 以下细土含量的乘积应符合下列规定:在年降雨量小于 600mm 的中干和干旱地区,地下水位对土基没有影响时,乘积不应大于 120;在潮湿多雨地区,乘积不应大于 100。

(3)级配碎石用作中间层时,其颗粒组成和塑性指数应符合表 13-4 的规定。

(4)未筛分碎石用作高速公路和一级公路的底基层时,其颗粒组成和塑性指数应符合表 13-4的规定。

(5)级配碎石所用石料的集料压碎值应满足下列规定:

一级和高速公路的基层不大于 26%;一级和高速公路的底基层不大于 30%。

8)级配砾石

(1)级配砾石用作基层时,砾石的最大粒径不应超过 37.5mm。用作底基层时,砾石的最大粒径不应超过 53mm。

(2)砾石颗粒中细长及扁平颗粒含量不应超过 20%。

(3)级配砾石基层的颗粒组成和塑性指数应符合表 13-5 的规定。同时级配曲线应为圆滑曲线。

未筛分碎石底基层颗粒组成范围　　表 13-4

项目		通过百分率
筛孔尺寸(mm)	53	—
	37.5	100
	31.5	83～100
	19.0	54～84
	9.50	29～59
	4.75	17～45
	2.36	11～35
	0.60	6～21
	0.075	0～10
液限(%)		<28
塑性指数		<6(或 9①)

注:①潮湿多雨地区,塑性指数宜小于 6;其他地区,塑性指数宜小于 9。

(4)用作底基层的砂砾、砂砾土或其他粒状材料,应有良好的级配并位于表 13-5 的范围内,液限应小于 20%,塑性指数应小于 9。

级配砾石基层的颗粒组成范围　　表 13-5

项目 \ 通过百分率(%) \ 编号		1	2	3
筛孔尺寸(mm)	53	100	—	—
	37.5	90～100	100	—
	31.5	81～94	90～100	100
	19.0	63～81	73～88	85～100
	9.50	45～66	49～69	52～74
	4.75	27～51	29～54	29～54
	2.36	16～35	17～37	17～37
	0.60	8～20	8～20	8～20
	0.075	0～7	0～7	0～7
液限(%)		<28	<28	<28
塑性指数		<6(或 9①)	<6(或 9①)	<6(或 9①)

注:①潮湿多雨地区,塑性指数宜小于 6;其他地区,塑性指数宜小于 9。

9)填隙碎石(矿渣)

(1)粗粒碎石

①填隙碎石用作基层时,碎石的最大粒径不应超过 53mm;用作底基层时,碎石的最大粒径不应超过 63mm。

②粗碎石可以用具有一定强度的各种岩石或漂石轧制,也可以用稳定的矿渣轧制。材料中的扁平、长条和软弱颗粒不应超过 15%。

③填隙碎石、粗碎石的颗粒组成应符合表13-6的规定。

④粗碎石的压碎值，用作基层时不大于26%，用作底基层时不大于30%。

填隙碎石、粗碎石的颗粒组成　表13-6

通过质量百分率(%) 标称尺寸(mm)	编号	1	2	3
		30～60	25～50	20～40
筛孔尺寸(mm)	63	100	—	—
	53	25～60	100	—
	37.5	—	—	100
	31.5	0～15	25～50	35～70
	26.5	—	0～15	—
	19	0～5	—	0～15
	16	—	0～5	—
	9.5	—	—	0～5

(2)细集料

①细集料应干燥。

②轧制碎石时得到的标称尺寸为5mm以下的细筛余料(即石屑)是最好的填隙料。采用表13-6中的1号粗集料时，填隙料的标称最大粒径可为9.5mm。

③填隙料宜具有表13-7的颗粒组成。

填隙料的颗粒组成　表13-7

筛孔尺寸(mm)	9.5	4.75	2.36	0.6	0.075	塑性指数
通过质量百分率(%)	100	85～100	50～70	30～50	0～10	<6

10)施工用水

凡人或牲畜的饮用水均可用于施工。

13.2.2　混合料配合比要求

1)原材料的监理抽检试验

在工程施工前，监理工程师应根据承包人所定的料场，取有代表性的样品，进行下列规定的各项试验，并应将试验结果报监理工程师审批。经监理工程师审查质量合格的原材料，才可批准使用。

(1)水泥土

①颗粒分析；②液限和塑性指数；③相对密度；④击实试验；⑤碎石或砾石压碎值试验；⑥有机质含量(必要时做)；⑦硫酸盐含量(必要时做)。

(2)石灰土

①颗粒分析；②液限和塑性指数；③击实试验；④碎石或砾石压碎值试验；⑤有机质含量(必要时做)；⑥硫酸盐含量(必要时做)。

(3)石灰、粉煤灰土

①土的颗粒分析;②土的液限和塑性指数;③石料的压碎值试验;④有机质含量(必要时做);⑤石灰的有效钙和氧化镁含量;⑥收集或试验粉煤灰的化学成分、细度和烧失量。

(4)级配碎(砾)石

①筛分试验;②碎石或砾石压碎值试验;③击实试验。

2)混合料配合比试验

承包人应根据设计图纸所提供的配合比并结合选用原材料各种性质的试验结果,按照规定的试验方法,进行配合比试验。在室内制成 1∶1 圆柱体试件,试件的压实度与施工要求达到的压实度相同,在规定的标准养生条件下,湿养 6d,浸水 1d,进行无侧限抗压强度试验。根据试验结果提出基层、底基层混合料施工用配合比,并报监理工程师审批。

进行混合料配合比试验时,试件 7d 龄期试件室内试验结果的平均抗压强度 $\overline{R}$ 应符合下列公式的要求:

$$\overline{R} \geqslant R_d/(1 - Z_a C_v)$$

式中:R_d——设计抗压强度(符合强度标准,见表 13-8);

C_v——试验结果的偏差系数(以小数计);

Z_a——标准正态分布中随保证率(或置信度 α)而变的系数;高速公路和一级公路应取保证率 95%,即 $Z_a = 1.645$;其他公路应取保证率 90%,即 $Z_a = 1.282$。

不同基层、底基层材料的强度标准 表 13-8

基层、底基层材料名称	层　　位	公 路 等 级	
		高速公路一级公路	二级和二级以下公路
水泥土	基层(MPa)	—	2.5~3.0
	底基层(MPa)	1.5~2.5	1.5~2.0
石灰土	基层(MPa)	—	≥0.8
	底基层(MPa)	≥0.8	0.5~0.7
石灰、粉煤灰土	基层(MPa)	—	≥0.8
	底基层(MPa)	≥0.8	0.5~0.7

3)配合比质量保证要点

(1)水泥土

①按照规定的试验方法制备试件,进行无侧限强度试验。监理工程师应检验作平行试验的试件不应小于表 13-9 中的规定数量。

最 少 试 件 数 量 表 13-9

土类 \ 试件数量 偏差	<10%	10%~15%	15%~20%
细粒土	6	9	—
中粒土	6	9	13
粗粒土	—	9	13

②工地实际采用的水泥剂量应比室内试验的剂量多 0.5%～1.0%，集中厂拌法施工时，可只增加 0.5%；采用路拌法施工时，宜增加 1.0%。试验室确定水泥的最小剂量应符合表 13-10的要求。

水泥的最小剂量　　表 13-10

土类＼拌和方法	路拌法	集中厂拌法
中粒土和粗粒土	4%	3%
细粒土	5%	4%

(2)石灰土

①按照规定的试验方法制备试件，进行无侧限强度试验。监理工程师应检验作平行试验的试件不应小于表 13-11 中的规定数量。

最少试件数量　　表 13-11

土类＼偏差系数	<10%	10%～15%	15%～20%
细粒土	6	9	—
中粒土			13
粗粒土	—		

②工地实际采用的石灰剂量应比室内试验的剂量多 0.5%～1.0%，集中厂拌法施工时，可只增加 0.5%；采用路拌法施工时，宜增加 1.0%。

(3)石灰、粉煤灰土

①石灰、粉煤灰土混合料的配合比应通过试验并论证确定。在实际工作中须根据强度标准、原材料和设备情况、稳定加固效果、应用的层位和水文条件等，选用经济实用的配合比。表 13-12 所列有关配合比可供配合比设计的试配时参考。

推荐的石灰工业废渣稳定土混合料参考配合比　　表 13-12

混合料种类	配合比范围(质量比,%)	说明
石灰粉煤灰(二灰)	石灰：粉煤灰＝1：2～1：9	如用高钙粉煤灰，石灰量常较少
石灰粉煤灰土(二灰土)	石灰：粉煤灰＝1：2～1：4 二灰：细粒土＝30：70～90：10	对于粉土 1：2 为宜； 采用 30：70 时，石灰：粉煤灰宜为 1：2～1：3

②对于同一种混合料，应制备 4～5 种不同配合比的试件。其配合比宜在上述参考配合比范围内。

对能满足要求的混合料配合比，监理工程师应及时予以认可；不符要求时，应指令承包人重做混合料配合比设计试验。

13.3　水泥土基层和底基层质量监理

水泥土基层、底基层从施工方法上分有路拌法(适用于水泥稳定细粒土)和集中拌和法，集中拌和法施工可以用强制式拌和机、双转轴桨叶式拌和机等厂拌设备进行集中拌和。现以集中拌和法拌制水泥土的施工工艺为例对监理要点加以说明。

13.3.1　水泥土施工工艺及质量监理

水泥土施工工艺及质量监理流程见图 13-1。

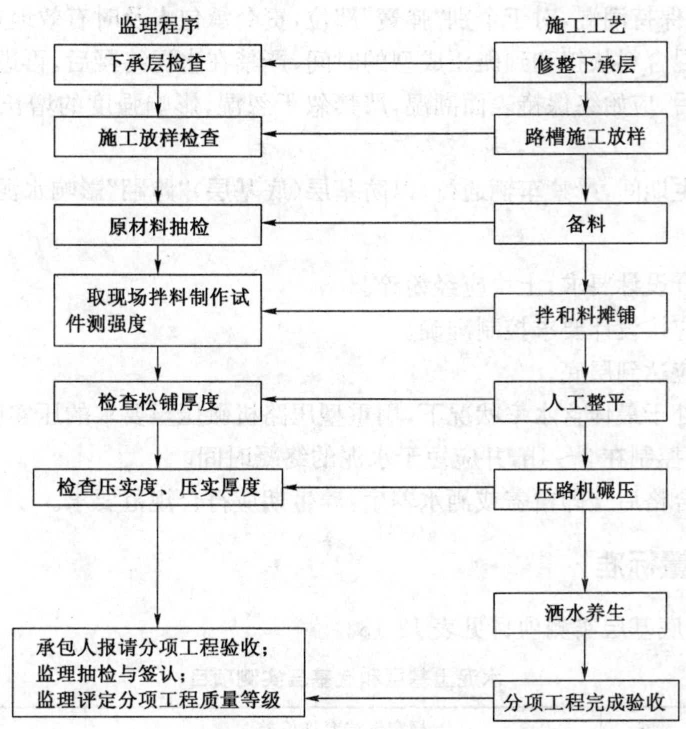

图 13-1　水泥土施工工艺及质量监理流程图

13.3.2　监理要点

1)监理工作要点

(1)下承层必须经过承包人自检，在监理抽检合格的基础上，方可进行水泥土基层和底基层的施工。

(2)对承包人的施工放样，进行测量复核，直线段每 20m 设一桩，平曲线每 10m 或 15m 设一桩，严格控制路中心高程和横坡度。

(3)对承包人所备材料的检查。利用老路面或土基上部材料，首先要求承包人清除石块等杂物，设置标记控制翻松及粉碎的深度，检查下部翻松深度及土块的粉碎情况；从料场取料前，需有专人将树木、草皮及杂土清除干净。超尺寸的颗粒应指令承包人筛除，采集时不应分层，不应采集不合格的土，并在预定深度范围内采集。复核承包人上报的每车料的堆放距离，每平方米混合料需用的水泥量。审查施工中控制水泥剂量的有效办法，计算是否符合确定的水泥剂量要求，检查承包人卸料的距离。

(4)混合料的拌和无论是路拌法施工还是厂拌法施工，必须控制水泥剂量符合设计要求，拌和一定要均匀，保证混合料强度的均匀性。

(5)对混合料的摊铺应严格控制，摊铺后不应有离析和粗集料窝等不良现象，必要时应及时处理。厚度、宽度、摊铺后的平整度,应达到施工规范的规定与设计文件要求。摊铺完成后,检查水泥剂量是否符合设计要求,检查表面有没有空白位置,有没有水泥过分集中的地点。

(6)水泥土的整型和碾压,严格按试验段的总结报告进行。不平整处应进行找补,然后进行碾压。碾压时应保持潮湿,对于个别"弹簧"部位,责令承包人及时有效地处理。

(7)严格控制混合料从拌和到碾压成型的时间,严禁在水泥终凝后,再进行碾压。

(8)碾压结束后,应始终保持表面潮湿,严禁忽干忽湿,影响强度的增长,避免收缩裂缝的产生。

(9)水泥土养生期间,严禁车辆通行,以防基层(底基层)"跑翻"影响水泥土的质量。

2)质量要求

(1)土质应符合设计要求,土块应经粉碎。

(2)水泥用量应按设计要求控制准确。

(3)路拌深度应达到层底。

(4)混合料应处于最佳含水率状况下,用重型压路机碾压至要求的压实度。从加水拌和到碾压终了的时间应控制在3~4h,并应短于水泥的终凝时间。

(5)碾压检查合格后立即覆盖或洒水养生,养生期应符合规范要求。

13.3.3 质量标准

水泥土基层和底基层实测项目见表13-13。

水泥土基层和底基层实测项目 表13-13

<table>
<tr><th rowspan="3">项次</th><th rowspan="3" colspan="2">检 查 项 目</th><th colspan="4">规定值或允许偏差</th><th rowspan="3">检查方法和频率</th><th rowspan="3">权值</th></tr>
<tr><th colspan="2">基层</th><th colspan="2">底基层</th></tr>
<tr><th>高速公路
一级公路</th><th>其他公路</th><th>高速公路
一级公路</th><th>其他公路</th></tr>
<tr><td rowspan="2">1△</td><td rowspan="2">压实度
(%)</td><td>代表值</td><td>—</td><td>95</td><td>95</td><td>93</td><td rowspan="2">灌砂法:每200m每车道2处</td><td rowspan="2">3</td></tr>
<tr><td>极值</td><td>—</td><td>91</td><td>91</td><td>89</td></tr>
<tr><td>2</td><td colspan="2">平整度(mm)</td><td>—</td><td>12</td><td>12</td><td>15</td><td>3米直尺:每200m测2处×10尺</td><td>2</td></tr>
<tr><td>3</td><td colspan="2">纵断高程(mm)</td><td>—</td><td>+5,−15</td><td>+5,−15</td><td>+5,−20</td><td>水准仪:每200m测4个断面</td><td>1</td></tr>
<tr><td>4</td><td colspan="2">宽度(mm)</td><td colspan="2">符合设计要求</td><td colspan="2">符合设计要求</td><td>尺量:每200m测4处</td><td>1</td></tr>
<tr><td rowspan="2">5△</td><td rowspan="2">厚度
(mm)</td><td>代表值</td><td>—</td><td>−10</td><td>−10</td><td>−12</td><td rowspan="2">尺量:每200m每车道1点</td><td rowspan="2">2</td></tr>
<tr><td>合格值</td><td>—</td><td>−20</td><td>−25</td><td>−30</td></tr>
<tr><td>6</td><td colspan="2">横坡(%)</td><td>—</td><td>±0.5</td><td>±0.3</td><td>±0.5</td><td>水准仪:每200m测4个断面</td><td>1</td></tr>
<tr><td>7△</td><td colspan="2">强度(MPa)</td><td colspan="2">符合设计要求</td><td colspan="2">符合设计要求</td><td>按JTJ 034—2000检查</td><td>3</td></tr>
</table>

注:检查方法的详细操作见《公路土工试验规程》(JTG E40—2007)。

13.4　石灰土基层和底基层质量监理

石灰土基层、底基层从施工方法上分有路拌法和集中拌和法施工。集中拌和法施工又可分为集中场拌法和拌和机拌和法。现以场拌石灰土的施工工艺为例对监理要点加以说明。

13.4.1　石灰土施工工艺及质量监理

石灰土施工工艺及质量监理流程见图 13-2。

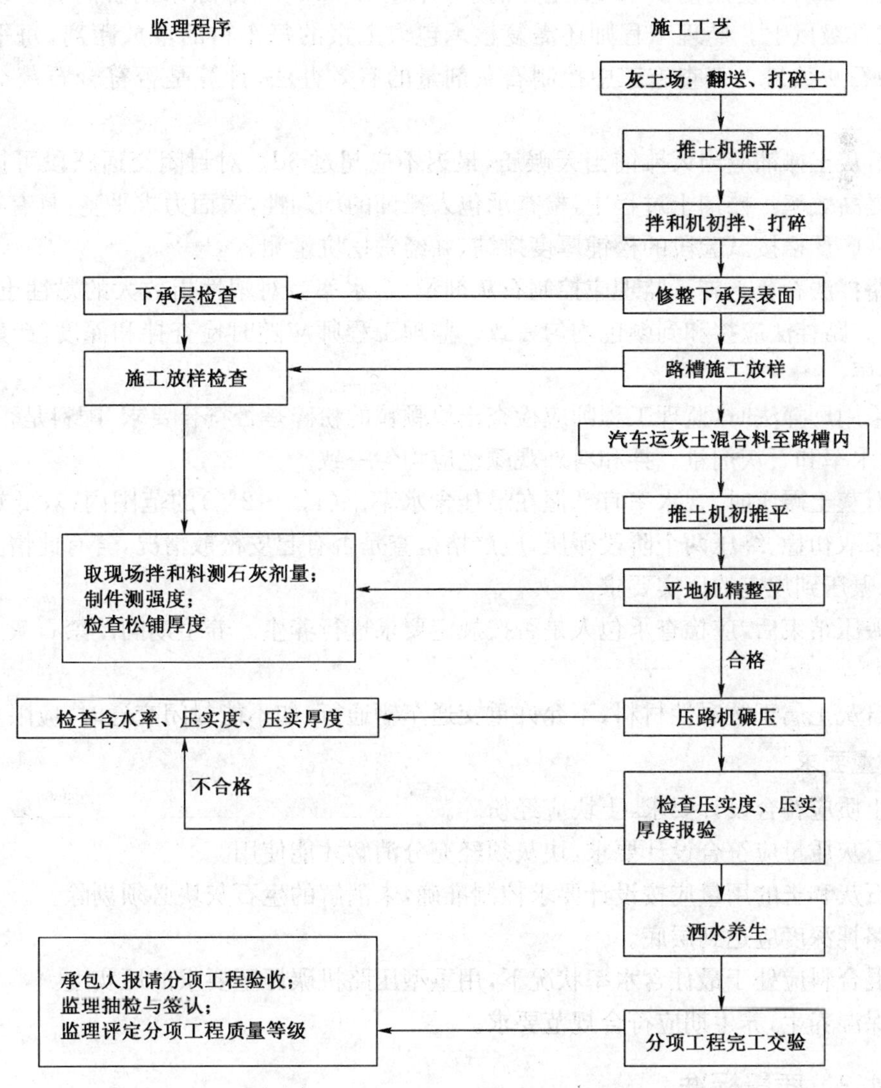

图 13-2　石灰土施工工艺及质量监理流程图

13.4.2 监理要点

1)监理工作要点

(1)下层必须经过承包人自检,在监理抽检合格的基础上,方可进行石灰土基层和底基层的施工。下承层表面应平整、坚实,具有规定的高程、宽度、横坡度,没有松散材料和软弱地点。

(2)对承包人的施工放样,进行测量复核,直线段每20m设一桩,平曲线每10m或15m设一桩,严格控制路中心高程和横坡度。

(3)监理工程师必须对进场材料按频率进行抽检,严把原材料关,符合前述要求的材料方可使用。石灰在使用前7～10d充分消解,并过1.0cm筛,筛除未消解的石灰块。石灰质量必须在Ⅲ级以上。监理工程师还需复核承包人上报的每车料的堆放距离,每平方米混合料需用的石灰数量。审查施工中控制石灰剂量的有效办法,计算是否符合石灰剂量的有关要求。

(4)石灰土摊铺应当天摊铺当天碾压,最迟不应超过3d。对封闭交通路段可提前一天摊铺集料,提高效率。摊铺土过程中,检查承包人摊铺的均匀性,表面力求平整,具有符合要求的路拱,厚度应严格按试验段的松铺厚度摊铺,并经常挖坑量测。

(5)路拌法石灰土施工监理应控制石灰剂量、含水率。对塑性指数大的黏性土,可采用二次布灰法。路拌法应拌和到颜色均匀一致。监理工程师应随时检查拌和深度,严禁底部留有“素土”夹层。

(6)采用厂拌法时,监理工程师应检查土块颗粒的粉碎是否符合要求,配料是否准确,并适时抽查含水率和石灰剂量。拌和料外观颜色应均匀一致。

(7)石灰土碾压时,含水率宜掌握在最佳含水率+(1%～2%)的范围内;对低塑性指数的砂土,宜采取初稳、终压两个阶段碾压,应严格检查是否有起皮松散情况,若有此情况应责令承包人洒水碾压到规定的压实要求。

(8)碾压结束后,应检查承包人是否按规定要求进行养生。养生期间严禁石灰土表面忽干忽湿。

(9)石灰土属于缓凝性材料,不允许重交通车辆通行,如不能封闭交通时,应限重限速。

2)质量要求

(1)土质应符合设计要求,土块应经粉碎。

(2)石灰质量应符合设计要求,块灰须经充分消解才能使用。

(3)石灰和土的用量应按设计要求控制准确,未消解的生石灰块必须剔除。

(4)路拌深度应达到层底。

(5)混合料应处于最佳含水率状况下,用重型压路机碾压至要求的压实度。

(6)保湿养生,养生期应符合规范要求。

13.4.3 质量标准

石灰土基层和底基层实测项目见表13-14。

石灰土基层和底基层实测项目　　表 13-14

<table>
<tr><th rowspan="3">项次</th><th rowspan="3" colspan="2">检 查 项 目</th><th colspan="4">规定值或允许偏差</th><th rowspan="3">检查方法和频率</th><th rowspan="3">权值</th></tr>
<tr><th colspan="2">基层</th><th colspan="2">底基层</th></tr>
<tr><th>高速公路
一级公路</th><th>其他公路</th><th>高速公路
一级公路</th><th>其他公路</th></tr>
<tr><td rowspan="2">1△</td><td rowspan="2">压实度
(%)</td><td>代表值</td><td>—</td><td>95</td><td>95</td><td>93</td><td rowspan="2">灌砂法：每 200m 每车道 2 处</td><td rowspan="2">3</td></tr>
<tr><td>极值</td><td>—</td><td>91</td><td>91</td><td>89</td></tr>
<tr><td>2</td><td colspan="2">平整度(mm)</td><td>—</td><td>12</td><td>12</td><td>15</td><td>3 米直尺：每 200m 测 2 处×10 尺</td><td>2</td></tr>
<tr><td>3</td><td colspan="2">纵断高程(mm)</td><td>—</td><td>＋5，－15</td><td>＋5，－15</td><td>＋5，－20</td><td>水准仪：每 200m 测 4 个断面</td><td>1</td></tr>
<tr><td>4</td><td colspan="2">宽度(mm)</td><td colspan="2">符合设计要求</td><td colspan="2">符合设计要求</td><td>尺量：每 200m 测 4 处</td><td>1</td></tr>
<tr><td rowspan="2">5△</td><td rowspan="2">厚度
(mm)</td><td>代表值</td><td>—</td><td>－10</td><td>－10</td><td>－12</td><td rowspan="2">尺量：每 200m 每车道一点</td><td rowspan="2">2</td></tr>
<tr><td>合格值</td><td>—</td><td>－20</td><td>－25</td><td>－30</td></tr>
<tr><td>6</td><td colspan="2">横坡(%)</td><td>—</td><td>±0.5</td><td>±0.3</td><td>±0.5</td><td>水准仪：每 200m 测 4 个断面</td><td>1</td></tr>
<tr><td>7△</td><td colspan="2">强度(MPa)</td><td colspan="2">符合设计要求</td><td colspan="2">符合设计要求</td><td>按 JTJ 034—2000 检查</td><td>3</td></tr>
</table>

注：检查方法的详细操作见《公路土工试验规程》(JTG E40—2007)。

13.5　石灰、粉煤灰土基层和底基层质量监理

石灰土、粉煤灰土基层和底基层从施工方法上分有路拌法和集中拌和法施工。现以拌和机干拌石灰、粉煤灰土的施工工艺为例对监理要点加以说明。

13.5.1　石灰、粉煤灰土施工工艺及质量监理

石灰、粉煤灰土施工工艺及质量监理流程见图 13-3。

13.5.2　监理要点

1)监理工作要点

(1)下承层的准备

铺筑基层或底基层的下承层必须经监理工程师验收合格。凡下承层有不平整，路拱不符合要求，高程超过允许误差或任何表面有松散、"弹簧"等现象，监理工程师均应指令承包人重新修整到合格后，才能铺筑基层或底基层。

(2)施工放样

施工前，监理工程师应复核承包人的施工放样，其中包括中线放样复核、水平测量复核、横坡放样复核。

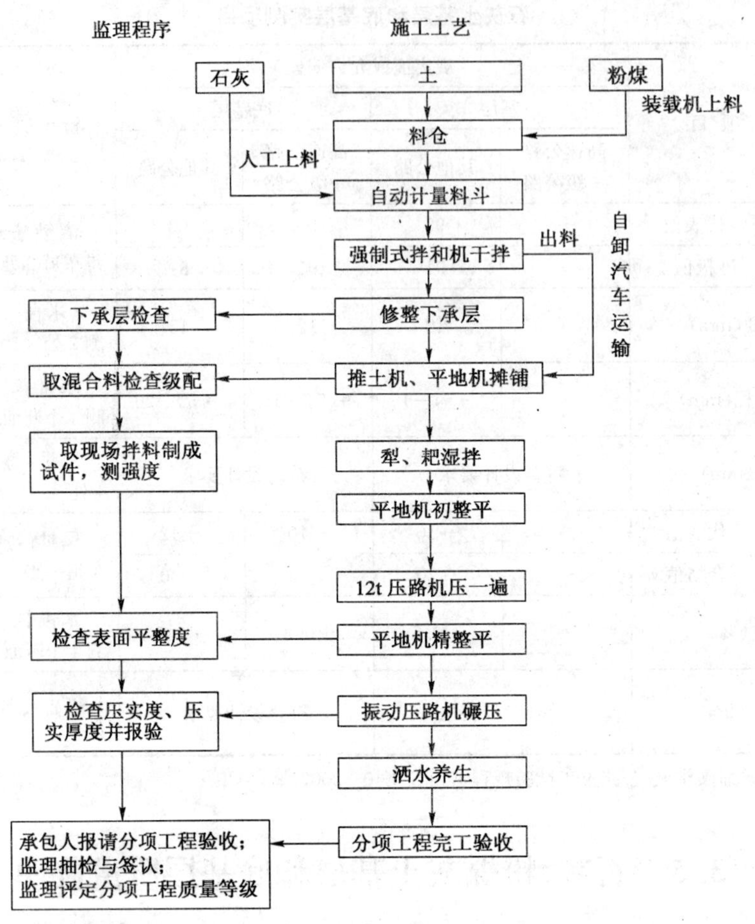

图 13-3　石灰、粉煤灰土施工工艺及质量监理流程图

(3)材料检验

监理工程师必须对进场材料按规定频率抽验，严格控制进场材料的质量，不符合质量要求的材料不得进场，已进场的不合格材料应指令承包人在规定时间内清理出场，不合格材料不得用于工程。粉煤灰进场后，要求承包人必须使之保持一定的湿度(含水率15%～20%)，但应避免过分潮湿。石灰应在使用前7～10d充分消解，消石灰宜过孔径10mm的筛，并尽快使用。未经充分消解过筛的石灰不得使用。

(4)路拌法施工

采用路拌法施工时，监理工程师应注意检查以下内容：

①配料是否准确，石灰剂量是否达到规定要求。

②各种集料摊铺是否均匀。

③洒水拌和是否均匀，有无“素土”夹层及拌和过深的现象。

④混合料的含水率是否合适，特别应控制碾压时的含水率在最佳含水率±1%范围内。

⑤坚持正确碾压顺序，边角、台背处应增加碾压遍数，切实防止漏压、少压，确保压实质量。

⑥在施工过程检查中，应特别注意接缝处理的检查，督促承包人按规范规定的要求和方法做好接缝处理，确保接缝处平顺、碾压密实。

⑦雨季施工时，须采取有效的防雨措施。

(5)厂拌法施工

采用厂拌法施工时，监理工程师应注意检查以下内容：

①拌和机械工作是否正常。

②各种材料配合比是否正确(流量是否正常)。

③石灰是否已过 10mm 筛，工业废渣中有无结块成团的灰块，如有应筛除。

④石灰剂量是否符合要求。

⑤含水率是否合适，拌和是否均匀，混合料色泽是否均匀一致。

⑥摊铺时松铺厚度、横坡度是否符合要求，有无粗、细集料离析现象。

⑦横向接缝是否符合要求。

⑧碾压顺序是否正确，边角、台背处应增加碾压遍数，防止漏压、少压，碾压一般在 24h 内完成，不得超过 48h，确保压实质量。

⑨雨季施工时，拌和场应有防雨及排水措施，摊铺好的混合料应在当天碾压完成。

(6)养生

碾压结束后即进入养生期，养生期一般不少于 7d，在养生期内，监理工程师应注意检查养生情况，确保表面湿润，严禁车辆通行。

2)质量要求

(1)土质应符合设计要求，土块应经粉碎。

(2)石灰和粉煤灰质量应符合设计要求，石灰须经充分消解才能使用。

(3)混合料配合比应准确，不得含有灰团和生石灰块。

(4)碾压时应先用轻型压路机稳压，后用重型压路机碾压至要求的压实度。

(5)保湿养生，养生期应符合规范要求。

13.5.3　质量标准

石灰、粉煤灰土基层和底基层实测项目见表 13-15。

石灰、粉煤灰土基层和底基层实测项目　　表 13-15

<table>
<tr><th rowspan="3">项次</th><th rowspan="3" colspan="2">检 查 项 目</th><th colspan="4">规定值或允许偏差</th><th rowspan="3">检查方法和频率</th><th rowspan="3">权值</th></tr>
<tr><th colspan="2">基层</th><th colspan="2">底基层</th></tr>
<tr><th>高速公路
一级公路</th><th>其他公路</th><th>高速公路
一级公路</th><th>其他公路</th></tr>
<tr><td rowspan="2">1△</td><td rowspan="2">压实度
(%)</td><td>代表值</td><td>—</td><td>95</td><td>95</td><td>95</td><td rowspan="2">灌砂法：每 200m 每车道 2 处</td><td rowspan="2">3</td></tr>
<tr><td>极值</td><td>—</td><td>91</td><td>91</td><td>89</td></tr>
<tr><td>2</td><td colspan="2">平整度(mm)</td><td>—</td><td>12</td><td>12</td><td>15</td><td>3 米直尺：每 200m 测 2 处×10 尺</td><td>2</td></tr>
<tr><td>3</td><td colspan="2">纵断高程(mm)</td><td>—</td><td>＋5，−15</td><td>＋5，−15</td><td>＋5，−20</td><td>水准仪：每 200m 测 4 个断面</td><td>1</td></tr>
<tr><td>4</td><td colspan="2">宽度(mm)</td><td colspan="2">符合设计要求</td><td colspan="2">符合设计要求</td><td>尺量：每 200m 测 4 处</td><td>1</td></tr>
</table>

续上表

<table>
<tr><td rowspan="3">项次</td><td rowspan="3" colspan="2">检 查 项 目</td><td colspan="4">规定值或允许偏差</td><td rowspan="3">检查方法和频率</td><td rowspan="3">权值</td></tr>
<tr><td colspan="2">基层</td><td colspan="2">底基层</td></tr>
<tr><td>高速公路
一级公路</td><td>其他公路</td><td>高速公路
一级公路</td><td>其他公路</td></tr>
<tr><td rowspan="2">5△</td><td rowspan="2">厚度
(mm)</td><td>代表值</td><td>—</td><td>−10</td><td>−10</td><td>−12</td><td rowspan="2">尺量：每 200m 每车道一点</td><td rowspan="2">2</td></tr>
<tr><td>合格值</td><td>—</td><td>−20</td><td>−25</td><td>−30</td></tr>
<tr><td>6</td><td colspan="2">横坡(%)</td><td>—</td><td>±0.5</td><td>±0.3</td><td>±0.5</td><td>水准仪：每 200m 测 4 个断面</td><td>1</td></tr>
<tr><td>7△</td><td colspan="2">强度(MPa)</td><td colspan="2">符合设计要求</td><td colspan="2">符合设计要求</td><td>按 JTG F80/1—2004 检查</td><td>3</td></tr>
</table>

注：检查方法的详细操作见《公路土工试验规程》(JTG E40—2007)。

13.6　级配碎(砾)石基层和底基层质量监理

级配碎石可用未筛分碎石和石屑掺配而成。现以级配碎石施工工艺为例对监理要点加以说明。

13.6.1　级配碎(砾)石施工工艺及质量监理

级配碎(砾)石施工工艺及质量监理流程见图 13-4。

13.6.2　监理要点

1)监理工作要点

(1)下承层准备

铺筑级配碎石基层和底基层的下承层必须经监理工程师验收合格。凡下承层有不平整，路拱不符合要求，高程超过允许误差或任何表面松散、“弹簧”现象，监理工程师均应指令承包人重新修整到合格，才能铺筑。

(2)施工放样

施工前，监理工程师应复核承包人的施工放样，其中包括中线放样复核、水平测量复核、横坡放样复核。

(3)原材料检验

监理工程师必须对进场材料按规定频率抽验，严格控制进场材料质量，不符合质量要求的材料不得进场，已进场的不合格材料指令承包人在规定时间内清理出场，不合格材料不得用于工程。监理工程师应复核承包人所上报的根据各路段基层或底基层的宽度、厚度及预定的干密度，计算各路段需要的干集料数量。

并根据料场集料的含水率以及所用运料车辆的吨位，复核计算每车材料的堆放距离。

(4)级配碎(砾)石施工时，监理工程师应注意检查的内容：

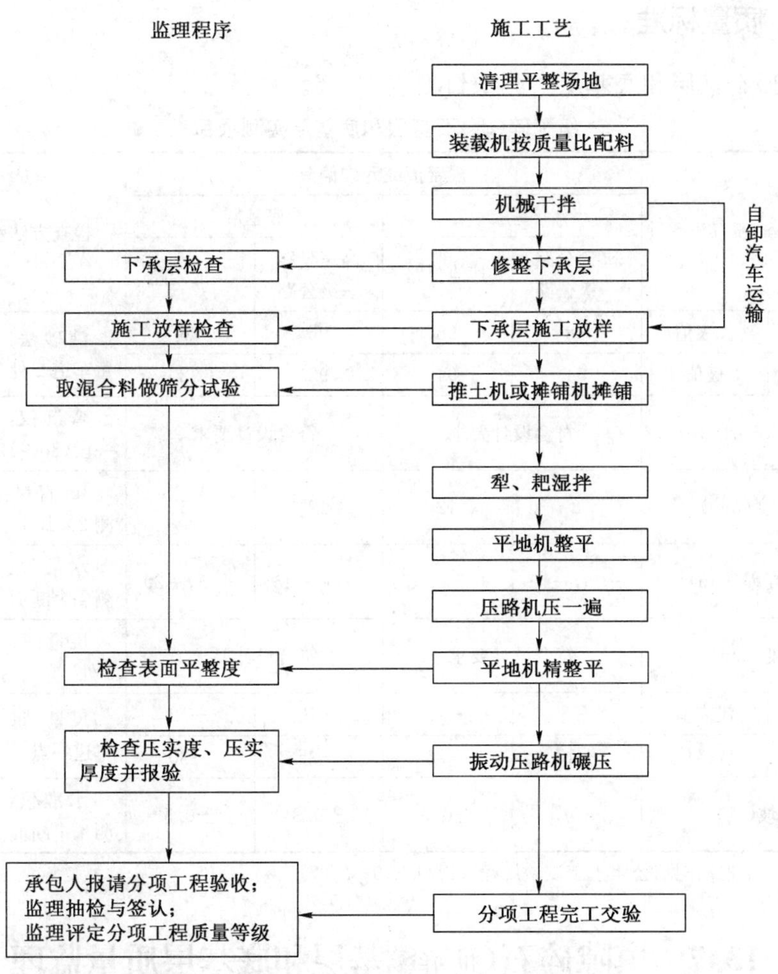

图 13-4　级配碎(砾)石施工工艺及质量监理流程图

①颗粒级配要好。

②配料必须准确。

③塑性指数必须符合规定。

④混合料必须拌和均匀，没有粗细颗粒离析现象。

⑤在最佳含水率时进行碾压，直到达到下列按重型击实试验法确定的压实度：基层和中间层为 98%；底基层为 96%。

⑥用重型振动压路机和轮胎压路机碾压时，每层压实厚度控制在 20cm 左右。

2)质量要求

(1)选用质地坚韧、无杂质的碎石、砂砾、石屑或砂，级配应符合要求。

(2)配料必须准确，塑性指数必须符合规定。

(3)混合料应拌和均匀，无明显离析现象。

(4)碾压应遵循先轻后重的原则，洒水碾压至要求的密实度。

13.6.3　质量标准

级配碎(砾)石基层和底基层实测项目见表13-16。

级配碎(砾)石基层和底基层实测项目　　表13-16

项次	检查项目		规定值或允许偏差				检查方法和频率	权值
			基层		底基层			
			高速公路一级公路	其他公路	高速公路一级公路	其他公路		
1△	压实度(%)	代表值	98	98	96	96	灌砂法：每200m每车道2处	3
		极值	94	94	92	92		
2	弯沉值(0.01mm)		符合设计要求		符合设计要求		弯沉仪：每200m一段(80～120个点)	3
3	平整度(mm)		8	12	12	15	3m直尺：每200m测2×10尺	2
4	纵断高程(mm)		+5，−10	+5，−15	+5，−15	+5，−20	水准仪：每200m测4个断面	1
5	宽度(mm)		符合设计要求		符合设计要求		尺量：每200m测4处	1
6△	厚度(mm)	代表值	−8	−10	−10	−12	尺量：每200m每车道一点	2
		合格值	−15	−20	−25	−30		
7	横坡(%)		±0.3	±0.5	±0.3	±0.5	水准仪：每200m测4个断面	1

注：检查方法的详细操作见《公路土工试验规程》(JTD E40—2007)。

13.7　填隙碎石(矿渣)基层和底基层质量监理

13.7.1　填隙碎石(矿渣)施工工艺及质量监理

填隙碎石(矿渣)施工工艺及质量监理流程如图13-5所示。

13.7.2　监理要点

1)监理工作要点

(1)下承层必须经监理抽检合格后，方可进行填隙碎石基层和底基层的施工。

(2)对承包人的路线放样、水平测量进行复核检查。

(3)粗碎石和填隙料必须经过监理试验合格后，方可进入施工现场。

(4)监理工程师应严格控制粗碎石摊铺的均匀性和松铺厚度。

(5)粗碎石经过初压后，必须达到稳定就位、表面平整、路拱和纵坡符合设计要求。

(6)粗碎石间的空隙，必须全部被填隙料填满；不足的应加料，补振，多余的应扫出路外。

(7)填隙料不应在粗碎石表面局部自成一层，必须能见到粗碎石。

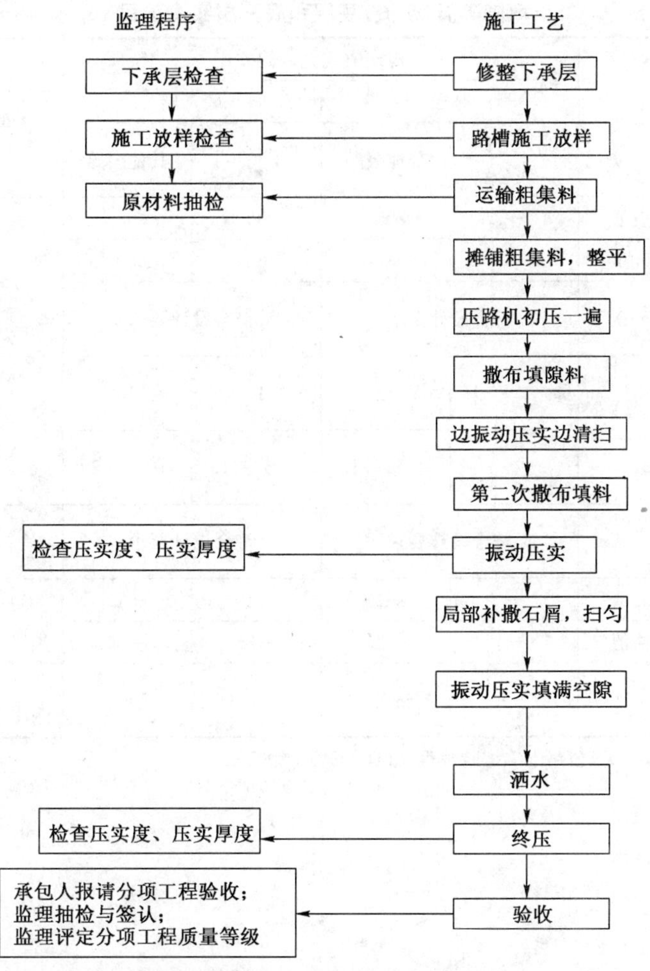

图 13-5　填隙碎石(矿渣)施工工艺及质量监理流程图

(8)干法施工碾压过程中,不应有任何蠕动现象。

(9)湿法施工质量监理中,应控制洒水,经碾压达到填隙料和水形成粉砂浆,并且应有足够数量的填隙料填满所有空隙,在压路机轮前形成微纹状。

(10)湿法施工经过碾压,水分蒸发结构层变干后,表面不应有多余细料、薄层的覆盖层。

(11)粗碎石如用矿渣,应采用分解稳定的轧制矿渣,矿渣的干密度和质量应比较均匀,干密度不小于 960kg/m^3。

2)质量要求

(1)粒料应为质坚、无杂质的轧制石料或分解稳定的轧制矿渣,填缝料为 5mm 以下的轧制细料或粗砂。

(2)用振动压路机碾压,使填缝料填满粗粒料空隙。

13.7.3　质量标准

填隙碎石(矿渣)基层和底基层实测项目见表 13-17。

填隙碎石(矿渣)基层和底基层实测项目　　表 13-17

项次	检查项目		规定值或允许偏差				检查方法和频率	权值
			基层		底基层			
			高速公路 一级公路	其他公路	高速公路 一级公路	其他公路		
1△	固体体积率(%)	代表值	—	85	85	83	灌砂法：每 200m 每车道 2 处	3
		极值	—	82	82	80		
2	弯沉值(0.01mm)		符合设计要求		符合设计要求		弯沉仪：每 200m 一段(80～120 个点)	3
3	平整度(mm)		—	12	12	15	3 米直尺：每 200m 测 2 处×10 尺	2
4	纵断高程(mm)		—	+5,−15	+5,−15	+5,−20	水准仪：每 200m 测 4 个断面	1
5	宽度(mm)		符合设计要求		符合设计要求		尺量：每 200m 测 4 处	1
6△	厚度(mm)	代表值	—	−10	−10	−12	尺量：每 200m 每车道一点	2
		合格值	—	−20	−25	−30		
7	横坡(%)		—	±0.5	±0.3	±0.5	水准仪：每 200m 测 4 个断面	1

注：检查方法的详细操作见《公路土工试验规程》(JTG E40—2007)。

第 14 章　沥青路面施工质量监理

14.1　沥青路面质量要求

沥青路面在直接承受汽车荷载作用的同时，还受阳光、温度、雨水、大气等自然因素的影响，因此沥青路面必须满足强度、温度稳定性、疲劳耐久性、水稳定性、平整度、抗滑性能等质量要求。为使修建的沥青路面能够满足这些质量要求，应控制其原材料以及配合比的质量。

14.1.1　原材料质量要求

1)道路石油沥青

(1)沥青材料应附有炼油厂的沥青质量检验单。运至现场的各种材料必须按要求进行试验，经评定合格后方可使用。

(2)道路石油沥青的质量应符合表 14-1 的规定。各个沥青等级的适用范围应符合表 14-2 的规定。经建设单位同意，沥青的 PI 值、60℃动力黏度、10℃延度可作为选择性指标。

(3)沥青路面采用的沥青标号，宜按照公路等级、气候条件、交通条件、路面类型及在结构层中的层位及受力特点、施工方法等，结合当地的使用经验，经技术论证后确定。

(4)沥青必须按品种、标号分开存放。除长期不使用的沥青可放在自然温度下存储外，沥青在储罐中的储存温度不宜低于 130℃，并不得高于 170℃。在非施工使用期间，可在常温下储存。沥青避免长时期存放。如经过较长时间的存放，则在使用前应抽样检验合格方可使用。

(5)道路石油沥青在储运、使用及存放过程中，应有良好的防水措施，避免雨水从加热管道进入沥青中。

2)基质沥青

基质沥青应采用道路石油沥青；而对于高速公路、一级公路、城市快速路、主干路或某些特殊重要工程如桥面铺装、停车场、运动场等，当采用改性沥青时，其基质沥青应采用符合现行《公路沥青路面施工技术规范》(JTG F40—2004)“道路石油沥青技术要求”的沥青。选择基质沥青的标号，宜在根据当地气候条件、交通情况等选定的道路石油沥青标号的基础上，采用稠度相当或降低一个等级的沥青。当主要希望提高高温性能时，基质沥青宜为当地道路的使用标号；当主要希望提高低温性能时，宜为软一些的沥青。

3)粗集料

(1)热拌沥青混合料对粗集料的要求

①基本要求

a. 用于沥青面层的粗集料包括碎石、破碎砾石、筛选砾石、钢渣、矿渣等，但高速和一级公路不得使用筛选砾石和矿渣。

道路石油沥青技术要求　　表 14-1

<table>
<tr><th rowspan="2">指　　标</th><th rowspan="2">单位</th><th rowspan="2">等级</th><th colspan="17">沥 青 标 号</th><th rowspan="2">试验方法①</th></tr>
<tr><th>160 号④</th><th>130 号</th><th colspan="3">110 号</th><th colspan="5">90 号</th><th colspan="5">70 号③</th><th>50 号</th><th>30 号④</th></tr>
<tr><td>针入度(25℃,5s,100g)</td><td>0.1mm</td><td></td><td>140～200</td><td>120～140</td><td colspan="3">100～120</td><td colspan="5">80～100</td><td colspan="5">60～80</td><td>40～60</td><td>20～40</td><td>T 0604</td></tr>
<tr><td>适用的气候分区⑥</td><td></td><td></td><td>注④</td><td>注④</td><td>2-1</td><td>2-2</td><td>3-2</td><td>1-1</td><td>1-2</td><td>1-3</td><td>2-2</td><td>2-3</td><td>1-3</td><td>1-4</td><td>2-2</td><td>2-3</td><td>2-4</td><td>1-4</td><td>注④</td><td></td></tr>
<tr><td rowspan="2">针入度指数 PI②</td><td rowspan="2"></td><td>A</td><td colspan="17">−1.5～+1.0</td><td rowspan="2">T 0604</td></tr>
<tr><td>B</td><td colspan="17">−1.8～+1.0</td></tr>
<tr><td rowspan="3">软化点　　不小于</td><td rowspan="3">℃</td><td>A</td><td>38</td><td>40</td><td colspan="3">43</td><td colspan="3">45</td><td colspan="2">44</td><td colspan="2">46</td><td colspan="3">45</td><td>49</td><td>55</td><td rowspan="3">T 0606</td></tr>
<tr><td>B</td><td>36</td><td>39</td><td colspan="3">42</td><td colspan="3">43</td><td colspan="2">42</td><td colspan="2">44</td><td colspan="3">43</td><td>46</td><td>53</td></tr>
<tr><td>C</td><td>35</td><td>37</td><td colspan="3">41</td><td colspan="5">42</td><td colspan="5">43</td><td>45</td><td>50</td></tr>
<tr><td>60℃动力黏度　　不小于</td><td>Pa・s</td><td>A</td><td>—</td><td>60</td><td colspan="3">120</td><td colspan="3">160</td><td colspan="2">140</td><td colspan="2">180</td><td colspan="3">140</td><td>200</td><td>260</td><td>T 0620</td></tr>
<tr><td rowspan="2">10℃延度　　不小于</td><td rowspan="2">cm</td><td>A</td><td>50</td><td>50</td><td colspan="3">40</td><td>45</td><td>30</td><td>20</td><td>30</td><td>20</td><td>20</td><td>15</td><td>25</td><td>20</td><td>15</td><td>15</td><td>10</td><td rowspan="4">T 0605</td></tr>
<tr><td>B</td><td>30</td><td>30</td><td colspan="3">30</td><td>30</td><td>20</td><td>15</td><td>20</td><td>15</td><td>15</td><td>10</td><td>20</td><td>15</td><td>10</td><td>10</td><td>8</td></tr>
<tr><td rowspan="2">15℃延度　　不小于</td><td rowspan="2">cm</td><td>A、B</td><td colspan="15">100</td><td>80</td><td>50</td></tr>
<tr><td>C</td><td>80</td><td>80</td><td colspan="3">60</td><td colspan="5">50</td><td colspan="5">40</td><td>30</td><td>20</td></tr>
<tr><td rowspan="3">蜡含量　　不大于</td><td rowspan="3">%</td><td>A</td><td colspan="17">2.2</td><td rowspan="3">T 0615</td></tr>
<tr><td>B</td><td colspan="17">3.0</td></tr>
<tr><td>C</td><td colspan="17">4.5</td></tr>
</table>

续上表

指标		单位	等级	沥青标号							试验方法①
				160 号④	130 号	110 号	90 号	70 号③	50 号	30 号④	
闪点	不小于	℃		230			245	260			T 0611
溶解度	不小于	%		99.5							T 0607
密度(15℃)		g/cm^3		实测记录							T 0607
TFOT(或 RTFOT)后⑤											T 0610 或 T 0609
质量变化	不大于	%		±0.8							
残留针入度比	不小于	%	A	48	54	55	57	61	63	65	T 0604
			B	45	50	52	54	58	60	62	
			C	40	45	48	50	54	58	60	
残留延度(10℃)	不小于	cm	A	12	12	10	8	6	4	—	T 0605
			B	10	10	8	6	4	2	—	
残留延度(15℃)	不小于	cm	C	40	35	30	20	15	10	—	T 0605

注:①试验方法按照现行《公路工程沥青及沥青混合料试验规程》(JTJ 052—2000)规定的方法执行。用于仲裁试验求取 PI 时的 5 个温度的针入度关系的相关系数不得小于 0.997。

②经建设单位同意,表中 PI 值、60℃动力黏度、10℃延度可作为选择性指标,也可不作为施工质量检验指标。

③70 号沥青可根据需要要求供应商提供针入度范围 60～70 或 70～80 的沥青,50 号沥青可要求提供针入度范围为 40～50 或 50～60 的沥青。

④30 号沥青仅适用于沥青稳定基层。130 号和 160 号沥青除严寒地区可直接在中低级公路上直接应用外,通常用作乳化沥青、稀释沥青、改性沥青的基质沥青。

⑤老化试验以 TFOT 为准,也可以 RTFOT 代替。

⑥气候分区见《公路沥青路面施工技术规范》(JTG F40—2004)。

道路石油沥青的适用范围　　表 14-2

沥青等级	适用范围
A 级沥青	各个等级的公路，适用于任何场合和层次
B 级沥青	1. 高速公路、一级公路沥青下面层及以下的层次，二级及二级以下公路的各个层次； 2. 用作改性沥青、乳化沥青、改性乳化沥青、稀释沥青的基质沥青
C 级沥青	三级及三级以下公路的各个层次

b. 粗集料应洁净、干燥、表面粗糙、无风化、无杂质，具有足够的强度、耐磨耗性。其质量应符合表 14-3 的要求。

c. 粗集料应有良好的近正六面体的颗粒形状，用于道路沥青面层的碎石不宜采用颚式破碎机加工。

粗集料应由具有生产许可证的采石场生产。

沥青混合料用粗集料质量技术要求　　表 14-3

指标		单位	高速公路及一级公路		其他等级公路	试验方法
			表面层	其他层次		
石料压碎值	不大于	%	26	28	30	T 0316
洛杉矶磨耗损失	不大于	%	28	30	35	T 0317
表观相对密度	不小于	—	2.60	2.50	2.45	T 0304
吸水率	不大于	%	2.0	3.0	3.0	T 0304
坚固性	不大于	%	12	12	—	T 0314
针片状颗粒含量(混合料) 其中粒径大于 9.5mm 其中粒径小于 9.5mm	不大于 不大于 不大于	% % %	15 12 18	18 15 20	20 — —	T 0312
水洗法<0.075mm 颗粒含量	不大于	%	1	1	1	T 0310
软石含量	不大于	%	3	5	5	T 0320

注：①坚固性试验可根据需要进行。

②用于高速公路、一级公路时，多孔玄武岩的视密度可放宽至 2.45t/m³，吸水率可放宽至 3%，但必须得到建设单位的批准，且不得用于 SMA 路面。

③对 S14 即 3～5 规格的粗集料，针片状颗粒含量可不予要求，<0.075mm 含量可放宽到 3%。

②高速公路、一级公路沥青路面的表面层(或磨耗层)的粗集料的磨光值应符合表 14-4 的要求。除 SMA、OGFC 路面外，允许在硬质粗集料中掺加部分较小粒径的磨光值达不到要求的粗集料，其最大掺加比例由磨光值试验确定。

粗集料与沥青的黏附性、磨光值的技术要求　　表 14-4

雨量气候区	1(潮湿区)	2(湿润区)	3(半干区)	4(干旱区)	试验方法
年降雨量(mm)	>1 000	1 000～500	500～250	<250	
粗集料的磨光值 PSV，不小于高速公路、一级公路表面层	42	40	38	36	T 0321
粗集料与沥青的黏附性，不小于高速公路、一级公路表面层，高速公路、一级公路的其他层次及其他等级公路的各个层次	5 4	4 4	4 3	3 3	T 0616 T 0663

③粗集料与沥青的黏附性应符合表 14-4 的要求，当使用不符要求的粗集料时，宜掺加消石灰、水泥或用饱和石灰水处理后使用，必要时可同时在沥青中掺加耐热、耐水、长期性能好的抗剥落剂，也可采用改性沥青的措施，使沥青混合料的水稳定性检验达到要求。掺加外加剂的剂量由沥青混合料的水稳定性检验确定。

④破碎砾石应采用粒径大于 50mm、含泥量不大于 1%的砾石轧制，破碎砾石的破碎面应符合表 14-5 的要求。

粗集料对破碎面的要求　　表 14-5

路面部位或混合料类型		具有一定数量破碎面颗粒的含量(%)		试验方法
		1 个破碎面	2 个或 2 个以上破碎面	
沥青路面表面层				T 0361
高速公路、一级公路	不小于	100	90	
其他等级公路	不小于	80	60	
沥青路面中下面层、基层				
高速公路、一级公路	不小于	90	80	
其他等级公路	不小于	70	50	
SMA 混合料	不小于	100	90	
贯入式路面	不小于	80	60	

⑤筛选砾石仅适用于三级及三级以下公路的沥青表面处治路面。

⑥经过破碎且存放期超过 6 个月以上的钢渣可作为粗集料使用。除吸水率允许适当放宽外，各项质量指标应符合规范规定的要求。钢渣在使用前应进行活性检验，要求钢渣中的游离氧化钙含量不大于 3%，浸水膨胀率不大于 2%。

(2)改性沥青混合料对粗集料的要求

①破碎砾石用于高速公路、一级公路时，应采用较大颗粒的砾石破碎，并至少应有两个以上的破碎面。

②酸性石料用于铺筑路面时，应检验其与改性沥青的黏附性，如果不符合要求则需采取必要的抗剥落措施。

(3)改性沥青 SMA 对粗集料的要求

粗集料必须采用坚硬、粗糙、优质的石料，覆盖层的泥土一定要清除干净，出成品料的破碎机械不能使用颚式破碎机，终破必须使用锥式(回转式)或锤式破碎机。

4)细集料

(1)沥青面层细集料可采用天然砂、机制砂及石屑。细集料应洁净、干燥、无风化、无杂质，并有适当的颗粒组成。其质量应符合表 14-6 的要求。

(2)热拌沥青混合料的细集料宜采用优质的天然砂或机制砂，在缺砂的地区，也可使用石屑，但用于高速公路、一级公路沥青混凝土面层及抗滑表层的石屑用量不宜超过天然砂及机制砂的用量。改性沥青 SMA 的细集料必须采用一部分洁净的石质坚硬的石屑，不宜全部使用天然砂。

(3)细集料应与沥青有良好的黏结能力，与沥青黏结性能很差的天然砂及用花岗岩、石英岩等酸性石料破碎的机制砂或石屑不宜用于高速公路、一级公路沥青面层。必须使用时，应采用抗剥落措施。

沥青混合料用细集料质量要求　　表 14-6

项　目		单位	高速公路、一级公路	其他等级公路	试验方法
表观相对密度	不小于	—	2.50	2.45	T 0328
坚固性(>0.3mm 部分)	不小于	%	12	—	T 0340
含泥量(小于 0.075mm 的含量)	不大于	%	3	5	T 0333
砂当量	不小于	%	60	50	T 0334
亚甲蓝值	不大于	g/kg	25	—	T 0346
棱角性(流动时间)	不小于	s	30	—	T 0345

注:坚固性试验可根据需要进行。

5)填料

(1)沥青混合料的矿粉必须采用石灰岩或岩浆岩中的强基性岩石等憎水性石料经磨细得到的矿粉,原石料中的泥土杂质应除净。矿粉应干燥、洁净,能自由地从矿粉仓流出。其质量应符合表 14-7 的要求。

沥青混合料用矿粉质量要求　　表 14-7

项　目		单位	高速公路、一级公路	其他等级公路	试验方法
表观相对密度	不小于	t/m^3	2.50	2.45	T 0352
含水量	不大于	%	1	1	T 0103 烘干法
粒度范围<0.6mm <0.15mm <0.075mm		% % %	100 90~100 75~100	100 90~100 70~100	T 0351
外观		—	无团粒结块		—
亲水系数		—	<1		T 0353
塑性指数		—	<4		T 0354
加热安定性		—	实测记录		T 0355

(2)拌和机的粉尘可作为矿粉的一部分回收使用,但每盘用量不得超过填料总量的 25%,掺有粉尘填料的塑性指数不得大于 4%。

(3)粉煤灰作为填料使用时,用量不得超过填料总量的 50%,粉煤灰的烧失量应小于 12%,与矿粉混合后的塑性指数应小于 4%,其余质量要求与矿粉相同。高速公路、一级公路的沥青面层不宜采用粉煤灰做填料。

(4)改性沥青混合料当采用水泥、消石灰粉作填料时,其用量不宜超过矿粉总量的 2%。

(5)SMA 混合料的填料必须使用磨细的石灰石粉,通过 0.075mm 的百分率应大于 75%,且最好不用回收的粉尘。可使用消石灰,使用量不宜超过矿料总量的 2%。

6)普通沥青混合料的矿料级配要求

沥青沥青混合料的矿料级配应符合工程规定的设计级配范围。密级配沥青混合料宜根据公路等级、气候及交通条件按表 14-8 选择采用粗型(C 型)或细型(F 型)混合料,并在表 14-9

范围内确定工程设计级配范围。通常情况下,工程设计级配范围不宜超出表 14-9 的要求。

粗型和细型密级配沥青混凝土的关键性筛孔通过率　　表 14-8

混合料类型	公称最大粒径(mm)	用以分类的关键性筛孔(mm)	粗型密级配		细型密级配	
			名称	关键性筛孔通过率(%)	名称	关键性筛孔通过率(%)
AC-25	26.5	4.75	AC-25C	<40	AC-25F	>40
AC-20	19	4.75	AC-20C	<45	AC-20F	>45
AC-16	16	2.36	AC-16C	<38	AC-16F	>38
AC-13	13.2	2.36	AC-13C	<40	AC-13F	>40
AC-10	9.5	2.36	AC-10C	<45	AC-10F	>45

密级配沥青混凝土混合料矿料级配范围　　表 14-9

级配类型		通过下列筛孔(mm)的质量百分率(%)												
		31.5	26.5	19	16	13.2	9.5	4.75	2.36	1.18	0.6	0.3	0.15	0.075
粗粒式	AC-25	100	90~100	75~90	65~83	57~76	45~65	24~52	16~42	12~33	8~24	5~17	4~13	3~7
中粒式	AC-20		100	90~100	78~92	62~80	50~72	26~56	16~44	12~33	8~24	5~17	4~13	3~7
	AC-16			100	90~100	76~92	60~80	34~62	20~48	13~36	9~26	7~18	5~14	4~8
细粒式	AC-13				100	90~100	68~85	38~68	24~50	15~38	10~28	7~20	5~15	4~8
	AC-10					100	90~100	45~75	30~58	20~44	13~32	9~23	6~16	4~8
砂粒式	AC-5						100	90~100	55~75	35~55	20~40	12~28	7~18	5~10

7)SMA 混合料矿料级配要求

改性沥青 SMA 的矿料级配要求采用间断级配,其级配范围应符合表 14-10 的规定。

沥青玛蹄脂碎石混合料矿料级配范围　　表 14-10

级配类型		通过下列筛孔(mm)的质量百分率(%)											
		26.5	19	16	13.2	9.5	4.75	2.36	1.18	0.6	0.3	0.15	0.075
中粒式	SMA-20	100	90~100	72~92	62~82	40~55	18~30	13~22	12~20	10~16	9~14	8~13	8~12
	SMA-16		100	90~100	65~85	45~65	20~32	15~24	14~22	12~18	10~15	9~14	8~12
细粒式	SMA-13			100	90~100	50~75	20~34	15~26	14~24	12~20	10~16	9~15	8~12
	SMA-10				100	90~100	28~60	20~32	14~26	12~22	10~18	9~16	8~13

14.1.2　热拌沥青混合料配合比设计

1)基本要求

(1)热拌沥青混合料,必须选用符合要求的材料,充分运用同类材料的工程实践经验,经配合比设计确定矿粉级配和沥青用量。

(2)有足够的沥青含量,以保证路面的耐久性。

(3)有足够的稳定性,以满足规定的交通等级行车要求,并且不产生不容许的变形和位移。

(4)经压实后的混合料应有适度的空隙率,即使车辆荷载稍有增加,在热季亦不致产生泛油和丧失稳定性。同时,其空隙率亦应按层位作用考虑,使路面水不侵入下承层。

(5)有足够的和易性,以便于施工。

2)试验设计方法

(1)普通热拌沥青混合料的配合比设计,采用马歇尔试验设计方法。经配合比设计确定的各类沥青混凝土混合料应符合表14-11的规定,并具有良好的施工性能。

(2)用于高速公路和一级公路的公称最大粒径等于或小于19的密级配沥青混合料(AC),及SMA、OGFC混合料,需在配合比设计基础上,在规定的试验条件下进行车辙试验、浸水马歇尔试验和冻融劈裂试验,同时,还宜对密级配沥青混合料在温度－10℃、加载速率50mm/min的条件下进行弯曲试验,测定破坏强度、破坏应变、破坏劲度模量,根据应力应变曲线的形状,综合评价沥青混合料的低温抗裂性能。其路用性能应符合表14-12～表14-14的要求。

密级配沥青混凝土混合料马歇尔试验技术标准　　表14-11

(适用于公称最大粒径≤26.5mm的密级配沥青混凝土混合料)

试验指标		单位	高速公路、一级公路				其他等级公路	行人道路
			夏炎热区(1-1、1-2、1-3、1-4区)		夏热区及夏凉区(2-1、2-2、2-3、2-4、3-2区)			
			中轻交通	重载交通	中轻交通	重载交通		
击实次数(双面)		次	75				50	50
试件尺寸		mm	ϕ101.6mm×63.5mm					
空隙率VV	深约90mm以内	%	3～5	4～6	2～4	3～5	3～6	2～4
	深约90mm以下	%	3～6		2～4	3～6	3～6	—
稳定度MS　不小于		kN	8				5	3
流值FL		mm	2～4	1.5～4	2～4.5	2～4	2～4.5	2～5
矿料间隙率VMA(%)不小于	设计空隙率(%)		相应于以下公称最大粒径(mm)的最小VMAJ及VFA技术要求(%)					
			26.5	19	16	13.2	9.5	4.75
	2		10	11	11.5	12	13	15
	3		11	12	12.5	13	14	16
	4		12	13	13.5	14	15	17
	5		13	14	14.5	15	16	18
	6		14	15	15.5	16	17	19
沥青饱和度VFA(%)			55～70	65～75			70～85	

注:①对空隙率大于5%的炎热区重载交通路段,施工时应至少提高压实度1个百分点。

②当设计的空隙率不是整数时,由内插确定要求的VMA最小值。

③对改性沥青混合料,马歇尔试验的流值可适当放宽。

沥青混合料低温弯曲试验破坏应变技术要求　　表 14-12

气候条件与技术指标	相应于下列气候分区所要求的破坏应变									试验方法
年极端最低气温(℃)及气候分区	<−37.0		−21.5～−37.0			−9.0～−21.5		>−9.0		
	冬严寒区		冬寒区			冬冷区		冬温区		
	1-1	2-1	1-2	2-2	3-2	1-3	2-3	1-4	2-4	
普通沥青混合料　不小于	2 600		2 300			2 000				T 0728
改性沥青混合料　不小于	3 000		2 800			2 500				

沥青混合料车辙试验动稳定度技术要求　　表 14-13

气候条件与技术指标		相应于下列气候分区所要求的稳定度(次/min)									试验方法
七月平均最高气温(℃)及气候分区		>30				20～30				<20	
		夏炎热区				夏热区				夏凉区	
		1-1	1-2	1-3	1-4	2-1	2-2	2-3	2-4	3-2	
普通沥青混合料　不小于		800		1 000		600	800			600	T 0719
改性沥青混合料　不小于		2 400		2 800		2 000	2 400			1 800	
SMA 混合料	非改性　不小于	1 500									
	改性　不小于	3 000									
OGFC 混合料		1 500(一般交通路段)、3 000(重交通量路段)									

注：①如果其他月份的平均气温高于七月，可使用该月的平均最高气温。

②在特殊情况下，如钢桥面铺装、重载车特别多或纵坡较大的长距离上坡路段、厂矿专用道路，可酌情提高对稳定度的要求。

③对因天气寒冷确需使用针入度很大的沥青(如大于 100)，动稳定度难以达到要求，或因采用石灰岩等不很坚硬的石料，改性沥青混合料的动稳定度难以达到要求等特殊情况，可酌情降低要求。

④为满足炎热地区及重载车要求，在配合比设计时采取减少最佳沥青用量的技术措施时，可适当提高试验温度或增加试验荷载进行试验，同时增加试件的碾压成型密实和施工压实度要求。

⑤车辙试验不得采用二次加热的混合料，试验必须检验其密度是否符合试验规程的要求。

⑥如需要对公称最大粒径等于和大于 26.5mm 的混合料进行车辙试验，可适当增加试件的厚度，但不宜作为评定合格与否的依据。

沥青混合料水稳定性检验技术要求　　表 14-14

气候条件与技术指标		相应于下列气候分区的技术要求				试验方法
年降雨量(mm)及气候分区		>1 000	500～1 000	250～500	<250	
		潮湿区	湿润区	半干区	干旱区	
浸水马歇尔试验残留稳定度(%)，不小于						
普通沥青混合料		80		75		T 0790
改性沥青混合料		85		80		
SMA 混合料	普通沥青	75				
	改性沥青	80				
冻融劈裂试验的残留强度比(%)，不小于						
普通沥青混合料		75		70		T 0729
改性沥青混合料		80		75		
SMA 混合料	普通沥青	75				
	改性沥青	80				

14.1.3 沥青混凝土面层质量要求

1)基本要求

(1)沥青混合料的矿料质量及矿料级配应符合设计要求和施工规范的规定。

(2)严格控制各种矿料和沥青用量及各种材料和沥青混合料的加热温度,沥青材料及混合料的各项指标应符合设计和施工规范要求。沥青混合料的生产,每日应做抽提试验、马歇尔稳定度试验。矿料级配、沥青含量、马歇尔稳定度结果的合格率应不小于90%。

(3)拌和后的沥青混合料应均匀一致,无花白,无粗细料的分离和结团成块现象。

(4)基层必须碾压密实,表面干燥、清洁、无浮土,其平整度和路拱度应符合要求。

(5)摊铺时应严格控制摊铺厚度和平整度,避免离析,注意控制摊铺和碾压温度,碾压至要求的密实度。

2)质量标准

沥青混凝土面层实测项目见表14-15。

沥青混凝土面层实测项目 表14-15

项次	检查项目		规定值或允许误差		检查方法和频率	权值
			高速公路 一级公路	其他公路		
1△	压实度(%)		试验室标准密度的96%(*98%) 最大理论密度的92%(*94%) 试验段密度的98%(*99%)		灌砂法、水袋法或钻孔取样蜡封法:每200m测1处	3
2	平整度	σ(mm)	1.2	2.5	平整度仪:全线每车道连续按每100m计算IRI或σ	2
		IRI(m/km)	2.0	4.2		
		最大间隙h(mm)	—	5	3米直尺:每200m测2处×10尺	
3	弯沉值(0.01mm)		符合设计要求		贝克曼梁或自动弯沉仪	2
4	渗水系数		SMA路面200mL/min;其他沥青混凝土路面300mL/min	—	渗水试验仪:每200m测1处	2
5	抗滑	摩擦系数	符合设计要求	—	摆式仪:每200m测1处	2
		构造深度			铺砂法:每200m测1处	
6△	厚度(mm)	代表值	总厚度:按设计值的−5% 上面层:设计值的−20%	−8%H	钻芯取样法:双车道每200m测1处	3
		合格值	总厚度:设计值的−10% 上面层:设计值的−20%	−15%H		

续上表

项次	检 查 项 目		规定值或允许误差		检查方法和频率	权值
			高速公路 一级公路	其他公路		
7	中线平面偏位(mm)		20	30	经纬仪:每 200m 测 4 点	1
8	纵断高程(mm)		±15	±20	水准仪:每 200m 测 4 断面	1
9	宽度 (mm)	有侧石	±20	±30	尺量:每 200m 测 4 断面	1
		无测石	不小于设计			
10	横坡(%)		±0.3	±0.5	水准仪:每 200m 测 4 处	1

注:①表内压实度可选用其中的 1 个或 2 个标准评定,选用两个标准时,以合格率低的作为评定结果。带 * 号者是指 SMA 路面,其他为普通沥青混凝土路面。

②表列厚度仅规定负允许偏差。其他公路的厚度代表值和合格值允许偏差按总厚度计,当总厚度≤60mm 时,允许偏差分别为 −5mm 和 −10mm;总厚度>60mm 时,允许偏差分别为 −8% 和 −15% 的总厚度,H 为总厚度(mm)。

14.2　热拌沥青混合料路面的质量监理

热拌沥青混合料的质量监理分为施工准备阶段质量监理和施工阶段质量监理。现分别加以说明。

14.2.1　施工准备阶段的监理要点

1)原材料的审核

沥青路面开工前,要求对承包人所选用的原材料,如沥青和各种规格的矿料的物理性质、级配等,进行试验并报监理工程师审核。只有经过监理工程师审核、确认质量合格的原材料才能在工程中使用。

2)沥青混合料配合比审批

沥青路面开工前要求承包人对沥青混合料的配合比进行试验后报监理工程师审批。只有经过监理工程师审核批准的配合比,才能在拌和厂(站)试拌,才能最终确定施工用配合比是否在工程施工中使用。

3)施工机械、设备的检查

开工前要求承包人对配备用于本工程的各种沥青路面施工机械、设备的配备数量及运行质量进行检查落实后向监理工程师报告。

4)施工放样及下承层检查

施工放样包括高程测量与平面控制两项内容。沥青路面开工前,监理工程师应对承包人的施工放样自检报告进行复核、审核。

要求对承包人所做下承层的检查包括以下内容:

(1)下承层表面应清洁、干燥、坚实,无任何松散的石料、尘土与杂质,并且不允许有油污。

(2)下承层表面应平整,当其平面凹洼的深度大于铺筑沥青面层容许误差的 2 倍时,应在主层料铺筑前予以填充沥青混合料并压实。

(3)当下承层为基层时,应喷洒透层沥青,当下承层为底面层与表面层的铺筑时间间隔较长时,应喷洒黏层沥青。

5)铺筑试验路段

沥青各面层正式施工之前,均需先做试铺路段。承包人应按监理工程师审批的配合比设计,拟定试铺段宜选在正线直线段,长度不少于200m。

在试铺过程中,监理工程师应组织监理人员参加旁站,检查施工工艺、技术措施是否符合要求,测温观色、取样并记录试验与检测结果,检查各种技术指标情况,对出现的问题提出改进意见。多层试铺应力争一次铺筑成功,使试铺路段成为正式路面的组成部分,并予以验收。如有任何一部分不合格,应总结经验改进,并由承包人整修至合格,否则应予铲除。

试铺段的质量检查频率应比正常施工时适当增加。试铺结束后,经检测各项技术指标均符合规定,承包人应即做出试铺段总结,经监理工程师审批后,即可作为正式开工的依据。

14.2.2 施工阶段的监理要点

热拌沥青混合料路面即沥青混凝土路面,只要在以下几道工序内严格把关,就能保证沥青混凝土的施工质量,这几道工序分别是沥青混合料的拌制、摊铺、运输和碾压。现对其质量监理要点加以说明。

1)热拌沥青混合料施工工艺及质量监理

热拌沥青混合料施工工艺及质量监理流程见图14-1。

2)监理要点

(1)沥青混合料的拌制

①拌和时间

沥青混合料拌和时间根据具体情况经试拌确定,以沥青均匀裹覆集料为度。间歇式拌和机每锅拌和时间不宜少于45s(其中干拌时间宜为5~10s)。改性沥青和SMA混合料的拌和时间应适当延长。

②出厂温度

应测量记录沥青混合料的出厂温度。当混合料出厂温度过高,已影响沥青与集料的黏结力时,混合料不得使用,已铺筑沥青路面应予铲除。对高速公路、一级公路,沥青混合料出厂温度超过正常温度高限的30℃时,混合料应予废弃。

③外观质量要求

拌和厂拌和的沥青混合料应均匀一致,无花白料,无结团成块或严重的粗细料分离现象,不符合要求时不得使用,并应及时调整。

④储存

拌好的热拌沥青混合料如不立即铺筑时,可放入成品储料仓储存。储料仓无保温设备时,允许的储料时间应以符合摊铺温度为准,有保温设备时,普通沥青混合料允许的储料时间亦不宜超过72h;改性沥青混合料储存时间不宜超过24h;SMA混合料只限当天使用。

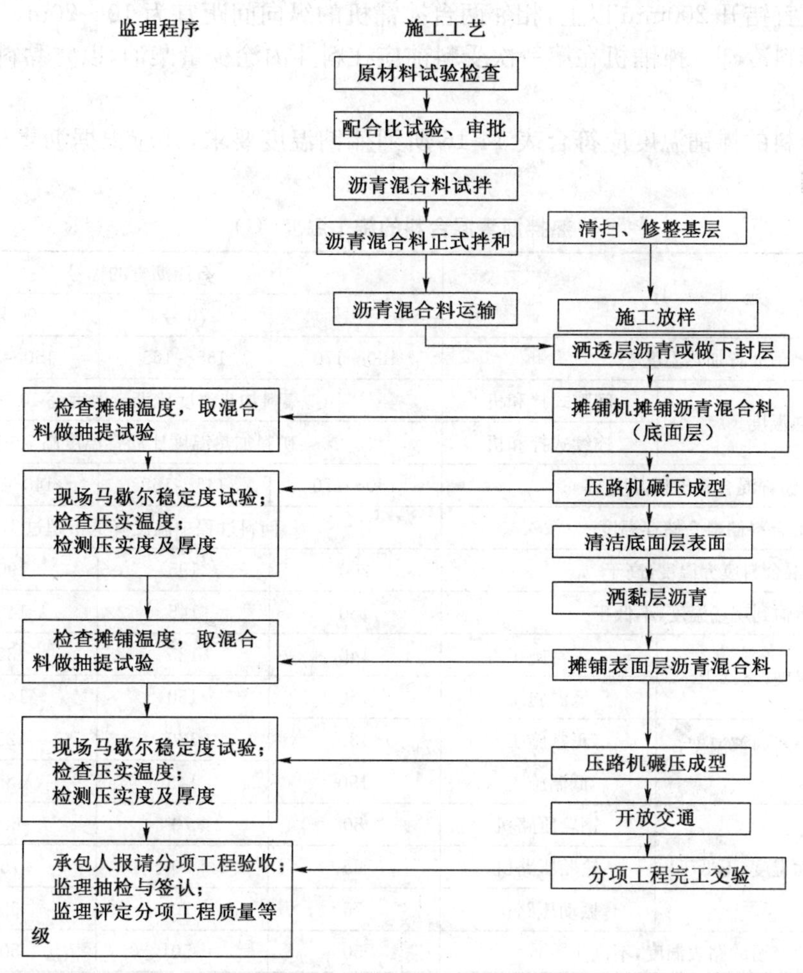

图 14-1　热拌沥青混合料施工工艺及质量监理流程图

(2)沥青混合料的运输

①应采用大吨位自卸汽车运输，但不得超载运输，或急制动、急弯掉头使透层、封层造成损伤。

②运料时应用篷布覆盖，以保温、防雨、防污染。

③运距和运输能力应与沥青混合料摊铺机的摊铺速度相匹配。

④成品运到施工现场时应测量沥青混合料的温度。

(3)沥青混合料的摊铺

①摊铺前的检查

摊铺沥青混合料前，应检验确认下层的质量。当下层质量不符合要求，或未按规定洒布透层、黏层沥青或铺筑下封层时，不得铺筑沥青路面。

②机械铺筑

热拌沥青混合料应采用机械摊铺。对高速公路、一级公路宜采用两台以上摊铺机成梯队作业联合摊铺，以减少纵向冷接缝。相邻两幅的摊铺应有 30～60mm 宽度的摊铺重叠，上下层的搭缝位置宜错开200mm以上,相邻两台摊铺机的纵向间距宜为10～20m,且不得造成前面摊铺的混合料冷却。摊铺机在第一次受料前应在料斗内涂少量柴油,以防黏料。

③摊铺温度

沥青混合料的摊铺温度应符合表14-16所列摊铺温度要求,并应根据沥青标号、气温、摊铺层厚度选用。

热拌沥青混合料的施工温度(℃) 表14-16

<table>
<tr><td colspan="2" rowspan="2">施工工序</td><td colspan="4">石油沥青的标号</td></tr>
<tr><td>50号</td><td>70号</td><td>90号</td><td>110号</td></tr>
<tr><td colspan="2">沥青加热温度</td><td>160～170</td><td>155～165</td><td>150～160</td><td>145～155</td></tr>
<tr><td rowspan="2">矿料加热温度</td><td>间隙式拌和机</td><td colspan="4">集料加热温度比沥青温度高10～30</td></tr>
<tr><td>连续式拌和机</td><td colspan="4">矿料加热温度比沥青温度高5～10</td></tr>
<tr><td colspan="2">沥青混合料出料温度</td><td>150～170</td><td>145～165</td><td>140～160</td><td>135～155</td></tr>
<tr><td colspan="2">混合料储料仓储存温度</td><td colspan="4">储料过程中温度降低不超过10</td></tr>
<tr><td colspan="2">混合料废弃温度,高于</td><td>200</td><td>195</td><td>190</td><td>185</td></tr>
<tr><td colspan="2">运输到现场温度,不低于</td><td>150</td><td>145</td><td>140</td><td>135</td></tr>
<tr><td rowspan="2">混合料摊铺温度,不低于</td><td>正常施工</td><td>140</td><td>135</td><td>130</td><td>125</td></tr>
<tr><td>低温施工</td><td>160</td><td>150</td><td>140</td><td>135</td></tr>
<tr><td rowspan="2">开始碾压得混合料内部温度,不低于</td><td>正常施工</td><td>135</td><td>130</td><td>125</td><td>120</td></tr>
<tr><td>低温施工</td><td>150</td><td>145</td><td>135</td><td>130</td></tr>
<tr><td rowspan="3">碾压终了的表面温度,不低于</td><td>钢轮压路机</td><td>80</td><td>70</td><td>65</td><td>60</td></tr>
<tr><td>轮胎压路机</td><td>85</td><td>80</td><td>75</td><td>70</td></tr>
<tr><td>振动压路机</td><td>75</td><td>70</td><td>60</td><td>55</td></tr>
<tr><td colspan="2">开放交通的路表温度,不高于</td><td>50</td><td>50</td><td>50</td><td>45</td></tr>
</table>

注:①沥青混合料的施工温度应采用具有金属探测针的插入式数显温度计测量。表面温度可采用表面接触式温度计测定,当采用红外线温度计测量表面温度时,应进行测定。

②表中未列入的130号、160号及30号沥青的施工温度由试验确定。

当高速公路、一级公路和城市快速路、主干路施工气温低于10℃,其他等级道路低于5℃时,不宜摊铺热拌沥青混合料。

④松铺系数

沥青混合料的松铺系数应根据实际的混合料类型、施工机械和施工工艺等,通过试压方法或根据以往的实践经验确定。摊铺过程中应随时检查摊铺层厚度及路拱、横坡,并根据使用的混合料的总量与铺筑面积校验平均厚度。

⑤摊铺速度

沥青混合料必须缓慢、均匀、连续不间断地摊铺。摊铺过程中不得随意变换速度或中途停顿。摊铺速度应根据拌和机产量、施工机械配备情况及摊铺层厚度、宽度确定,并应符合2～6m/min的要求。

(4)沥青混合料压实及成型

①压实要求

压实后的沥青混合料路面应符合平整度和压实度要求。

②压实厚度

沥青混凝土每层的碾压成型厚度不得大于 10cm，沥青稳定碎石不大于 12cm，过厚则压实质量不易保证，故铺筑层超过 10cm 时，应分层摊铺和压实。

③压实过程

热拌沥青混合料的压实分为初压、复压、终压三个压实阶段，其质量检验应根据压实过程的特点进行。

a. 初压。初压应在紧跟摊铺机后碾压，并保持较短的初压区长度。通常宜采用钢轮压路机静压 1～2 遍。碾压时应将压路机的驱动面向摊铺机，从外侧向中心碾压，在超高路段则由低向高碾压，在坡道上应将驱动轮从低处向高处碾压。初压后应检查平整度、路拱，有严重缺陷时进行修整乃至返工。

b. 复压。复压应紧跟在初压后开始，宜采用重型轮胎压路机，也可采用振动压路机或钢筒式压路机。碾压遍数应经试压确定，宜为 4～6 遍，要达到要求的压实度，并无显著轮迹。当采用轮胎压路机时，总质量不宜小于 15t。碾压厚层沥青混合料，总质量不宜小于 22t。轮胎充气压力不小于 0.5MPa，相邻碾压带应重叠 1/3～1/2 的碾压轮宽度。当采用三轮钢筒式压路机时。总质量不宜小于 12t，相邻碾压带宜重叠后轮的 1/2 宽度，并不应少于 200mm。当采用振动压路机时，振动频率宜为 35～50Hz，振幅宜为 0.3～0.8mm，并根据混合料种类、温度和层厚度选用。相邻碾压带重叠宽度为 10～20cm。

c. 终压。终压应紧接在复压后进行，如经复压后已无明显轮迹时可免去终压。终压可选用双轮钢筒式压路机或关闭振动的振动压路机碾压，并且不宜少于 2 遍，至无明显轮迹为止。

④碾压速度

压路机应以慢速均匀碾压，其碾压速度应符合表 14-17 的规定。

压路机碾压速度(km/h)　　表 14-17

压路机类型	初压		复压		终压	
	适宜	最大	适宜	最大	适宜	最大
钢筒式压路机	2～3	4	3～5	6	3～6	6
轮胎压路机	2～3	4	3～5	6	4～6	8
振动压路机	2～3 静压或振动	3 静压或振动	3～4.5 振动	5 振动	3～6 静压	6 静压

⑤碾压温度

应随时检查沥青面层的碾压温度，路面压实成型的最高温度应符合表 14-13 的规定。

⑥接缝的处理

摊铺时，采用梯队作业的纵缝应用热接缝。半幅施工不能采用热接缝时，宜加设挡板或采用切刀切齐。

纵向冷接缝处沥青混合料施工时，须将接缝处清扫干净并洒黏层油；横向接缝可采用斜接缝和平接缝两种形式，一般高速公路和一级公路的表面层横向接缝应采用垂直的平接缝。

监理工程师应随时注意接缝的施工质量，使接缝处的面层紧密、平整、顺直。

⑦开放交通

热拌沥青混合料路面应待摊铺层完全自然冷却，混合料表面温度低于50℃后，方可开放交通。

14.3 改性沥青路面施工质量监理

14.3.1 改性沥青混合料施工质量监理

1)改性沥青混合料施工工艺及质量监理

改性沥青混合料施工工艺及质量监理流程见图14-2。

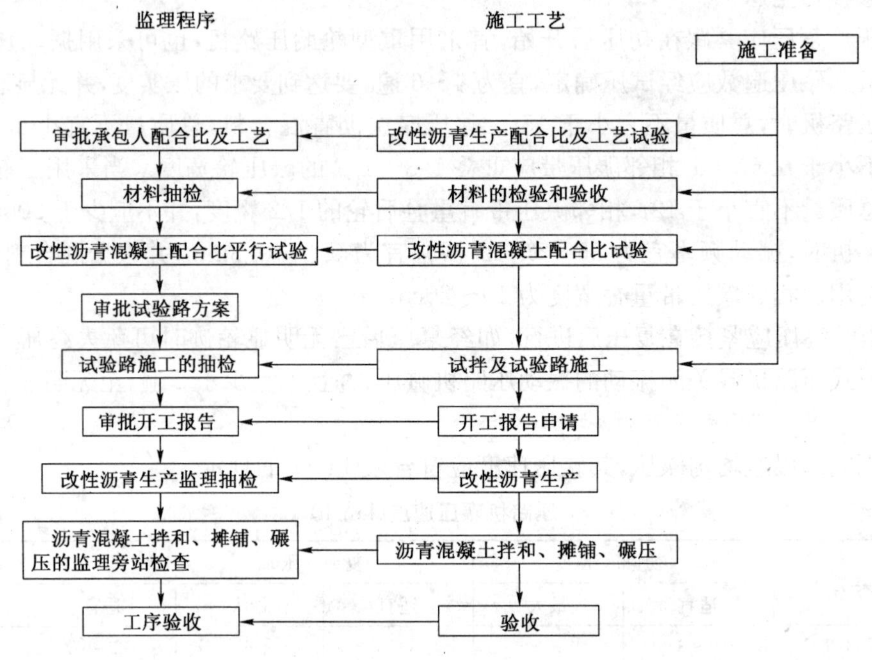

图14-2 改性沥青混合料施工工艺及质量监理流程图

2)监理要点

(1)铺筑试验路段

改性沥青混合料路面工程正式开工前，必须铺筑100～200m试验路段，进行改性沥青混合料的试拌、试铺和试压试验，并根据此制订正式的施工程序，以确保良好的施工质量和路面施工的顺利进行。

试验路段应进行如下试验工作：

①确定拌和温度、拌和时间，验证矿料级配和沥青用量。

②确定摊铺温度、摊铺速度。

③确定压实温度、压路机类型、压实工艺及压实遍数。

④检测试验路施工质量，不符合要求时应找出原因，采取纠正措施，重新铺筑试验路，直到

满足要求为止。

改性沥青混合料施工温度，根据改性剂的类型、改性沥青的黏稠情况以及黏度、温度关系，通常宜在普通沥青混合料施工温度的基础上提高 10～20℃，特殊情况由试验另行确定。当气温低于 10℃时，不得进行改性沥青料路面施工。

(2)改性沥青的制备

改性沥青制备控制环节如下：

①保证配料准确，必须按试验并获得批准的配合比配料生产。

②保证按正确的施工工艺生产，如搅拌温度、时间、遍数等。

③抽样检查改性沥青质量。

(3)改性沥青混合料的拌和、摊铺和碾压的监理

①除了温度控制要求之外，施工要求与普通沥青路面相同，监理的工作方式和内容也一样。

②改性沥青应随配随用，储存的改性沥青必须保温并用泵送循环搅拌。

③在施工时必须提高施工温度来满足施工必需的黏稠度，改性沥青混凝土路面的施工温度较普通沥青混凝土路面要高约 20℃左右，准确的控制温度应在试验路面施工时加以确定。当气温低于 10℃时，不得进行改性沥青混合料路面施工。

④因为改性沥青冷却后不易压实，施工中须保持较高的温度。改性沥青混凝土路面施工必须保持连续。如沥青拌和料温度低，影响路面施工质量时，拌和料应废弃。

14.3.2　SMA 混合料施工质量监理

1)SMA 混合料施工工艺及质量监理

SMA 混合料施工工艺及质量监理流程见图 14-3。

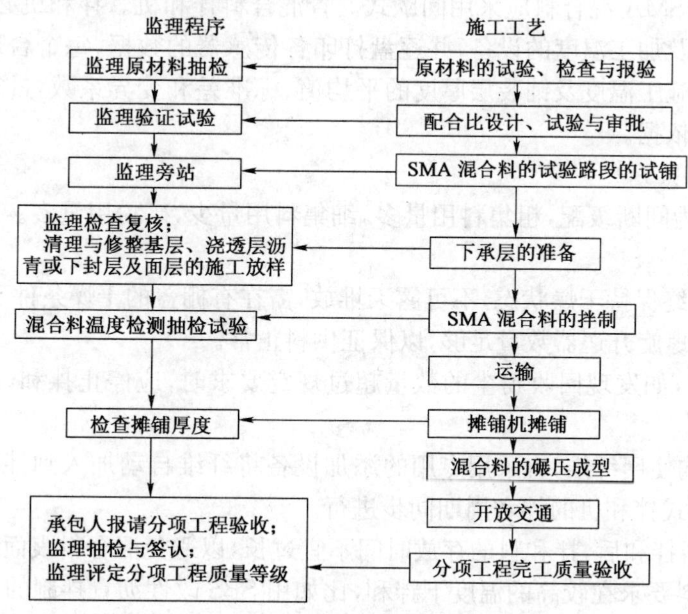

图 14-3　SMA 混合料施工工艺及质量监理流程图

2)监理要点

(1)施工温度要求

SMA路面宜在较高的温度条件下施工,当气温或下卧层表面温度低于10℃时不得铺筑SMA路面。

(2)施工准备要求

施工前应按以下要求备好各类材料。

①集料。

a.应按设计要求准备各种不同规格的集料,对不同料场、批次的材料应进行筛析验收。

b.集料应堆放于清洁、干燥、地基稳定、排水良好、有硬质铺面的场地上,不同规格的集料应分开堆放。

c.集料宜采取分层堆放的方法,在整个堆料区逐层向上堆放,以防止集料离析。

②结合料。

a.沥青宜储存在可加热与保温的储藏罐中,根据不同沥青类型和等级采用不同的储存温度,使用前应加热到适宜的加工温度。

b.改性沥青应按规定的技术要求进行生产,宜随配随用,不符合要求的不得使用。

c.对购置的成品改性沥青,在使用前应按技术要求进行质量检验,不符合要求的不得使用。

③正式施工前应准备好需用的改性沥青混合料生产、运输、摊铺、压实等设备,并进行必要的试验工作。

④铺筑改性沥青混合料前,应检查其下层的质量,按规定喷洒透层油或黏层油。

(3)改性沥青SMA混合料的拌制

①拌和设备

拌制改性沥青SMA混合料应采用间歇式沥青混合料拌和机。拌和机必须配有自动检测和记录材料配合比及加工温度的设备,并逐盘打印各传感器的数据,每个台班作出统计,计算矿料级配、油石比、施工温度及铺装层厚度的平均值、标准差和变异系数,进行总量检验,并作为施工质量检测的依据。

②拌和注意事项

a.鉴于SMA为间断级配,粗集料用量多,细集料用量少,矿粉用量多。因此,应合理安排冷仓、热仓的配置。

b.细集料应始终保持干燥状态,不可露天堆放,需在有棚盖的干燥条件下堆放。

c.要求配置的螺旋升送器数量足够,以保证供料正常。

d.拌和过程中,如发现回收粉尘的数量超过规定要求时,应停止拌和,调整粉尘数量,或将粉尘排空废弃。

e.SMA一般均使用纤维,宜采用专用的添加设备将纤维自动加入到拌和机的搅拌器中,添加时间应与间歇式拌和机的拌和周期同步进行。

f.SMA混合料拌和后,拌和料的存放时间不宜过长,以避免混合料表面结成硬壳。

g.SMA混合料要求在较高的温度下拌和,比如用SBS改性沥青拌制的SMA混合料规定出料温度为175～185℃,高于200℃的混合料应废弃。

(4)改性沥青 SMA 混合料的运输与摊铺

①运输

a. SMA 混合料应采用较大吨位的自卸汽车运输。

b. 运料车装料时，应通过前后移动运料车来消除粗细集料的离析现象。

c. 为防止改性沥青混合料在运输过程中表层温度降低，应采用防水的篷布遮盖，防水布应覆盖整个运料车。

d. 施工便道要保持畅通、平整，以保证 SMA 混合料的到场温度，并减少混合料粗、细集料离析。

e. 运料车到达现场后，应严格检查 SMA 混合料的温度，不得低于摊铺温度的要求。

②摊铺

a. 为保证路面的平整度，应做到缓慢、匀速、连续不断地摊铺，摊铺过程中不得随意变换速度或中途停顿，其摊铺速度一般不超过 3～4m/min，有时应慢到 2m/min。

b. 在摊铺过程中，一般要求在摊铺机前至少要有 3～4 台以上的运料车等候。做到宁可运料车等摊铺，也不能摊铺机等候运料车。

c. SMA 混合料的可压缩性很小，松铺系数比普通混合料小得多，一般为 1.05～1.10。

d. 如果出现运料车跟不上摊铺速度，摊铺机得不到连续供料时，摊铺机应将剩余的混合料都摊铺完，抬起摊铺机，做好临时接头处理，并将混合料压实，避免出现冷却结硬的情况。

e. SMA 混合料在摊铺过程中，突然遇到降雨时，必须立即停止摊铺，将已经摊铺的混合料迅速碾压，如果碾压不成型时，必须铲除掉。

(5)改性沥青 SMA 混合料的碾压成型

①改性沥青 SMA 必须在摊铺后立即进行碾压，不得等候，不得在低温状态下反复碾压。

②SMA 必须采用刚性碾碾压，不允许采用轮胎压路机碾压。

③振动压路机碾压时，要按“高频率，低振幅”工艺进行碾压。

④对 SMA 混合料来说，“过碾压是个大忌”。过度碾压会出现弹簧现象，混合料无法稳定。对 10t 钢轮压路机初压时紧跟摊铺机后压 1～2 遍，复压用刚性碾静压(不开振动)3～4 遍，或开振动碾压 2～3 遍，最后用较宽的钢性碾，终压 1 遍即告结束。

⑤SMA 混合料的碾压速度，一般要求不能超过 4～5km/h。

14.4 透层和黏层的质量监理

14.4.1 透层的质量监理

1)沥青的选用

(1)透层沥青宜采用慢裂的洒布型乳化沥青，也可采用中、慢凝液体石油沥青或煤沥青。

(2)透层沥青的稠度宜通过试洒确定。表面致密的半刚性基层宜采用渗透性好的较稀的透层沥青，级配砂砾、级配碎石等粒料基层宜采用较稠的透层沥青。

(3)用于制作透层的乳化沥青的标号应根据基层的种类、当地气候条件等确定。

(4)各种透层沥青的品种和用量应根据基层的种类通过试洒确定，应符合表 14-18 的规定。

沥青路面透层材料的规格和用量表　　表 14-18

用　途	液体沥青		乳化沥青		煤沥青	
	规　格	用量(L/n²)	规　格	用量(L/m²)	规　格	用量(L/m²)
无结合料粒料基层	AL(M)-1、2 或 3 AL(S)-1、2 或 3	1.0～2.3	PC-2 PA-2	1.0～2.0	T-1 T-2	1.0～1.5
半刚性基层	AL(M)-1 或 2 AL(S)-1 或 2	0.6～1.5	PC-2 PA-2	0.7～1.5	T-1 T-2	0.7～1.0

注：表中用量是指包括稀释剂和水分等在内的液体沥青、乳化沥青的总量。乳化沥青中的残留物含量以 50%为基准。

2)透层浇洒的监理要点

(1)透层油宜紧接在基层碾压成型后表面变干燥，但尚未硬化的情况下喷洒。

(2)在无机结合粒料基层上洒布透层油时，宜在铺筑沥青层前 1～2d 洒布。

(3)透油层宜采用沥青洒布车一次喷洒均匀，使用的喷嘴宜根据透油层的种类和黏度选择并保证均匀喷洒，沥青洒布车喷洒不均匀时宜改用手工沥青洒布机喷洒。

(4)喷洒透层油应清扫路面，遮挡防护路缘石及人工构造物避免污染，透油层必须洒布均匀，有花白遗漏应人工补洒，喷洒过量的立即撒布石屑或砂吸油，必要时作适当碾压。透层油洒布后不得在表面形成能被运料车和摊铺机黏起的油皮，透油层达不到渗透深度要求时，应更换透层油稠度或品种。

(5)透层油洒布后，应尽早铺筑沥青面层。当用乳化沥青作透层时，应待其充分渗透、水分蒸发后方可铺筑沥青面层，等待时间不宜少于 24h。

(6)如遇大风或即将降雨时，不得浇洒透层沥青。气温低于 10℃，不宜浇洒透层沥青。

14.4.2 黏层的质量监理

1)黏层沥青的选用

(1)黏层沥青材料宜采用快裂的洒布型乳化沥青或快裂、中凝液体石油沥青、煤沥青。

(2)各种黏层沥青品种和用量应根据黏结层的种类通过试洒确定。

2)黏层浇洒的监理要点

(1)黏层沥青应均匀洒布或涂刷，浇洒过量处应予刮除。

(2)路面有脏物尘土时应清除干净，必要时应用水冲刷，待表面干燥后浇洒。

(3)当气温低于 10℃或路面潮湿时不得浇洒黏层沥青。

(4)浇洒黏层沥青后，严禁车辆、行人通过。

(5)黏层沥青洒布后应紧接铺筑沥青层，但乳化沥青应待破乳、水分蒸发完成后铺筑。

第15章 水泥混凝土路面质量监理

15.1 水泥混凝土路面质量要求

水泥混凝土路面质量包括水泥混凝土面板质量、原材料质量及混凝土混合料质量。本节主要介绍原材料及混合料质量要求和水泥混凝土在施工中的基本要求。

15.1.1 原材料质量要求

1)水泥

(1)强度高,要求有较高的抗折、抗压强度。

(2)收缩性小,抗冻性好,耐磨性强,耐久性优。

(3)特重、重交通路面宜采用旋窑道路硅酸盐水泥(也可采用旋窑硅酸盐水泥)或普通硅酸盐水泥。低温施工或有快速通车要求的路段可采用水化热高的R型水泥。该水泥低温施工蓄热早强,有利于路面尽早达到抗冻临界强度和尽快开放交通的需要。

(4)水泥进场时每批应附有齐全的化学成分、物理力学指标合格的检验证明。其指标应满足表15-1的要求。水泥存放期不得超过3个月。

各交通等级路面用水泥的化学成分和物理指标　表15-1

水泥性能	特重、重交通路面	中、轻交通路面
铝酸三钙	不宜>7.0%	不宜>9.0%
铁铝酸四钙	不宜<15.0%	不宜<12.0%
游离氧化钙	不得>1.0%	不得>1.5%
氧化镁	不得>5.0%	不得>6.0%
三氧化硫	不得>3.5%	不得>4.0%
碱含量	$Na_2O+0.658K_2O \leqslant 0.6\%$	怀疑有碱活性集料时,≤0.6% 无碱活性集料时,≤1.0%
混合材种类	不得掺窑灰、火山灰和黏土,有抗盐冻要求时,不得掺石灰、石粉	不得掺窑灰、火山灰和黏土,有抗盐冻要求时,不得掺石灰、石粉
出磨时安定性	雷氏夹法或蒸煮法检验必须合格	蒸煮法检验必须合格
标准稠度需水量	不宜>28%	不宜>30%
烧失量	不得>3.0%	不得>5%
比表面积	宜在300～450m^2/kg	宜在300～450m^2/kg
细度(80μm)	筛余量不得>10%	筛余量不得>10%
初凝时间	不早于1.5h	不早于1.5h
终凝时间	不迟于10h	不迟于10h
28d干缩率	不得>0.09%	不得>0.10%
耐磨性	不得>3.6kg/m^2	不得>3.6kg/m^2

2)粗集料

(1)粗集料应使用质地坚硬、耐久、洁净的碎石、碎卵石和卵石,其各项技术指标应符合表15-2的规定。高速公路、一级公路,其级别应不低于II级,有抗冻(盐)要求时I级集料吸水率不应大于1.0%;II级集料吸水率不应大于2.0%。

碎石、碎卵石和卵石技术指标 表15-2

项目	技术要求		
	I级	II级	III级
碎石压碎指标(%)	<10	<15	<20
卵石压碎指标(%)	<12	<14	<16
坚固性(按质量损失计,%)	<5	<8	<12
针片状颗粒含量(按质量计,%)	<5	<15	<20
含泥量(按质量计,%)	<0.5	<1.0	<1.5
泥块含量(按质量计,%)	<0	<0.2	<0.5
有机物含量(比色法)	合格	合格	合格
硫化物及硫酸盐含量(按 SO_3 质量计,%)	<0.5	<1.0	<1.0
岩石抗压强度	火成岩不应小于100MPa;变质岩不应小于80MPa;水成岩不应小于60MPa		
表观密度	>2 500kg/m³		
松散堆积密度	>1 350kg/m³		
空隙率	<47%		
碱—集料反应	经碱—集料反应试验后,试件无裂缝、酥裂、胶体外溢等现象,在规定试验龄期的膨胀率应小于0.10%		

注:①III级碎石的压碎指标,应小于20%;用做下面层或基层时,可小于25%。

②III级粗集料的针片状颗粒含量,用做路面时,应小于20%;用做下面层或基层时,可小于25%。

(2)粗集料不得使用不分级的统料,应按最大公称粒径的不同采用2~4个粒级的集料进行掺配,并应符合表15-3合成级配的要求。

(3)监理人员应对到场的粗集料随时抽查,以检查粗集料的压碎值、级配等指标是否符合要求。

粗集料级配范围 表15-3

粒径级类型配		方孔筛尺寸(mm)							
		2.36	4.75	9.50	16.0	19.0	26.5	31.5	37.5
		累计筛余(以质量计)(%)							
合成级配	4.75~16	95~100	85~100	40~60	0~10				
	4.75~19	95~100	85~95	60~75	30~45	0~5	0		
	4.7~26.5	95~100	90~100	70~90	50~70	25~40	0~5	0	
	4.7~31.5	95~100	90~100	75~90	60~75	40~60	20~35	0~5	0

续上表

粒径级类型配		方孔筛尺寸(mm)							
		2.36	4.75	9.50	16.0	19.0	26.5	31.5	37.5
		累计筛余(以质量计)(%)							
粒级	4.75～9.5	95～100	80～100	0～15	0				
	9.5～16		95～100	80～100	0～15	0			
	9.5～19		95～100	85～100	40～60	0～15	0		
	16～26.5			95～100	55～70	25～40	0～10	0	
	16～31.5			95～100	85～100	55～70	25～40	0～10	0

3)细集料

(1)细集料应采用质地坚硬、耐久、洁净的天然砂、机制砂或混合砂,其各项技术指标应符合表 15-4 的规定。高速公路、一级公路应不低于 II 级。特重、重交通混凝土路面宜使用河砂,砂的硅质含量不应低于 25%。

细集料技术指标　　表 15-4

项　目	技术要求		
	I 级	II 级	III 级
机制砂单粒级最大压碎指标(%)	<20	<25	<30
氯化物含量(氯离子质量计,%)	<0.01	<0.02	<0.06
坚固性(按质量计,%)	<6	<8	<10
云母含量(按质量计,%)	<1.0	<2.0	<2.0
天然砂、机制砂含泥量(按质量计,%)	<1.0	<2.0	<3.0
天然砂、机制砂泥块含量(按质量计,%)	0	<1.0	<2.0
机制砂 MB 值<1.4 或合格石粉含量(按质量计,%)	<3.0	<5.0	<7.0
机制砂 MB 值>1.4 或不合格石粉含量(按质量计,%)	<1.0	<3.0	<5.0
有机物含量(比色法)	合格	合格	合格
硫化物及硫酸盐含量(按 SO_3 质量计,%)	<0.5	<0.5	<0.5
轻物质含量(按质量计,%)	<1.0	<1.0	<1.0
机制砂母岩抗压强度	火成岩不应小于 100MPa;变质岩不应小于 80MPa;水成岩不应小于 60MPa		
表观密度	>2 500kg/m³		
松散堆积密度	>1 350kg/m³		
空隙率	<47%		
碱—集料反应	经碱—集料反应试验后,由砂配制的试件无裂缝、酥裂、胶体外溢等现象,在规定试验龄期的膨胀率应小于 0.10%		

(2)细集料的级配应符合表 15-5 的规定。路面和桥面用天然砂宜为中砂,也可以使用细度模数在 2.0～3.5 之间的砂。

细集料级配范围　　　表 15-5

砂　分　级	方筛孔尺寸(mm)					
	0.15	0.30	0.60	1.18	2.36	4.75
	累计筛余(以质量计,%)					
粗砂	90～100	80～95	71～85	35～65	5～35	0～10
中砂	90～100	70～92	41～70	10～50	0～25	0～10
细砂	90～100	55～85	16～40	0～25	0～15	0～10

(3)使用机制砂时除应符合规范规定的各项技术指标和级配要求外,还应检查砂浆磨光值,其值宜大于 35,不宜使用抗磨性较差的泥岩、页岩、板岩等水成岩类母岩品种生产的机制砂。配制机制砂混凝土应同时掺用引气高效减水剂。

4)水

饮用水可直接用作混凝土混合料拌制用水。对水质有疑问时应检查下列指标,合格者方可使用:

(1)硫酸盐含量(按 SO_4^{2-} 计)小于 0.002 7mg/mm^3。

(2)含盐量不得超过 0.005mg/mm^3。

(3)pH 值不得小于 4。

(4)不得含有油污、泥和其他有害物质。

5)外加剂

(1)外加剂的质量应符合表 15-6 的各项技术指标。供应商应提供有相应资质的检测机构的品质检测报告。

混凝土外加剂产品的技术性能指标　　　表 15-6

试验项目		普通减水剂	高效减水剂	早强减水剂	缓凝高效减水剂	缓凝减水剂	引气减水剂	早强剂	缓凝剂	引气剂
减水率(%),≮		8	15	8	15	8	12	—	—	6
泌水率比(%),≮		95	90	95	100	100	70	100	100	70
含气量(%)		≤3.0	≤4.0	≤3.0	<4.5	<5.5	>3.0	—	—	>3.0
凝结时间(min)	初凝	−90～	−90～	−90～	>+90	>+90	−90～	−90～	>+90	−90～
	终凝	+120	+120	+120	—	—	+120	+90	—	+120
抗压强度比(%)≮	1d	—	140	140	—	—	—	135	—	—
	3d	115	130	130	125	100	115	130	100	95
	7d	115	125	115	125	110	110	110	100	95
	28d	110	120	105	120	110	100	100	100	90
收缩率比(%)28d,≯		120	120	120	120	120	120	120	120	120
抗冻标号		50	50	50	50	50	200	50	50	200
对钢筋锈蚀作用		应说明对钢筋无锈蚀危害								

注:①除含气量外,表中数据为掺外加剂混凝土与基准混凝土差值或比值。

②凝结时间指标"−"表示提前,"+"表示延缓。

③宜选用减水率大、坍落度损失小、可调控凝结时间的复合型减水剂。高温施工宜使用引气缓凝(保塑、高效)减水剂。低温施工宜使用引气早强(高效)减水剂。选定减水剂品种前,必须与所用的水泥进行适应性检验。

(2)引气剂应选用表面张力降低值大、水泥稀浆中起泡容量多而细密、泡沫稳定时间长、不溶残渣少的产品。有抗(盐)冻要求的地区,各交通等级路面、桥面、路缘石、路肩及贫混凝土基层必须使用引气剂。

(3)各交通等级路面、桥面混凝土宜选用减水率大、坍落度损失小、可调控凝结时间的复合型减水剂。高温施工宜使用引气缓凝(保塑,高效)减水剂;低温施工宜使用引气早强(高效)减水剂。

(4)处在海水、海风、氯离子、硫酸根离子环境或冬季洒除冰盐的路面或桥面钢筋混凝土、钢纤维混凝土中宜掺用阻锈剂。

(5)混凝土掺用的外加剂,应经配合比试验,符合要求方可使用。

6)粉煤灰及其他掺和料

(1)混凝土路面在掺用粉煤灰时,应掺用符合规范要求的电收尘 I、II 级干排或磨细粉煤灰,不得使用Ⅲ级粉煤灰。贫混凝土、碾压混凝土基层或复合式路面下面层可掺用符合规范规定的Ⅲ级或Ⅲ级以上的粉煤灰,不得使用等外粉煤灰。

(2)粉煤灰宜采用散装灰,进货应有等级检验报告。应确切了解所用水泥中已经加入的掺和料种类数量。

(3)路面和桥面混凝土中可掺硅粉或磨细矿渣,使用前应经过试验检验,确保混凝土的弯拉强度、工作性、抗磨性、抗冻性等技术指标合格。

15.1.2 配合比设计

(1)每立方米混凝土的单位用水量,应按集料种类、最大粒径、级配、施工温度和是否掺用外加剂等通过配合比试验确定,其强度、和易性等物理力学性能指标符合要求。

(2)《公路水泥混凝土路面设计规范》(JTG D40—2002)规定:“水泥用量不得小于 300kg/m^3(非冰冻地区)或 320kg/m^3(冰冻地区)。冰冻地区的混凝土中必须掺加引气剂”。

(3)根据配合比试验确定的基准配合比,实测制备时的砂、石实际含水率,确定拌制时的施工配合比。

15.1.3 混凝土的拌制与运输

(1)应采用机械拌制,优先采用强制搅拌机。混凝土搅拌楼选配应以强制双卧轴或行星立轴为主要机型。

(2)原材料按施工配合比投入搅拌机,称量准确。

(3)搅拌时间要够,不得为了赶工随意缩短搅拌时间。必须保证规范规定的最短搅拌时间。

(4)外加剂应以稀释溶液加入,其稀释用水和原液中的水量,应从拌和加水量中扣除。

(5)粉煤灰或其他掺和料应与水泥以相同的输送、计量方式加入。粉煤灰混凝土的纯拌和时间应比不掺的延长 10~15s。

(6)搅拌过程中拌和物质量检验与控制应符合规范规定。低温或高温天气施工时,拌和物出料温度宜控制在 10~35℃。

(7)拌和物应均匀一致,不得有生料、干料、离析或外加剂、粉煤灰成团等现象。一台搅拌楼的每盘之间，各搅拌楼之间，拌和物的坍落度最大允许偏差为±10mm。拌和坍落度应为最适宜摊铺的坍落度值与当时气温下运输坍落度损失值两者之和。

(8)混凝土拌和物运输宜用自卸机动车。远距离运送商品混凝土宜用搅拌运输车(橄榄车)。运输道路应平坦、畅通。运输设备，根据具体情况选用。手推车限于短运距使用(30～50m以内)；机动翻斗车适宜于50～500m；自卸汽车适宜于500～2 000m；搅拌运输车适宜于500～5 000m。

(9)运送混凝土的车辆装料前，应清净厢罐，洒水润壁，排干积水。装料时，自卸车应挪动车位防离析。车辆起步和停车应平稳。

(10)装运混凝土拌和物应不漏浆、漏料，敞开的料斗在夏季和冬季应有遮盖或保湿设施。

(11)运输工具的数量应满足施工需要并稍有富余。

15.1.4　混凝土路面接缝的施工要求

接缝是混凝土路面的薄弱环节，接缝施工质量不高，会引起板的各种破坏，并影响行车的舒适性。因此，应特别做好接缝施工。

1)纵缝

(1)纵向施工缝。当一次铺筑宽度小于路面和路肩总宽度时，应设纵向施工缝，位置应避开轮迹，并重合或靠近车道线，构造可采用平缝加拉杆型。当所摊铺的面板厚度大于或等于260mm时，也可采用插拉杆的企口型纵向施工缝。采用滑模施工时，纵向施工缝的拉杆可用摊铺机的侧向拉杆装置插入。采用固定模板施工方式时，应在振实过程中，从侧模预留孔中手工插入拉杆。

(2)纵向缩缝。当一次铺筑宽度大于4.5m时，应设纵向假缩缝。纵缝位置应按车道宽度设置，并在摊铺过程中用专用的拉杆插入装置插入拉杆。

(3)钢筋混凝土路面、桥面和搭板的纵缝拉杆可由横向钢筋延伸穿过接缝代替。钢纤维混凝土路面切开的假纵缝可设拉杆，纵向施工缝应设拉杆。

(4)插入的拉杆应牢固，不得松动、碰撞或拔出。如发现拉杆松脱或漏插，应在横向相邻路面摊铺前，钻孔重新植入，当发现拉杆可能被拔出时，宜进行拉杆拔出力检验。

2)横缝

(1)横向施工缝

①每天摊铺结束或摊铺中断时间超过30min时，应设置横向施工缝。

②施工缝宜位于设计所规定的缩缝或胀缝处。若确有困难不能与之重合时，施工缝应采用设螺旋传力杆企口缝形式。

③多车道道路，各个车道的施工缝应注意避免设在同一个横断面上。

④施工缝如设在缩缝处，板的1/2厚度位置应增设传力杆。如位于胀缝处，则其构造与胀缝相同。

(2)横向缩缝

①普通水泥混凝土路面横向缩缝宜等距布置，不宜采用斜缝。不得不调整板长时，最大板长不宜大于6.0m；最小板长不宜小于板宽。

②交通的混凝土路面上，横向缩缝可采用不设传力杆假缝型。

③在特重和重交通公路、收费广场、邻近胀缝或路面自由端的 3 条缩缝应采用假缝加传力杆型。

④横缩缝宜在混凝土硬结后锯切形成，横缩缝缝深必须足够。

3)胀缝

(1)胀缝间距

普通混凝土路面、钢筋混凝土路面和钢纤维混凝土路面的胀缝间距视集料的温度膨胀性大小、当地年温差和施工季节综合确定：高温施工，可不设胀缝；常温施工，集料温缩系数和年温差较小时，可不设胀缝；集料温缩系数或年温差较大，路面两端构造物间距大于等于 500m 时，宜设一道中间胀缝；低温施工，路面两端构造物大于等于 350m 时，宜设一道胀缝。

(2)胀缝构造

普通混凝土路面的胀缝应设置胀缝补强钢筋支架、胀缝板和传力杆。钢筋混凝土和钢纤维混凝土路面可不设钢筋支架。胀缝宽 20～25mm，使用沥青或塑料薄膜滑动封闭层时，胀缝板及填缝宽度宜加宽到 25～30mm。传力杆一半以上长度的表面应涂防黏涂层，端部应戴活动套帽。胀缝板应与路中心线垂直，缝壁垂直，缝隙宽度一致，缝中完全不连浆。

(3)胀缝施工

胀缝应采用前置钢筋支架法施工，也可以采用预留一块面板，高温时再铺封。前置法施工，应预先加工、安装和固定胀缝钢筋支架，并在使用手持振捣振实胀缝板两侧的混凝土后再摊铺。宜在混凝土未硬化时，剔除胀缝板上部的混凝土，嵌入(20～25)mm×20mm 的木条，整平表面。胀缝板应连续贯通整个路面板宽度。

4)封缝(灌缝)

(1)水泥混凝土路面各种接缝上端均须用封缝料灌满进行封缝。填缝材料应具有与混凝土板壁黏结牢固，回弹性好，不溶于水、不渗水，高温时不挤出、不流淌，抗嵌入能力强，耐老化龟裂，负温拉伸量大，低温时不脆裂，耐久性好等性能。

(2)混凝土板养生期满后，应及时灌缝。

(3)灌缝技术要求：

①清缝。应保证填缝前接缝清洁干燥，采用 0.50MPa 压力水或压缩空气清除接缝中砂石杂物和清洁缝槽的做法。强调接缝槽清洗清洁程度，具体要求是缝壁上擦不出灰尘。有灰尘的缝壁填缝料黏结不住，达不到防水密封效果。

②常温灌缝。填缝料要求随配随用。

③加热灌缝。填缝料应彻底熔化，搅拌均匀，并保温使用。

④灌缝形状系数宜控制在 2 左右。灌缝深度宜为 15～20mm，最浅不得小于 15mm。先挤压嵌入直径 9～12m 多孔泡沫塑料背衬条，再灌缝。灌缝顶面热天应与板面平齐；冷天应先填成凹液面，中心低于板面 1～2mm。填缝必须饱满、均匀、厚度一致，并且连续贯通，填缝料不得缺失、开裂和渗水。

⑤灌缝料养生。常温反应固化型及加热施工填缝料均需要封闭交通养生。

(4)路面胀缝和桥台隔离缝等应在填缝前，凿去板缝顶部嵌入的木条，涂黏结剂后，嵌入胀缝专用多孔橡胶条或灌进适宜的填缝料，当胀缝的宽度不一致或有啃边、掉角等现象时，必须灌缝。

15.1.5　水泥混凝土面层质量要求

1)基本要求

(1)基层质量必须符合规定要求,并应进行弯沉测定,验算的基层整体模量应满足设计要求。

(2)水泥强度、物理性能和化学成分应符合国家标准及有关规范的规定。

(3)粗细集料、水、外掺剂及接缝填料应符合设计和施工规范要求。

(4)施工配合比应根据现场测定水泥的实际强度进行计算,并经过试验,选择采用最佳配合比。

(5)接缝的位置、规格、尺寸及传力杆、拉力杆的设置应符合设计要求。

(6)路面拉毛或机具压槽等抗滑措施,其构造深度应符合施工规范要求。

(7)面层与其他结构物相接应平顺,检查井井盖顶面高程应高于周边路面 1～3mm。雨水口高程按设计比路面低 5～8mm,路面边缘无积水现象。

(8)混凝土路面铺筑后按施工规范要求养生。

2)质量标准

质量标准见表 15-7。

水泥混凝土面层实测项目　　表 15-7

<table>
<tr><th rowspan="2">项次</th><th rowspan="2" colspan="2">检 查 项 目</th><th colspan="2">规定值或允许偏差</th><th rowspan="2">检查方法和频率</th><th rowspan="2">权值</th></tr>
<tr><th>高速公路一级公路</th><th>其他公路</th></tr>
<tr><td>1Δ</td><td colspan="2">弯拉强度(MPa)</td><td colspan="2">在合格比标准之内</td><td>小梁法或劈裂法</td><td>3</td></tr>
<tr><td rowspan="2">2Δ</td><td rowspan="2">板厚度(mm)</td><td>代表值</td><td colspan="2">−5</td><td rowspan="2">钻芯取样:每 200m 每车道 2 处</td><td rowspan="2">3</td></tr>
<tr><td>合格值</td><td colspan="2">−10</td></tr>
<tr><td rowspan="3">3</td><td rowspan="3">平整度</td><td>σ(mm)</td><td>1.2</td><td>2.0</td><td rowspan="2">平整度仪:全线每车道连续检测,每 100m 计算σ、IRI</td><td rowspan="3">2</td></tr>
<tr><td>IRI(m/km)</td><td>2.0</td><td>3.2</td></tr>
<tr><td>最大间隙 h(mm)</td><td>—</td><td>5</td><td>3 米直尺:半幅车道板带每 200m 测 2 处×10 尺</td></tr>
<tr><td>4</td><td colspan="2">抗滑构造深度(mm)</td><td>一般路段不小于 0.7 且不大于 1.1;特殊路段不小于 0.8 且不大于 1.2</td><td>一般路段不小于 0.5 且不大于 1.0;特殊路段不小于 0.6 且不大于 1.1</td><td>铺砂法:每 200m 测 1 处</td><td>2</td></tr>
<tr><td>5</td><td colspan="2">相邻板高差(mm)</td><td>2</td><td>3</td><td>抽量:每条胀缝 2 点;每 200m 抽纵、横各 2 条,每条 2 点</td><td>2</td></tr>
<tr><td>6</td><td colspan="2">纵、横缝顺直度(mm)</td><td colspan="2">10</td><td>纵缝 20m 拉线,每 200m 4 处;横缝沿板宽拉线,每 200m 4 条</td><td>1</td></tr>
<tr><td>7</td><td colspan="2">中线平面偏位(mm)</td><td colspan="2">20</td><td>经纬仪:每 200m 测 4 点</td><td>1</td></tr>
<tr><td>8</td><td colspan="2">路面宽度(mm)</td><td colspan="2">±20</td><td>抽量:每 200m 测 4 处</td><td>1</td></tr>
<tr><td>9</td><td colspan="2">纵断高程(mm)</td><td>±10</td><td>±15</td><td>水准仪:每 200m 测 4 断面</td><td>1</td></tr>
<tr><td>10</td><td colspan="2">横坡(%)</td><td>±0.15</td><td>±0.25</td><td>水准仪:每 200m 测 4 断面</td><td>1</td></tr>
</table>

注:表中 σ 为平整度仪测定的标准差;IRI 为国际平整度指数;h 为 3 米直尺与面层的最大间隙。检查方法的详细操作见《公路土工试验规程》(JTG E40—2007)。

15.2 普通混凝土路面施工与质量监理

15.2.1 小型机具铺筑混凝土路面质量监理

1)施工工艺及质量监理流程

小型机具铺筑混凝土路面施工工艺及质量监理流程见图 15-1。

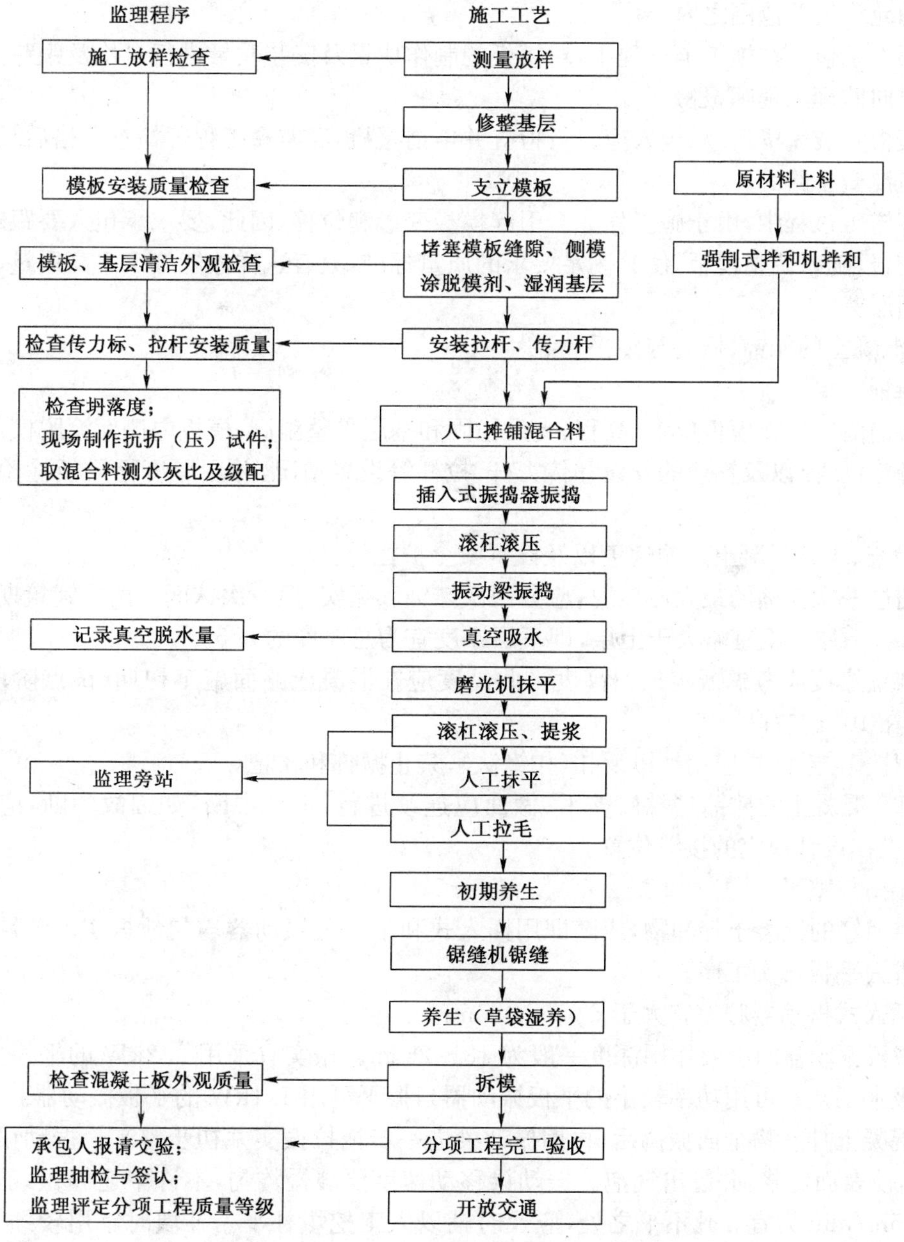

图 15-1 小型机具铺筑混凝土路面施工工艺及质量监理流程图

2)监理要点

(1)模板的制作与安装

①模板是路面混凝土成型的主要支撑,是控制面板厚度、混凝土路面平面位置、纵断高程、表面平整度的主要设备。因此模板应用槽钢制作,具有一定的强度和刚度,结构简单,易支易拆,施工方便。

②要求安装就绪的模板,能经受施工过程中的摊铺、振捣、整平、表面修整等作业机械的负荷和侧向压力而不产生明显的变形和位移,施工过程中模板的平面坐标、高程能始终保持稳定在规定的允许误差范围之内。

③要求承包人在施工全过程中,对模板的制作质量及安装质量进行自检及跟踪测量,并将检查结果向监理工程师报检。

④模板安装完毕后,承包人应自行检查并申请报检,经监理工程师检查合格后,予以认可,才可浇筑混凝土路面。

⑤在施工过程中,由于施工作业会引起模板变形和位移,因此,要求承包人要跟踪测量,监理旁站监督,随时调整模板,使其满足要求的质量标准,只有这样才能施工出高质量、高精度的混凝土面层。

(2)混凝土的摊铺、振捣与整平

①摊铺

a. 摊铺前应检查模板位置、高程、支设稳固和基层平整湿润、模板内侧面涂脱模剂、水泥混凝土板壁涂沥青,以及钢筋的安设和传力杆、拉杆等设置情况,并用厚度标尺板检验合格后方可摊铺。

b. 检查、维修混凝土运输通道以及设置安全护栏等。

c. 超过一次摊铺的最大厚度时,应分两次摊铺和振实,但一次抹面。两层铺筑期间不得超过 30min。下层厚度宜略大于上层,即下层厚度宜为总厚度的 3/5。

d. 摊铺厚度应考虑振实预留高度。此高度应在混凝土路面施工初期(试点阶段)试验确定,一般在 10%左右。

e. 用铁锹摊铺时,应用铁锹反扣(扣锹法),禁止抛掷和耧耙。

f. 每仓混凝土的摊铺、振捣、整平、做面应连续进行,不得中断,如因故中断,应设置施工缝,并宜设在设计规定的接缝位置。

②振捣与整平

a. 摊铺好的混凝土拌和物,应随即用插入式和平板式振动器均匀地振实。塑性的商品混凝土可省去平板振实工序。

b. 插入式振动器频率宜大于 6 000 次/min。

c. 平板振动器的有效作用深度一般为 18～25cm。振实宜采用 2.2kW 的平板振动器(采用真空吸水工艺时可用功率较小的平板振动器),振平可用 1.1kW 的平板振动器。

d. 混凝土拌和物全面振捣后,再用振动梁进一步拖拉振实并初步整平。振动梁往返拖拉 2～3 遍,使表面泛浆,并赶出气泡。振动梁移动速度要缓慢均匀,不许中途停顿,前进速度以 1.2～1.5m/min 为宜。凡不平之处,应及时铺以人工挖填补平。补填时宜用较细的拌和物,但严禁用纯砂浆填补。

e. 最后用无缝钢管滚杠进一步滚揉表面，使表面进一步提浆调匀调平。

(3)表面修整

①表面修整作业需在混凝土仍保持塑性状态下进行，尽量在混凝土初凝前完成表面修整工作。

②表面修整的工人应在作业桥上作业，严禁将脚直接踏在混凝土面上施工。在表面修整时严禁在混凝土表面洒水或水泥。

③表面修整前应做好清边整缝，清除黏浆修补掉边、缺角。

④表面修整宜分两次进行，先找平抹平，待混凝土表面无泌水时再第二次找平，以确保混凝土表面平整、密实。

(4)拆模与养生

①拆模

a. 拆模时间要注意掌握。拆模过早易损坏混凝土，过迟则又影响模板周转使用。

b. 当混凝土抗压强度不小于 8MPa 时方可拆模。当缺乏强度实测数据时，边侧模板的允许最早拆模时间，宜根据气温和混凝土强度增长情况，按规范提供的“混凝土路面板的允许最早拆模时间”表 15-8 实施。

混凝土路面板的允许最早拆模时间　　表 15-8

昼夜平均气温(℃)	−5	0	5	10	15	20	25	≥30
硅酸盐水泥、R 型水泥	240	120	60	36	34	28	24	18
道路、普通硅酸盐水泥	360	168	72	48	36	30	24	18
矿渣硅酸盐水泥	—	—	120	60	50	45	36	24

c. 拆模时要操作细致，不损坏混凝土板的边、角和传力杆、拉杆周围的混凝土。

d. 拆模后检查混凝土板侧面是否有蜂窝、麻面或孔洞。必要时应用细混凝土或砂浆修补。

②养生

a. 混凝土路面铺筑完成或软作抗滑构造完毕后，应立即开始养生。

b. 养生时间应根据混凝土弯拉强度增长情况而定，要达到设计的要求，不宜小于设计强度的 80%，应特别注意前 7d 的保湿养生。一般养生天数宜为 14～21d。

c. 养生初期，严禁人、畜、车辆通行。在达到设计强度 40%后，可允许行人通过。在路面养生期间，平交道口应搭设临时便桥，面板达到设计要求强度后，方可开放交通。

15.2.2　滑模摊铺机铺筑混凝土路面质量监理

1)施工工艺及质量监理流程

滑模摊铺机铺筑混凝土路面施工工艺及质量监理流程见图 15-2。

2)监理要点

(1)配合比设计监理要点

滑模摊铺水泥混凝土路面的配合比在兼顾经济的同时，应满足下列三项技术指标。

①弯拉强度

a. 各交通等级路面板的 28d 设计弯拉强度标准值 f_r 应符合《公路水泥混凝土路面设计规

范》(JTG D40—2002)的规定。

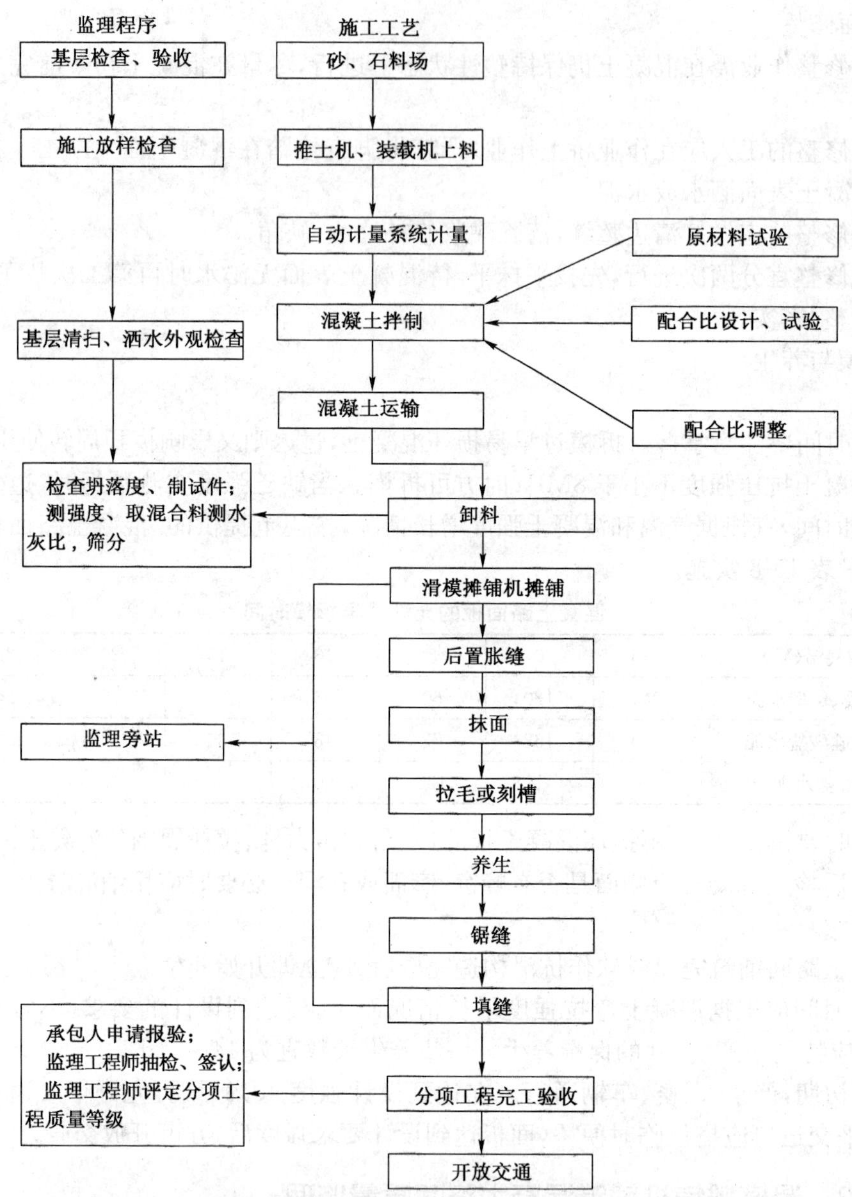

图 15-2　滑模摊铺机铺筑混凝土路面施工工艺及质量监理流程图

b. 应按下式计算配制 28d 弯拉强度的均值。

$$f_c=\frac{f_r}{1-1.04C_v}+ts$$

式中：f_c——配制 28d 弯拉强度的均值(MPa)；

f_r——设计弯拉强度标准值(MPa)；

s——弯拉强度试验样本的标准差(MPa)；

t——保证率系数；

C_v——弯拉强度变异系数。

②工作性

滑模摊铺机前拌和物最佳工作性及允许范围应符合表 15-9 的规定。

混凝土路面滑模摊铺最佳工作性及允许范围　表 15-9

指标 界限	坍落度(mm)		振动黏度系数 (N·s/m²)
	卵石混凝土	碎石混凝土	
最佳工作性	20～40	25～50	200～500
允许波动范围	5～55	10～65	100～600

注:滑模摊铺机适宜的摊铺速度应控制在 0.5～2.0m/min 之间;最佳振动黏度系数为 250～600N·s/m²;最佳坍落度卵石为 10～40mm;碎石为 10～30mm;滑模摊铺时的最大单位用水量,卵石混凝土不宜大于 155kg/m²;碎石混凝土不宜大于 160kg/m²。

③耐久性

a.根据当地路面无抗冻性、有抗冻性或有抗盐冻性要求及混凝土最大公称粒径,路面混凝土含气量宜符合表 15-10 的规定。

路面混凝土含气量及允许偏差(%)　表 15-10

最大公称粒径(mm)	无抗冻性要求	有抗冻性要求	有抗盐冻要求
19.0	4.0±1.0	5.0±0.5	6.0±0.5
26.5	3.5±1.0	4.5±0.5	5.5±0.5
31.5	3.5±1.0	4.0±0.5	5.0±0.5

b.各交通等级路面混凝土满足耐久性要求的最大水灰(胶)比和最小单位水泥用量应符合规范规定。最大单位水泥用量不宜大于 400kg/m³,掺粉煤灰时,最大单位胶材总量不宜大于 420kg/m³。

c.严寒地区路面混凝土抗冻标号不宜小于 F250,寒冷地区不宜大于 F200。

d.在海风、酸雨、除冰盐或硫酸盐等腐蚀环境影响范围内的混凝土路面和桥面,在使用硅酸盐水泥时,应掺加粉煤灰、磨细矿渣或硅灰掺和料,不宜单独使用硅酸盐水泥,可使用矿渣水泥或普通水泥。

(2)外加剂的使用应符合下列要求

①高温施工时,混凝土拌和物的初凝时间不得小于 3h,否则应采取缓凝或保塑措施;低温施工时,终凝时间不得大于 10h,否则应采取必要的促凝或早强措施。

②外加剂的掺量应由混凝土试配试验确定。引气剂的适宜掺量可由搅拌机的拌和物含气量进行控制。

③引气剂与减水剂或高效减水剂等其他外加剂复配在同一水溶液中,应保证其共溶性,防止外加剂溶液发生絮凝现象。如产生絮凝现象,应分别稀释、加入。

(3)基准线的设置

滑模摊铺水泥混凝土路面的施工基准设置,采用设置基准线—拉线方式。拉线是为滑模摊铺机上的 4 个水平传感器和 2 个方向传感器提供一个精确的与路面平行的水平(横坡)和直线(转弯)方向平面参考系。拉线精度达到要求是保证摊铺出的面板的高程、横坡、板厚、板宽、弯道等技术指标符合规范的必要条件。拉线的精度应符合规范规定。

(4)滑模摊铺机作业

①摊铺开始前,应对摊铺机进行全面性能检查和正确的施工部件位置参数设定。

②作业的技术要领:

a. 操作滑模摊铺机应缓慢、匀速、连续不间断地作业。摊铺速度应根据拌和料稠度、供料多少和设备性能控制在 0.5～3.0m/min 之间,一般宜控制在 1m/min 左右。

b. 应随时调整松方高度板控制进料位置。正常摊铺时应保持振捣仓内料位高于振捣棒 100mm 左右,料位高低上下波动宜控制在±30mm 之内。

c. 正常摊铺时,振捣频率可在 6 000～11 000r/min 之间调整,宜采用 9 000r/min 左右。应防止混凝土过振、欠振或漏振。

d. 滑模摊铺机满负荷时可铺筑的路面最大纵坡为:上坡 5%;下坡 6%。上坡时,挤压底板前仰角宜适当调小,并适当调轻抹平板压力;下坡时,前仰角宜适当增大,并适当调大抹平板压力。板底不小于 3/4 长度接触路表面时抹平板压力适宜。

e. 滑模摊铺机施工的最小弯道半径不应小于 50m;最大超高横坡不宜大于 7%。

f. 软拉抗滑构造时表面砂浆层厚度宜控制在 4mm 左右,硬刻槽路面的砂浆表层厚度宜控制在 2～3mm。

g. 养护 5～7d 后,方允许摊铺相邻车道。

15.2.3　轨道摊铺机铺筑混凝土路面质量监理要点

1)轨模的质量要求

(1)轨模应坚固且便于搬运和安装。轨模固定后要经受整机在其上行驶运作,应不下沉或倾倒。因此,对基础质量必须严格要求,且轨模的下缘应有足够的宽度。轨道摊铺应采用长度为 3m 的专用钢制轨模,轨模低面宽度宜为高度的 80%,轨道用螺栓、垫片固定在模板支座上,模板应使用钢钳与基层固定。轨道顶面应高于模板 20～40mm,轨道中心至模板内侧边缘距离宜为 125mm。

(2)轨模的高度应与混凝土捣实状态的厚度相等,轨道的上缘、外形和尺寸应与机轮的外缘相适应。

(3)模板贴混凝土的内侧应光滑平整,且所有固定和连接各节规模的设备应布置于模板外侧,以利拆模。

2)轨道摊铺机作业

(1)布料:按配置的布料设备不同,有螺旋布料机、布料刮板或箱式布料机等三种布料方法。箱式布料机适用于摊铺连续配筋或钢筋水泥混凝土路面。布料的关键是按坍落度的不同,控制好松铺系数。

(2)振实:

①轨道摊铺机应配备振捣棒组,振捣方式有斜插连线拖行及间歇垂直插入两种。当面板厚度超过 150mm,坍落度小于 30mm 时,必须插入振捣;连续拖行振捣时,宜将作业速度控制在 0.5～1.0m/min 之间。间歇振捣时,其移动(间隔)距离不宜大于 500mm。振捣棒组应配备超高频率振棒,最高 1 100 次/min,工作频率 6 000～10 000 次/min。

②轨道摊铺机应配备振动板或振动梁对混凝土表面进行振捣和修整。振动梁的振捣频率宜控制在 50～100Hz。经振捣棒组振实的混凝土，宜用振动板提浆，并密实饰面，提浆厚度宜控制在 4mm±1mm。

③整平饰面，宜配备往复式滚筒、纵向抹平板或斜向抹平板来完成。

④精平饰面，应采用 3～5m 刮尺，在纵、横两个方向进行，每个方向不少于两遍；也可以采用旋转抹面机密实精平饰面两遍。

15.2.4　三辊轴机组铺筑混凝土路面质量监理要点

1）机组特点

三辊轴整平机实质上属于小型机具的改造形式，是将小型机具施工时的振动梁和滚杠合并安装在有驱动力轴的设备上。所以，在高等级公路施工中，仅靠三辊轴整平机是不能保证面板中下部路面混凝土振捣密实的，因此必须同时配备密集排式振捣施工。

2）三辊轴整平机作业

三辊轴机组施工程序与小型机具施工接近。不同之处在于：一是使用排式振捣机代替手持式振捣棒；二是将振动梁与滚杠两步工序合成为三辊轴整平机一步工序。

(1)三辊轴整平机按作业单元分段整平，作业单元长度宜为 20～30m，振捣机振实与三辊轴整平两道工序之间的时间间隔不宜超过 15min。

(2)三辊轴滚压振实料位高差宜高于模板顶面 5～20mm；过高时应铲除，过低应及时补料。

(3)三辊轴整平机在一个作业单元长度内，应采取前进振动、后退静滚方式作业，宜分别进行 2～3 遍。最佳滚压遍数应经过试验确定。

(4)在三辊轴整平机作业时，应有专人处理前料位的高低情况，过高时，应辅以人工铲除，轴下有间隙时，应使用混凝土找补。

(5)滚压完成后，将振动滚轴抬离模板，用整平轴前后静滚整平，直到平整度符合要求，表面砂浆厚度均匀为止。

(6)表面砂浆厚度宜控制在(4±1)mm，三辊轴整平机前方表面过厚、过稀的砂浆必须刮除丢弃。

15.3　其他混凝土路面施工与质量监理

15.3.1　钢筋混凝土路面铺筑

1）施工工艺及质量监理流程

钢筋混凝土路面施工工艺及质量监理流程见图 15-3。

2）监理要点

(1)钢筋网所采用的钢筋直径、间距，钢筋网的设置位置、尺寸、层数等应符合设计图纸的要求。

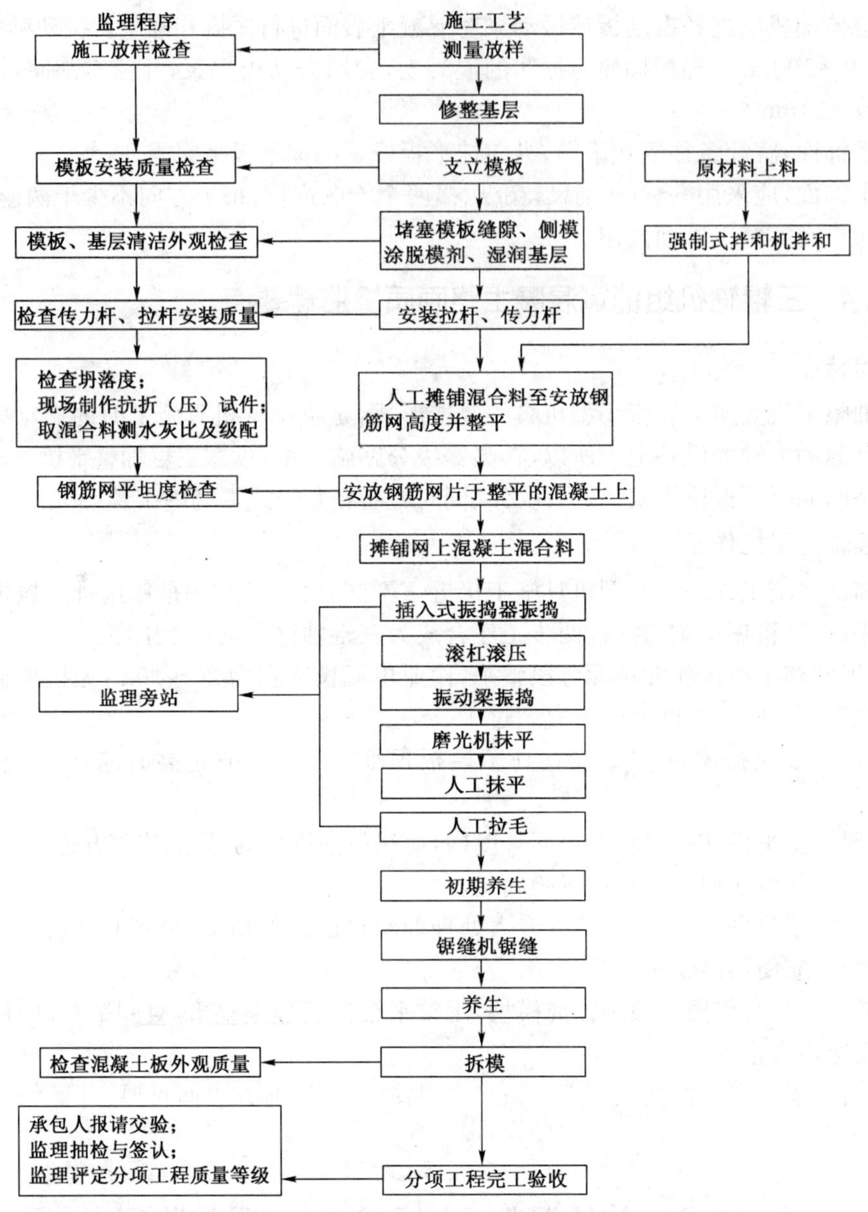

图 15-3 钢筋混凝土路面施工工艺及质量监理流程图(小型机具施工)

(2)钢筋网焊接和绑扎应符合国家相关标准的规定，见表 15-11。

(3)钢筋网的安装：

①钢筋网应采用预先架设安装方式。单层钢筋网的安装，在确保精度的条件下，可采用两次摊铺、中间摆设钢筋网的安装方式。

②单层钢筋网的安装高度应在面板下(1/3～1/2)h 处，外侧钢筋中心至接缝或自由边的距离不宜小于 100mm，并应配置 4～6 个/㎡焊接支架或三角形架立钢筋支座，不得使用砂浆或混凝土垫块架立。

③钢筋网的主受力钢筋应设置在弯拉应力最大的位置。

路面钢筋网焊接及绑扎的允许偏差　　表 15-11

<table>
<tr><th colspan="2">项　目</th><th>焊接钢筋网及骨架允许偏差(mm)</th><th>绑扎钢筋网及骨架允许偏差(mm)</th></tr>
<tr><td colspan="2">钢筋网的长度与宽度</td><td>±10</td><td>±10</td></tr>
<tr><td colspan="2">钢筋网眼尺寸</td><td>±10</td><td>±20</td></tr>
<tr><td colspan="2">钢筋骨架宽度及高度</td><td>±5</td><td>±5</td></tr>
<tr><td colspan="2">钢筋骨架的长度</td><td>±10</td><td>±10</td></tr>
<tr><td colspan="2">箍筋间距</td><td>±10</td><td>±20</td></tr>
<tr><td rowspan="2">受力钢筋</td><td>间距</td><td>±10</td><td>±10</td></tr>
<tr><td>排距</td><td>±5</td><td>±5</td></tr>
<tr><td colspan="3">受力钢筋排距</td><td>±5</td></tr>
<tr><td colspan="3">钢筋弯起点位置</td><td>20</td></tr>
<tr><td colspan="2" rowspan="2">箍筋、横向钢筋间距</td><td>绑扎钢筋网及钢筋骨架</td><td>±20</td></tr>
<tr><td>焊接钢筋网及钢筋骨架</td><td>±10</td></tr>
<tr><td colspan="2" rowspan="2">钢筋预埋位置</td><td>中心线位置</td><td>±5</td></tr>
<tr><td>水平高差</td><td>±3</td></tr>
<tr><td colspan="2" rowspan="2">钢筋保护层</td><td>距表面</td><td>±5</td></tr>
<tr><td>距底面</td><td>±3</td></tr>
</table>

④双层钢筋网底部到基层表面应有不小于 30mm 的保护层，顶部离面板表面应有不小于 50mm 的耐磨保护层。

⑤横向连接摊铺的钢筋混凝土路面之间的拉杆数量应比普通混凝土路面加密 1 倍。双车道整体摊铺的路面板钢筋网应整体连续，可不设纵缝。

(4)角隅和边缘钢筋安装

①在平面交叉口和不设钢筋网的基础薄弱路段，混凝土面板纵向边缘应安装边缘补强钢筋。

②发针状角隅钢筋只有一个连接点，所以必须按规定要求焊接牢固，也可并入整体钢筋网。

(5)钢筋混凝土路面铺筑

①布料。其关键在于选用合适的布料及供料设备，保证钢筋网不被混凝土或机械加压变形、变位。

②摊铺作业。与普通混凝土路面摊铺相比主要区别在于：

a. 摊铺坍落度可比普通混凝土路面略大于 10～20mm。

b. 振捣的核心问题是在保证振捣密实的效果前提下，不使路面遗留下易于收缩开裂的砂浆暗槽。

c. 振实时间宜适当延长。滑模摊铺机和轨道摊铺机的推进速度应适当减慢。不减慢推进速度时，应提高振捣棒的振捣频率。

d. 在一块钢筋网连续面板内，应防止摊铺中断，每块板内不应留有施工缝，必须摊铺到大横缝位置或钢筋网片的端部，方可停止。

e. 摊铺被迫中断时，必须设置横向施工缝，横向施工缝距最近横缝的位置不应小于5m。

(6)防锈措施。设接缝钢筋混凝土路面的切缝位置需要提前放样，并对切缝部位的钢筋采取必要的防锈措施。切缝后的槽口，必须及时填缝。

15.3.2 钢纤维混凝土路面铺筑监理要点

1)钢纤维的质量要求

钢纤维的强度、尺寸、形状、掺量，以及路面厚度等应符合设计图纸的要求和规范的规定。

2)布料与摊铺

(1)布料与摊铺。为了保证面板中钢纤维分布的均匀性及结构的连续性，规定在一块面板内的浇筑施工过程不得中断。

(2)松铺高度。松铺高度宜略高10mm左右。

(3)拌和物。钢纤维混凝土拌和物宜使用较低坍落度的拌和物，并不得使用钢纤维"结团"的拌和物。

3)振捣与整平

(1)振实要求。已振实的钢纤维混凝土面板中，不得遗留下振捣棒插振后局部无钢纤维的暗空洞、坑穴或沟槽。

(2)整平要求。钢纤维混凝土路面整平后的面板表面10～30mm深度内还应保证钢纤维不直立、不翘头，保证路面磨损后裸露的钢纤维不扎轮胎，以保证运营安全性。

(3)摊铺。无论采用滑模摊摊铺、轨道摊铺或三辊轴机组钢纤维混凝土路面，均要求保证钢纤维分布的均匀性，均不得将振捣棒组插入面板内或在面板内拖行振捣。滑模、轨道摊铺机振捣棒底缘应严格控制在面板表面位置；三辊轴机组摊铺仅允许采用大功率平板式振捣器和振动梁振捣密实及整平。精平后的表面不得裸露钢纤维，也不应留浮浆。

4)特殊工艺要求

(1)运输、摊铺最长时间：钢纤维混凝土拌和物运输、浇筑至摊铺完毕的时间应符合表15-12的规定。

钢纤维混凝土拌和物从出料到运输、铺筑完毕允许最长时间 表15-12

施工气温(℃)	到运输完毕允许最长时间(h)		到铺筑完毕允许最长时间(h)	
	滑模、轨道	三辊轴机组	滑模、轨道	三辊轴机组
5～9	1.25	1.0	1.5	1.25
10～19	0.75	0.5	1.0	0.75
20～29	0.5	0.35	0.75	0.5
30～35	0.35	0.25	0.50	0.35

(2)抗滑构造制作：必须使用硬刻槽方式，不得使用粗麻袋、刷子和扫帚制作细观抗滑构造。

(3)切缝：钢纤维混凝土路面的板长，即缩缝切缝间距宜在6～10m之间，最大面板尺寸不宜超过8m×12m。钢纤维路面应先试切缝，在钢纤维不挂坏边缘时，才允许开始切缝。

第四篇

交通工程质量监理

第 16 章 护 栏

护栏是道路安全设施的重要组成部分，对防止行车事故起着重要作用。以防撞性能分类，护栏有柔性护栏、刚性护栏和半刚性护栏三种，主要代表形式分别是缆索护栏、水泥混凝土墙式护栏和波形梁钢护栏。从刚性护栏国内外实际应用情况看，波形梁钢护栏的应用最为广泛。

16.1 波形梁钢护栏

根据不同的道路条件及设置位置，波形梁护栏防撞性能要求不同。设置于公路路基上的护栏，按防撞等级划分为 A、S 两级；中央分隔带护栏其防撞等级划分为 Am，Sm 两级。护栏防撞等级的适用范围见表 16-1，波形梁护栏的分类见表 16-2。

护栏防撞等级的适用范围 表 16-1

设置地点	防撞等级	适用范围	设计条件					
			车辆碰撞速度(km/h)	车辆的质量(t)	碰撞角度(°)	车辆加速度(m/s^2)	最大冲入距离(m)	
							立柱埋于土中	立柱埋于混凝土中
路侧护栏	A	高速公路、一级公路	60	10	5	小于 $4g$	小于 1.2	小于 0.3
	S	路侧特别危险需要加强保护的路段	80					
中央分隔带护栏	Am	高速公路、一级公路	60	10	15			
	Sm	中间带内有重要构造物，需加强保护的路段	80					

注：$g=9.81m/s^2$。

16.1.1 波形梁护栏施工和监理工作程序

波形梁护栏施工和监理工作程序见图 16-1。

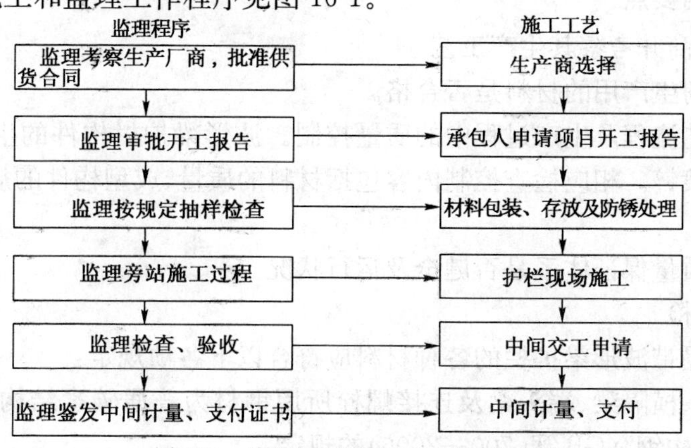

图 16-1 波形梁护栏施工和监理工作程序

波形梁护栏的分类

表 16-2

<table>
<tr><th colspan="2">安装位置</th><th>防撞等级</th><th>构造特征</th><th>埋置方式</th><th>立柱标准中心间距</th><th>护栏代号</th></tr>
<tr><td colspan="2" rowspan="8">路侧</td><td rowspan="4">A</td><td>无防阻块</td><td rowspan="2">土中</td><td rowspan="2">4.0</td><td>Gr-A-E</td></tr>
<tr><td>无防阻块</td><td>Grb-A-E</td></tr>
<tr><td>无防阻块</td><td rowspan="2">混凝土中</td><td rowspan="2">4.0</td><td>Grb-A-A</td></tr>
<tr><td>无防阻块</td><td>Grb-A-B</td></tr>
<tr><td rowspan="4">S</td><td>无防阻块</td><td rowspan="2">土中</td><td rowspan="2">2.0</td><td>Gr-S-E</td></tr>
<tr><td>无防阻块</td><td>GrB-S-E</td></tr>
<tr><td>无防阻块</td><td rowspan="2">混凝土中</td><td rowspan="2">2.0</td><td>Gr-S-B</td></tr>
<tr><td>无防阻块</td><td>Grb-S-B</td></tr>
<tr><td rowspan="4">中央
分隔带</td><td rowspan="4">分设型</td><td rowspan="4">Am</td><td>无防阻块</td><td rowspan="2">土中</td><td rowspan="2">4.0</td><td>Gr-Am-E</td></tr>
<tr><td>无防阻块</td><td>Grb-Am-E</td></tr>
<tr><td>无防阻块</td><td rowspan="2">混凝土中</td><td rowspan="2">4.0</td><td>Gr-Am-B</td></tr>
<tr><td>无防阻块</td><td>Grb-Am-B</td></tr>
<tr><td rowspan="8">中央
分隔带</td><td rowspan="4">分设型</td><td rowspan="4">Sm</td><td>无防阻块</td><td rowspan="2">土中</td><td rowspan="2">2.0</td><td>Gr-Sm-E</td></tr>
<tr><td>无防阻块</td><td>Grb-Sm-E</td></tr>
<tr><td>无防阻块</td><td rowspan="2">混凝土中</td><td rowspan="2">2.0</td><td>Grb-Sm-B</td></tr>
<tr><td>无防阻块</td><td>Grb-Sm-Bd</td></tr>
<tr><td rowspan="4">组合型</td><td rowspan="2">Am</td><td>横隔染</td><td>土中</td><td rowspan="2">4.0</td><td>Grd-Am-E</td></tr>
<tr><td>横隔染</td><td>混凝土中</td><td>Grd-Am-B</td></tr>
<tr><td rowspan="2">Sm</td><td>横隔染</td><td>土中</td><td rowspan="2">2.0</td><td>Grd-Sm-E</td></tr>
<tr><td>横隔染</td><td>混凝土中</td><td>Grd-Sm-B</td></tr>
</table>

注：Am 级的横隔梁间距为 2m；Sm 级的横梁间距为 1m。

16.1.2 质量控制要点

波形梁护栏的质量控制主要包括材料质量控制和施工过程质量控制。

1)材料质量控制要点

(1)确定生产厂商并考察其生产工艺

①检查生产厂商生产用的材料是否合格。

②考察生产工艺流程及生产过程中的质量控制。波形梁护栏构件的生产工艺流程为：成型—酸洗—喷塑或镀锌。相应检查控制内容包括材料的质量、成型构件的规格尺寸、酸洗检验及喷塑、镀锌质量。

③生产厂商的质量保证体系是否健全及运行状况。

(2)成品质量抽检

路侧和中央分隔带波形梁护栏的各种材料应符合以下各项规定：

①波形梁、主栏、横隔梁、端头梁及连接螺栓所用钢材为普通碳素结构钢(Q235)，其技术条件应符合《碳素结构钢》(GB/T 700—2006)的规定。

②拼装波形梁的螺栓应采用高强螺栓，材料可采用20MnTiB，其技术条件应符合《钢结构用扭剪型高强度螺栓连接副》(GB/T 3632—2008)的规定。

③防阻块材料可用型钢来制造，其技术条件应符合《冷弯型钢》(GB/T 6725—2008)的规定。

④立柱埋置于混凝土中时，混凝土强度不应小于C15。混凝土材料应符合《公路桥涵施工技术规范》(JT J041—2000)的规定。

(3)材料防腐

①所有波形梁护栏的冷弯型钢部件均应作防腐处理，一般可用热浸镀锌处理。镀锌时应符合表16-3的规定。热浸镀锌所用的锌应为《锌锭》(GB/T 470—2008)中所规定的0号锌或1号锌。

护栏构件镀锌量 表16-3

构件名称	镀锌量(g/m²)
波形梁 端头梁 横隔梁 立柱 型钢防阻块	600
螺栓、螺母 螺圈、锚固件	350

②螺栓、螺母等坚固件在采用热浸镀锌后，必须清理螺纹或进行离心分离处理。在条件允许的情况下，螺栓螺母等紧固件也可采用粉镀锌技术。

③活动护栏的防腐处理原则上与波形梁护栏相同，采用浸镀锌方法时，镀锌量规定为600g/m²。

2)施工过程质量监理控制要点

(1)检查承包人的施工组织设计。

(2)立柱放样。监理应对承包人立柱的放样进行检查，以桥梁、通道、涵洞、中央分隔带开口、立交、平交等作为控制点，检查控制点的位置，对桥梁、构造物外的放线特别要进行严格检查；放样后，应检查立柱位置的地基状态，注意调整立柱位置，以避让通信管线、泄水管等。

(3)立柱埋设。监理应抽查立柱埋置深度、施工方法、回填土材质的夯实情况。护栏应在压实的地基上架设，或设在混凝土基座中，立柱应按图纸所示深度埋设。立柱应尽量避免挖坑埋设，一般采用打入法、压入法施工。在打入时，应先冲出或钻出导洞以防打入时损坏钢柱；填入洞内的填料应夯实，达到与周围路堤相同的密实度；当立柱埋入岩石时应预先钻孔，固实护栏立柱必须用水泥混凝土填充；在砂石回填地段打入立柱时，要注意立柱的变形扭曲现象，保证立柱四周的土不被扰动。

(4)波形梁安装。监理应注意检查波形梁构件的拼装方向，连接螺栓及拼装螺栓的拧紧时间，波形梁顶面与道路线形的协调等情况；同时注意安装过程中护栏构件不能扭曲、擦伤和污染，否则应及时更换或修复。护栏板在安装初期，拼装螺栓和连接螺栓不宜拧得过紧，以便在安装过程中充分利用板上的长圆孔进行上下、左右调节，使其成一条光滑的规则线形，避免局部凹凸。设有横隔梁的中央分隔带护栏，应检查安装顺序，连接螺栓的前后拧紧时间。应检查防阻块位置的调整及就位是否准确。应检查端头梁的安装位置正确与否及端头锚固的时间。

(5)中间交工检查验收。护栏的质量控制，主要以完工检验的方式进行，因此完工检验是监理工作最重要的环节。完工检验应由专业工程师亲至现场进行。

3)波形梁钢护栏工程质量验评标准

(1)实测项目

波形梁钢护栏实测项目见表16-4。

波形梁钢护栏实测项目　　表16-4

检查项目	规定值或允许偏差	检查方法和频率
波形梁板基底金属厚度(mm)	±0.16	板厚千分尺:抽检5%
立柱壁厚(mm)	4.5±0.25	测厚仪、千分尺:抽检5%
镀(涂)层厚度(μm)	符合设计	测厚仪:抽检10%
拼接螺栓(45号钢)抗拉强度(MPa)	≥600	抽样做拉力试验:每批3组
立柱埋入深度	符合设计规定	过程检查,直尺:抽检10%
立柱外边缘距路肩边线距离(mm)	±20	直尺:抽检10%
立柱中距(mm)	±50	钢卷尺:抽检10%
立柱竖直度(mm/m)	±10	垂线、直尺:抽检10%
横梁中心高度(mm)	±20	直尺:抽检10%
护栏顺直度(mm/m)	±5	拉线、直尺:抽检10%

(2)外观鉴定

①焊接钢管的焊缝应平整,无焊渣、突起。构件镀锌表层表面应均匀完整、颜色一致,表面具有实用性光滑,不得有流挂、滴瘤或多余结块。镀件表面应无漏镀、露铁、擦痕等缺陷。构件镀铝层表面应连续,不得有明显影响外观质量的熔渣、色泽暗淡及假浸、漏浸等缺陷。构件涂塑层应均匀光滑、连续,无肉眼可分辨的小孔、空间、孔隙、裂缝、脱皮及其他有害缺陷。

②直线段护栏不得有明显的凹凸、起伏现象,曲线段护栏应圆滑顺畅,与线形协调一致,中央分隔带开口端头护栏的抛物线形应与设计图相符。

③波形梁板搭接方向应正确,搭接平顺,垫圈齐备,螺栓紧固。

④防阻块、托架、端头的安装应与设计图相符,安装到位,不得有明显变形、扭转、倾斜。

⑤波形梁板和立柱不得现场焊割和钻孔。

⑥立柱及柱帽安装牢固,其顶部应无明显塌边、变形、开裂等缺陷。

16.2　缆索护栏

缆索护栏是一种以数根施加了初拉力的缆索固定于支柱上的结构,完全依靠缆索的拉应力来抵抗车辆的碰撞,吸引碰撞能量。缆索护栏形式美观,车辆行驶时没有压迫感,但视线诱导效果差。缆索护栏按防撞等级划分为A、S、Am级。

16.2.1 缆索护栏的施工和监理工作程序

缆索护栏的施工和监理工作程序见图16-2。

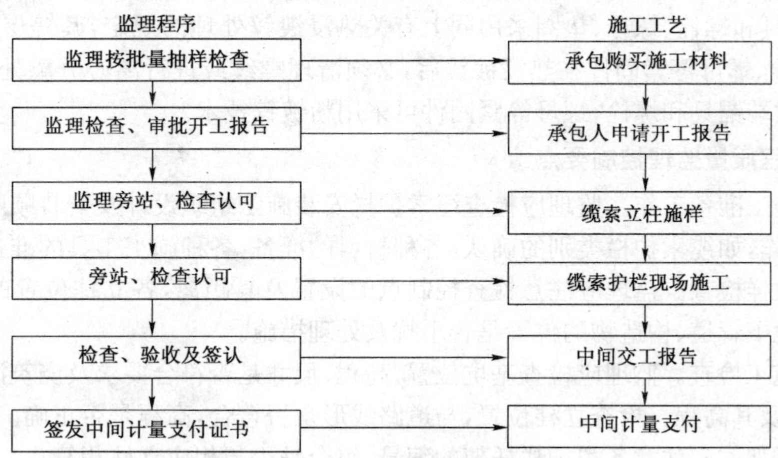

图16-2 缆索护栏施工和监理工作程序

16.2.2 质量控制要点

缆索护栏的质量控制主要包括材料质量控制和施工质量控制。

1)缆索材料质量控制包括材料要求和材料表面防腐处理。

(1)材料要求

①缆索的性能要求见表16-5。

缆 索 的 性 能 表16-5

钢丝绳直径(mm)	单丝直径(mm)	构造	钢丝绳断裂强度(Pa)	断面积(mm^2)	捻制方法	单位质量(kg/m)
18	2.86	3股7芯	1.2×10^8	134	右同向捻	1.09

②各级缆索护栏(A、S、Am级)的端部立柱、中间端部方桩、中间立桩都采用《普通碳素结构钢》(GB/T 700—2006)中有关Q235钢的机械性能的规定。主柱应采用焊接低硬钢管。

③各级缆索护栏(A、S、Am级)用的托架应采用普通碳素结构钢板制造,并应符合《碳素结构钢和低合金结构钢热轧薄钢板及钢带》(GB/T 912—2008)。

④索端锚具的立杆螺栓和锚具应采用45号优质碳素结构钢制造,其机械性能应符合《优质碳素结构钢》(GB/T 699—1999)的规定。

⑤螺栓、螺母、垫圈采用普通碳素结构钢,并符合《碳素结构钢》(GB/T 700—2006)中Q235钢的机械性能的规定。

(2)表面防腐处理

①钢丝绳的表面处理,采用单丝进行热浸镀锌的办法,并符合《镀锌钢绞线》(GB 1200—1988)中有关镀锌层质量为215g/m^2 的规定。用于镀层的锌应满足《锌锭》(GB/T 470—2008)中0号线1号锌的要求。为了保证缆索护栏经久耐用与美观,对视线诱导非常必要的区间或对绳索有严重腐蚀影响的地区,可采用镀锌后再加涂层的方法。

②立柱应采用热浸镀锌进行表面防腐处理。锌锭应不低于《锌锭》(GB/T 470—2008)中规定的1号锌，各种立柱的锌层质量不低于600g/m²。

③托架的镀锌处理同上项。

④索端锚具和螺栓、螺母、垫圈采用同上有关热浸镀锌处理的规定，其锌层质量应不低于350g/m²。螺栓、螺母等紧固件在热浸镀锌后，必须清理螺纹或进行离心分离处理。在条件允许的情况下，索端锚具和螺栓、螺母等紧固件可采用粉镀锌技术。

2)施工过程质量监理控制要点

(1)检查施工准备工作。监理应检查缆索护栏安装施工组织设计及安装顺序；检查安装前的各项准备工作，如缆索护栏类别的确认，各种材料的准备，各种施工工具的准备。

(2)施工放样检查。监理应注意检查控制点的设置及其距离，各立柱位置的确定、调整及定位，注意对地下管道、构造物的位置是否干扰及处理措施。

(3)立柱施工检查。监理应检查基坑位置、高程、尺寸是否符合要求及浇筑混凝土程序，回填夯实层厚度及其高程。检查立柱位置，与道路线形是否符合，高程是否正确。

(4)安装托架。应注意各类护栏托架的编号、组合是否与相应立柱相符。

(5)架设缆索。监理应注意架设缆索时要求的立柱混凝土强度，不允许承包人长距离拖拽缆索；注意缆索的安装顺序、多余缆索的切断及其要求。注意临时张拉力的卸除规定，全部螺栓的调整及拧紧要求。

16.2.3　缆索护栏工程质量验评标准

1)实测项目

缆索护栏实测项目见表16-6。

缆索护栏实测项目　　表16-6

检查项目	规定值或允许偏差	检查方法和频率
缆索直径(mm)	18±0.5	卡尺：抽检10%
单丝直径(mm)	2.86+0.10，−0.02	
初张力(kN)	±5%	过程检查，张拉计：抽检10%
最下一根缆索的高度(mm)	±20	直尺：抽检10%
立柱壁厚(mm)	±0.10	千分尺：抽检10%
立柱埋入深度	符合设计要求	过程检查：抽检10%
立柱竖直度(mm)	±1.0	垂线、直尺：抽检10%
立柱中距(mm)	±50	直尺：抽检10%
镀锌层厚度(mm)	立柱≥85	测厚仪：抽检10%
	索端锚具≥50	
	紧固件≥50	
	镀锌钢丝≥33	
混凝土基础尺寸	符合设计规定	过程检查，直尺：检查100%
混凝土强度	在合格标准内	基础施工同时做试件，每个工作班1组(3)件，检查试件的强度，抽检100%

2)外观鉴定

(1)金属构件表面不得有气泡、剥落、漏镀及划痕等表面缺陷。

(2)直线护栏没有明显的凹凸现象,曲线段护栏圆滑顺畅。

(3)索端锚具、托架、索夹螺栓应安装到位、固定牢固;托架编号和组合应与缆索护栏的类别相应;上、下托架位置正确,中央分隔带缆索护栏的托架应两边对称。

16.3 水泥混凝土护栏

水泥混凝土护栏是一种具有一定断面形状的水泥混凝土墙式结构,主要依靠汽车前轮爬高或转向来吸收碰撞能量。混凝土护栏的截面形状和几何尺寸直接影响碰撞作用效果。混凝土护栏分类见表16-7。

混凝土护栏的分类 表16-7

安装位置	防撞等级	构造特征	基础处理方式	护栏代号
中央分隔带	Am	基本型	嵌锁在基层中	Gwb-Am-Em
			钢筋连接	Gwb-Am-R
		改进型	嵌锁在基层中	Gwm-Am-Em
			钢筋连接	Gwin-Am-R
路侧	A	基本型	埋置在基层中	Gwb-A-E_1
			与下面构造物连接	Gwb-A-E_2

设置于中央分隔带的混凝土护栏的尺寸见图16-3、图16-4。

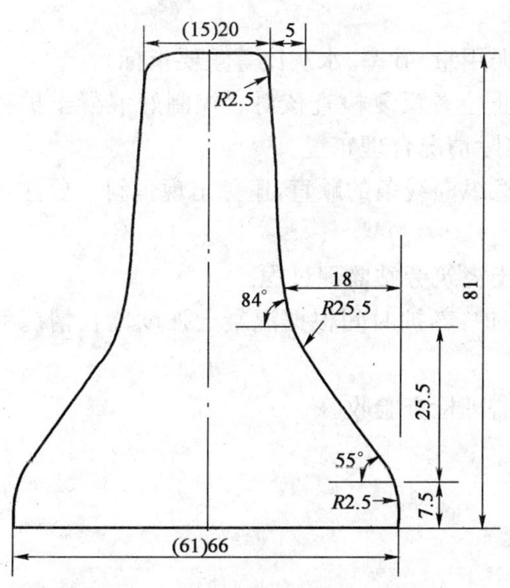

图16-3 基本型混凝土护栏(尺寸单位:cm)

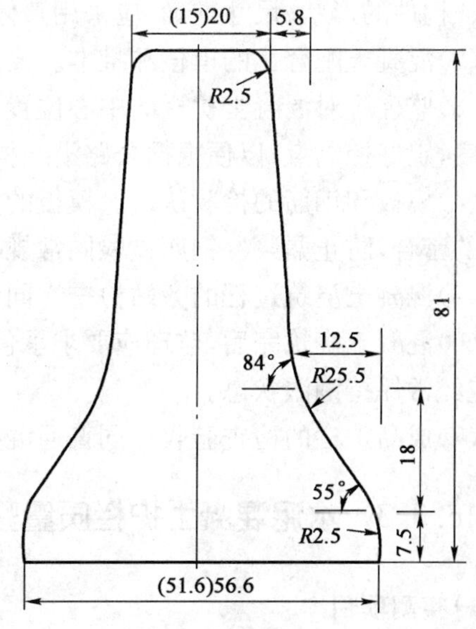

图16-4 改进型混凝土护栏(尺寸单位:cm)

16.3.1 水泥混凝土护栏施工和监理工作程序

水泥混凝土护栏施工和监理工作程序见图16-5。

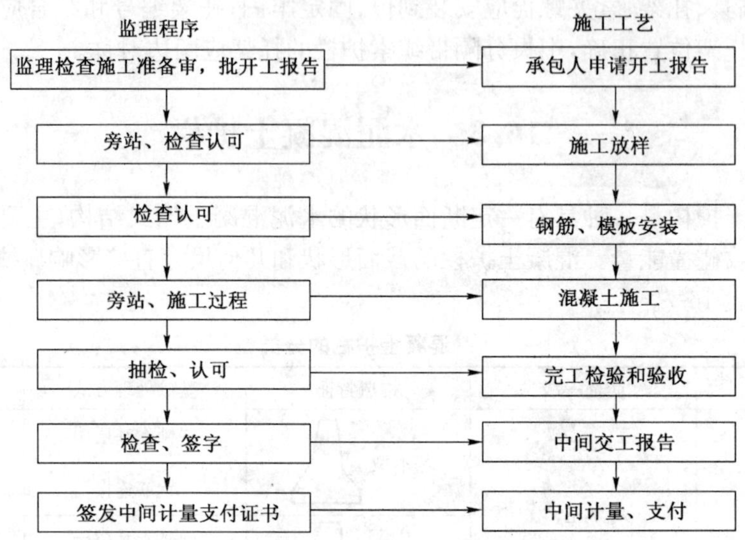

图16-5 水泥混凝土护栏施工和监理工作程序

16.3.2 质量控制要点

(1)模板检验认可。混凝土外形尺寸直接影响防撞效果,为保证外形尺寸准确和外观质量,模板应有足够的强度、刚度和稳定性,能可靠地承受施工过程中可能产生的各项荷载。为了保证构件的形状、尺寸准确,应采用整体钢模板。

(2)混凝土配合比的审核和批准。要控制好水泥用量、砂率、水灰比等重要指标。

(3)监理应对混凝土护栏的中心位置、高程、起止位置反复检查核对。控制好混凝土护栏的长度,定好控制点,以便根据公路沿线构造物的实际情况合理布置。

(4)模板和钢筋的检验认可。模板的安装应注意纵向线条的顺直,避免出现歪斜。要注意接缝的密合,防止漏浆。钢筋检验同常规检查。

(5)混凝土浇筑过程的旁站检查。同普通混凝土浇筑旁站监理过程。

(6)混凝土浇筑完后,监理应要求承包人及时养护,养护时间根据混凝土强度增长情况而定,应经常保持潮湿状态。

(7)成品护栏的检查验收。同普通混凝土结构监理检查验收。

16.3.3 水泥混凝土护栏质量验评标准

1)实测项目

混凝土护栏实测项目见表16-8。

混凝土护栏实测项目 表16-8

检 查 项 目		规定值或允许偏差	检查方法和频率
护栏混凝土强度(MPa)		在合格标准内	按JTG F80/1—2004附录D检查
地基压实度(%)		符合设计要求	现场检查
护栏断面尺寸(mm)	高度	±10	直尺、钢卷尺:抽检10%
	顶宽	±5	
	底宽	±5	
基础平整度(mm)		10	水平尺:检查100%
轴向横向偏位(mm)		±20或符合设计要求	直尺、钢卷尺:抽检10%
基础厚度(mm)		±10%H	过程检查,直尺:检查100%

2)外观鉴定

(1)混凝土护栏块件之间的错位应不大于5mm。

(2)混凝土护栏外观、色泽应均匀一致,表面的蜂窝、麻面、裂缝、脱皮等缺陷面积不超过该面面积的0.5%,深度不超过10mm。

(3)护栏线形顺适,直线段不允许有明显的凹凸现象,曲线段护栏应圆滑顺畅,与线形协调一致。中央分隔带开口端头护栏尺寸应与设计图相符。

第 17 章　隔离设施

隔离设施是为了防止外物的侵入对公路的行驶形成安全威胁，对公路界外的人和动物起到提示不得进入和一定防止进入的作用，是高速公路达到全封闭的最重要的设施。隔离设施主要有金属网、刺钢丝和常青绿篱三大类。其特点是分布线长，在天然地基上安装，要求基础有足够的稳定性，在桥梁、通道、沟渠等部位设置时，应有较好的支撑和连接措施，才能达到完全的隔离效果。

隔离设施主要由立柱、斜撑、隔离网、连接件、门(门柱)等构件组成。隔离设施的分类见表 17-1。

隔离设施分类　　表 17-1

序号	构造形式		埋设条件	支撑结构
1	金属网	编织网	土中	钢支柱
			混凝土中	
		焊接网	土中	
			混凝土中	
		钢板网	土中	
			混凝土中	
2	刺铁丝		土中	钢筋混凝土支柱、钢支柱
			混凝土中	
3	常青绿篱		土中	

17.1　隔离设施的施工和监理工作程序

隔离设施的施工和监理工作程序见图 17-1。

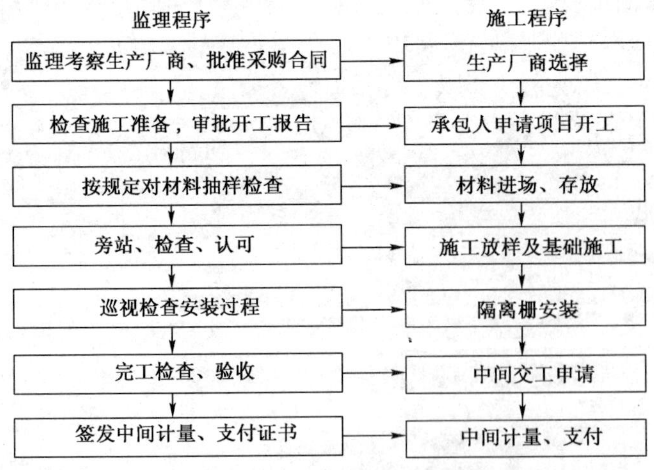

图 17-1　隔离设施的施工和监理工作程序

17.2 质量控制要点

隔离设施的质量控制主要包括材料质量控制和施工过程质量控制。

17.2.1 材料质量控制要点

1)确定生产厂商并考察其生产工艺等

可参照波形梁钢护栏控制要点进行。

2)成品材料质量控制

应按规定对运进现场的材料质量进行抽样检查,合格后方可使用;同时也应对各种材料的外观质量进行必要的检查。

(1)隔离设施材料的质量要求

①网片材料

钢板网的材料,宜采用普通低碳退火薄钢板,并符合《碳素结构钢和低合金结构钢热轧薄钢板及钢带》(GB/T 912—2008)规定的技术条件。也可采用低碳冷轧(或热轧)钢板,其化学成分和机械性能应满足《碳素结构钢》(GB/T 700—2006)和《碳素结构钢和低合金结构钢热轧薄钢板及钢带》(GB/T 912—2008)的规定。

金属网的钢丝,宜采用低碳钢丝,并应符合《一般用途低碳网丝》(YB/T 5294—2009)的规定。

金属网、钢板网的规格尺寸可按实际需要选用。

刺铁丝用的钢丝,宜采用低碳钢丝,并应符合《一般用途低碳钢丝》(YB/T 5294—2009)的规定,刺铁丝的规格一般用铁丝直径(号数)×刺间距来表示。

②支柱、斜撑材料

隔离设施的立柱、斜撑,可采用冷弯等边槽钢和冷弯等内卷边槽钢。冷弯等边槽钢的规格应满足设计要求。冷弯等边内卷边槽钢的采用亦应满足设计要求。隔离设施的立柱,也可以采用焊接钢管,技术条件应符合《碳素结构钢》(GB/T 700—2006)的规定。

③连接附件

隔离设施的连接附件,可采用冷轧或热轧钢板,其技术条件应符合《碳素结构钢》(GB/T 700—2006),《碳素结构钢和低合金结构钢热轧薄钢板及钢带》(GB/T 912—2008)的规定。

螺栓、螺母可采用常用普通紧固体,其机械性能分级应符合《紧固件螺栓、螺钉、螺柱和螺母通用技术条件》(GB/T 16938—2008)的规定。

④表面处理

隔离设施的所有金属件,一般应采用热浸镀锌处理。其他表面处理方法,如油漆、涂塑、紧固件的粉镀锌技术等,对其耐久性、经济性、美观及施工条件全面分析并经认可后,也可采用。热浸镀锌的镀锌量应符合有关规定,热浸镀锌所用的锌应为《锌锭》(GB/T 470—2008)中规定的0号锌或1号锌。

金属网的钢丝，可采用规定规格的镀锌钢丝。在条件允许时，也可采用编织成型的整张网热浸镀锌，其镀锌量为 350g/m^2。

钢板网可采用热浸镀锌处理，其镀锌量为 350g/m^2。在条件允许时，也可采用涂塑处理。

(2)隔离设施材料外观质量要求

①整张网面平整，无断丝，网格无明显歪斜。

②钢丝防腐处理前，表面不得有裂纹、斑痕、折叠、竹节及明显的纵面拉痕，且钢丝表面不得有锈迹。

③钢管防腐处理前，不允许有裂缝、结疤、折叠、分层、搭焊等缺陷存在。

④冷弯型钢及 Y 型钢防腐处理前，表面不得有气泡、裂纹、结疤、折叠、夹杂和断面分层；允许有不大于公称厚度 10％的轻微凹坑、凸起、压痕、擦伤和压入的氧化铁皮。

⑤混凝土立柱表面应密实、平整，无裂缝、翘曲，如有蜂窝、麻面，其面积不得超过同侧面积的 10％。

17.2.2　施工过程质量监理控制要点

(1)施工准备工作的检查。监理主要应检查承包人制订的施工进度计划及施工组织设计；承包人的施工设备和人员到场情况；对到场材料进行抽检，合格后方可施工。

(2)施工放样。监理应要求承包人严格按设计图放样，隔离栅先定中心线，再按设计的柱距定出柱位并确定柱位高程，并与公路地形相协调，必要时可以依据地形起伏整修成一定的纵坡。

(3)基础施工和立柱安装。监理首先检查柱孔深度，符合要求后要求承包人将基底清理干净。放入立柱前，坑底可垫混凝土，放入立柱后，要加临时支撑，在监理检查埋置深度、地面高度、立柱垂直度以及柱位准确无误后，承包人方可浇筑混凝土(强度等级 C20)。

(4)隔离栅安装。监理应在立柱基础强度达到设计强度的 70％后，方允许承包人进行隔离栅安装。有框架的隔离网宜在工厂集中制作并加强对制作过程中各项工艺的检查。检查其外框架焊接、钢板网的切割及放入，钢板网的拉紧，与外框的焊接及除锈、去油污等工序。金属编织网的安装，如为无框架整网安装，则要求从端头立柱开始，先将金属网挂在立柱挂钩上扣牢，然后沿纵向展开，边铺设边拉紧。要求展网自如，挂钩时保证网不变形。有框架的网片安装，则要求框架与立柱连接牢固，框架整体平顺性良好。刺铁丝安装时要求从端头立柱开始。刺铁丝之间要求平行、平直；绷紧后用 11 号铁丝与立柱上铁钩绑扎固定，横向与斜向刺铁丝相交处用 11 号铁丝绑扎。钢板网安装时要求网面平整，无明显凹凸现象，框架与立柱应连接牢固，整体连接平顺。各类形式的隔离栅网片安装完成后，立柱基础均应进行最后压实处理。

(5)中间交工检查验收。监理在隔离设施完工以后应进行系统的检查验收，要求纵向高程不应有很大的起伏变化，隔离栅整体稳定性良好，并且要保证在 2m 范围内平整。

17.3 隔离设施工程质量验评标准

17.3.1 实测项目

隔离栅和防落网实测项目见表 17-2。

隔离栅和防落网实测项目 表 17-2

检查项目	规定值或允许偏差	检查方法和频率
高度(mm)	±15	钢卷尺:每 100 根测 2 根
镀(涂)层厚度(μm)	符合设计要求	测厚仪:抽检 5%
网面平整度(mm/m)	±2	直尺、厚薄规:抽检 5%
立柱埋深	符合设计要求	直尺:过程检查,抽检 10%
立柱中距(mm)	±30	钢卷尺:每 100 根测 2 根
混凝土强度(MPa)	在合格标准内	基础施工,同时做试件,每工作班做 1 组(3 件),检查试件强度,抽检 10%
立柱竖直度(mm/m)	±8	直尺、垂线:每 100 根测 2 根

17.3.2 外观鉴定

(1)电焊网不得脱焊、虚焊。

(2)镀锌层表面应具有均匀完整的锌层,颜色一致,表面光滑,不允许有流挂、滴瘤或多余结块。镀件表面应无漏镀、露铁等缺陷。涂塑层应均匀光滑、连续,无肉眼可分辨的小孔、空间、孔隙、裂缝、脱皮及其他有害缺陷。

(3)混凝土立柱应密实平整,无裂缝、翘曲、蜂窝、麻面等缺陷。

(4)有框架的隔离栅和防落网,网片应与框架焊牢,网片拉紧。整网铺设的隔离栅,端柱与网连接牢固,网面平整绷紧。刺铁丝间距符合设计要求,刺线平直、绷紧。

(5)隔离栅安装位置应符合设计规定。安装线形整体顺畅并与地形相协调。围封严实,安装牢固。

第18章　交 通 标 志

道路交通标志是一种用图形符号和文字传递特定信息，用以管理道路交通的安全设施，一般设置在路侧或道路上方（跨路式）。根据《道路交通标志和标线》(GB 5768—2009)，交通标志分为主标志和辅助标志两大类。主标志主要包括警告标志、禁令标志、指示标志和指路标志；辅助标志是附设在主标志下，起辅助说明作用。

18.1　交通标志施工和监理工作程序

交通标志施工和监理工作程序见图18-1。

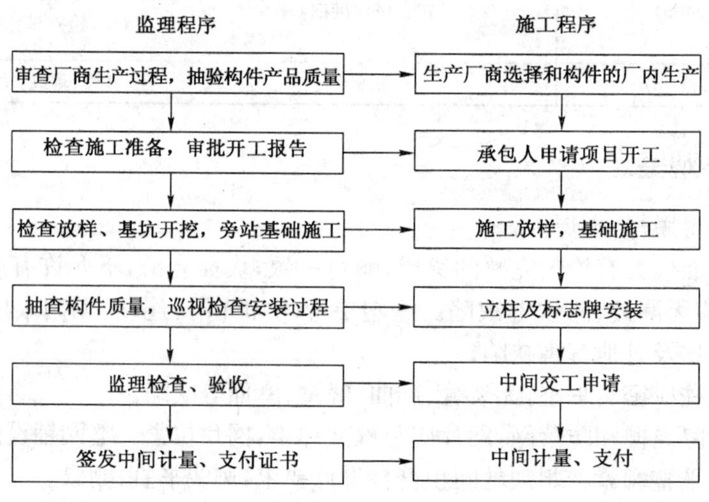

图18-1　交通标志施工和监理工作程序

18.2　交通标志质量控制要点

18.2.1　生产厂商的选择

交通标志牌的质量主要取决于生产厂商，因此要求生产厂商必须有良好的生产工艺设备和设施，有完善的、运行良好的质量保证体系。

18.2.2　构件厂内生产的检查

交通标志主要由生产厂商厂内生产，因此厂内生产的检查是保证质量的关键环节，应重点加强对各类原材料质量及生产工艺过程的检查。

原材料质量要求如下。

1)标志底板

标志底板的各种材料应符合以下规定:

(1)铝合金板。其化学成分、冷轧板材牌号、规格、力学性能、尺寸及允许偏差应符合《铝和铝合金化学成分》(GB 3190)、《铝和铝合金轧制板材》(GB 3880)、《铝及铝合金板材的尺寸及允许偏差》(GB 3194)的规定。

(2)薄钢板。普通碳素结构钢和普通低合金结构钢、冷轧薄钢板,镀锌薄钢板应符合《轧制薄钢板品种》(GB 708)、《单张热镀锌薄钢板》(GB 5066)、《连续热镀锌钢板及钢带》(GB 2518)的规定。

(3)合成树脂类板材。塑料、硬质聚氯乙烯板材或玻璃钢等材料的耐候性能、耐盐雾腐蚀性能及机械性能应符合要求。

(4)铝合金型材。应符合《铝合金建筑型材》(GB 5237)的规定,并满足标志板加强筋的设计要求。

2)标志面

目前应用较为广泛的标志面是反光膜,反光膜的材料性能要求应符合《道路交通标志和标线》(GB 5768—2009)的规定。

3)支柱材料

一般采用钢柱、铝合金柱和其他材料(钢筋混凝土桩、木柱等),采用钢柱时必须进行防锈处理。

18.3 标志牌生产工艺检查

18.3.1 标志底板的制作

要满足《道路交通标志板及支撑件》(GB/T 23827—2009)的规定要求。几何尺寸和构造必须与设计一致,表面的平整度和几何形状要准确。

18.3.2 反光膜的印制

应选用高强级反光标志膜。反光膜的图案必须与设计相符,其颜色应符合《道路交通标志和标线》(GB 5768—2009)的规定,并经过检验合格。

18.3.3 反光膜的粘贴

要求操作车间应干净、无尘土,相对湿度在20%~50%范围内,温度不低于18℃;粘贴必须按工艺严格执行,要无气泡、褶皱和剥离,字符图案不走样。交通标志的形状、图案、颜色应符合《道路交通标志和标线》(GB 5768—2009)的规定。

18.3.4　标志牌的成品检验

生产厂商应有整套的检测仪器，在各个环节对其产品进行检查控制，不合格的成品不能出厂。

18.3.5　开工报告的审批

交通标志施工之前，应认真审查开工报告。审查内容包括：

(1)进场材料，如立柱、横梁、支架、螺栓、紧固体、标志牌等，都须经过检验，符合标准。

(2)安装方法应可靠安全，不得影响施工和行车安全，不能损坏标志牌本身。

(3)安装用的设备及安装人员的经验应符合施工的需要。

18.3.6　施工放样和基础施工检查

交通标志施工放样的位置必须与设计位置一致。监理应对基坑尺寸、开挖深度和基底加强检查验收，对基础钢筋的绑扎应检查并旁站混凝土浇捣过程，预埋构件的位置、高程应准确。

18.3.7　立柱和标志牌的安装

在基础经养生达到设计强度的70%后，才允许进行标志立柱和标志牌的安装。标志在安装过程中，监理应要求承包人对已完工程进行保护，同时标志处的路缘路面等要用保护物进行覆盖。为减少标志板面对驾驶员的眩光，路侧设置的标志和悬空标志应符合《道路交通标志和标线》(GB 5768—2009)和施工规范的要求。在安装过程中，监理要检查板面与水平轴或垂直轴的旋转角度以及板面与道路的间距尺寸，若不符合要求，应要求承包人及时调整。安装完毕后，基础应回填压实。

18.3.8　标志牌安装完工检查验收

由承包人、监理进行系统检查，严格按标准进行验收。不符合要求的应予以返工，合格后方可进行计量、支付。

18.4　交通标志工程质量验证标准

(1)标志牌产品质量标准见表18-1。

(2)交通标志实测项目见表18-2。

(3)交通标志面几何形状及尺寸见表18-3。

(4)外观鉴定：

①标志板安装后应平整，夜间在车灯照射下，标志板底色和字符应清晰明亮，颜色均匀，不应出现明暗不均匀的现象，不能影响标志的认读。

②标志板在粘贴底膜时，横向不宜有拼接，竖向拼接时，上膜须压接下膜，压接宽度不应小于5mm。当采用平接时，其间隙不应超过1mm。距标志板边缘50mm之内，不得有接缝。

③标志金属构件镀层应均匀，颜色一致，不允许有流挂、滴瘤或多余结块，镀件表面应无漏镀、露铁等缺陷。

标志牌产品质量标准　　表 18-1

	项目	质量标准	允许误差(mm)	检验及认可：检验频率	检验方法	检验程序	认可程序	备注
标志牌板面柱面柱杆	字符、图案	字符高、宽、行距间隔与设计相符	不走样	自检 100% 抽检 100%	钢尺丈量	承包人自检	专业工程师抽查	边长大于1.2m的标志板逐块检查
	几何形状	圆形禁令标志	直径+5	自检 100% 抽查 100%				
		方形或矩形对角线	±5		钢尺	承包人自检	专业工程师抽查	
	平面凹凸		1.0mm/m²		用钢尺及厚薄规测检			
	反光膜	表面无明显龟裂纹，无明显刻痕			目测鉴定			
		表面颜色无明显不均匀						
		50cm×50cm 范围内无两个以上面积大于 10mm² 气泡						
				自检 100% 抽查 100%	在光照度 80lx 的光照下检查			
		反光膜粘贴无褶皱、剥离			目测			
		图案、文字表面色调一致			目测			
		板面反射均匀						

交通标志实测项目　　表 18-2

检 查 项 目	规定值或允许偏差	检查方法和频率
标志板外形尺寸(mm)	±5。当边长尺寸大于 1.2m 时，允许偏差为边长的±0.5%；三角形内角应为 60°±5°	钢卷尺、万能角尺、卡尺：检查 100%
标志底板厚度(mm)	不小于设计值	
标志汉字、数字、拉丁字的字体及尺寸(mm)	应符合规定字体，基本字高不小于设计值	字体与标准字体对照，字高用钢卷尺：检查 10%
标志面反光膜等级及逆反射系数(cd・lx^{-1}・m^{-2})	反光膜等级符合设计要求。逆反射系数值不低于 GB/T 23827—2009 规定	反光膜等级用目测初定。便携式测定仪：检查 100%
标志板下缘至路面净空高度及标志板内缘距路边缘距离(mm)	+100,0	用直尺、水平尺或经纬仪：检查 100%
立柱竖直度(mm/m)	+3	垂线、直尺：检查 100%
标志金属构件镀层厚度(μm)	标志柱、横梁≥78，紧固件≥50	测厚仪：检查 100%
标志基础尺寸(mm)	−50，+10	钢尺、直尺：检查 100%
基础混凝土强度	在合格标准内	基础施工同时做试件每处 1 组(3 件)：检查 100%

交通标志面几何形状及尺寸　　表 18-3

序号	项目	技术指标	检测方法	备注
1	底板外形、图案形状内容	按 GB 5768—2009 执行	目测观察并与 GB 5768—2009 对比	
2	标志底板外形几何尺寸	按 GB 5768—2009 执行；外形 ± 5mm；板厚 ±2mm	钢卷尺、钢板尺、卡尺	铝合金板厚度≥1.5mm，薄钢板厚度≥1.0mm；合成树脂类板材厚度按设计要求
3	标志图案尺寸、位置	按 GB 5768—2009 执行，位置偏差±2mm；图形线宽度±2mm；角度偏差±1′	钢板尺、直角尺、划规、半圆仪等	
4	汉字，字母高、宽，笔画粗度、行距、字间距等	按 GB 5768—2009 执行，字高、宽偏差±4mm；笔画粗度偏差±2mm；行距、间距偏差±5mm	钢板尺、直角尺、半圆仪等	字高 h 应为整数，即 40cm、50cm、60cm，字间距可放大至 $h/5$，字高/笔画粗度可放大至 10∶1
5	标志结构形式	按 GB 5768—2009 等执行	钢板尺、卡尺	

第19章 标 线

道路交通标线是由路面标线、箭头、文字、立面标记、突起路标和路边线轮廓标等构件组成的交通安全设施，它的作用是管制和引导交通，它既可以和标志配合使用，也可以单独使用。高速公路、一级公路、二级公路和城市快速公路、主干道路，应按国家标准规定设置交通标线，其他道路可根据需要设置。

标线的颜色除少数可用黄色外，大多数采用白色。

道路交通标线按设置方式可分为纵向标线、横向标线和其他标线三类；按功能可分为指示标线、禁止标线和警告标线三类；按形态可分为线条、字符标记、突起路标和路边线轮廓标四类。

19.1 标线施工和监理工作程序

标线施工和监理工作程序见图19-1。

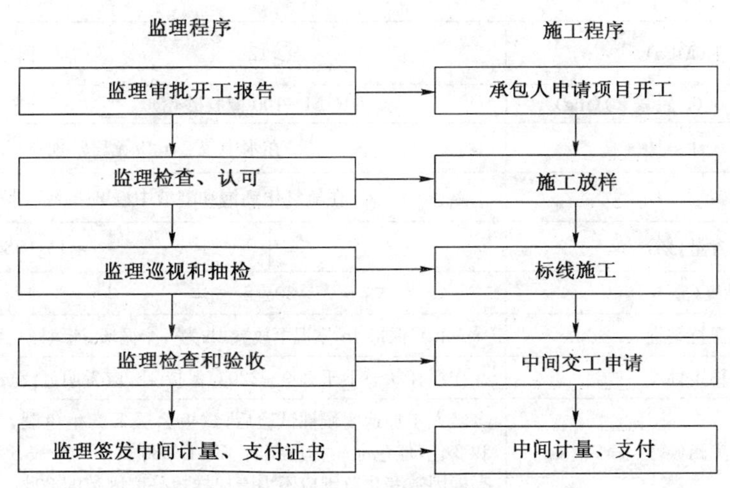

图19-1 标线施工和监理工作程序

19.2 标线质量控制要点

19.2.1 材料要求

质量良好的材料是保证标线质量的前提。

(1)涂料：路面标线涂料应符合《路面标线涂料》(JT/T 280—2004)的规定。高速公路，

一、二级公路和城市快速路、主干路，按相关标准规定，采用反光交通标线。反光交通标线一般采用热熔型 2 号涂料，材料质量要求见表 19-1。其产品在包装袋表面应有清晰标记。其包装于内衬密封塑料袋外加编织袋的双层包装袋中。其储存应符合有关规定。

(2)视线诱导路标的反光器有反光标贴、反光膜等。分别按设计和规范的要求进行检验，其他板材、型材等应有质量合格证。

(3)双面突起路标除了检验其反光特性之外，还要对壳体的强度、受冲击能力、耐腐蚀和耐磨损的性能进行检验。

以上材料的选用和采购必须经过监理的审查和同意，才能采购进场。

涂料材料质量要求　　表 19-1

种类 项目		热熔型		
		普通型	反光型	突起型
密度(g/cm^3)		1.8～2.3		
软化点(℃)		90～125		≥100
涂膜外观		干燥后，应无皱纹、斑点、起泡、脱落、粘胎现象，涂膜的颜色和外观应与标准板差别不大		
不粘胎干燥时间(min)		≤3		
色度性能(45/0)	白色	涂料的色品坐标和亮度因数应符合 GB/T 23827—2009 规定的范围		
	黄色			
抗压强度(MPa)		≥12		23℃±1℃时，≥12 50℃±2℃时，≥2
耐磨性(200 转/1 000g 后减重)(mg)		≤80(JM—100 橡胶砂轮)		—
耐水性		在水中浸 24h 应无异常现象		
耐碱性		在氢氧化钙饱和溶液中浸 24h 无异常现象		
玻璃珠含量(%)		—	18～25	
流动度(s)		30±5		—
涂层低温抗裂性		−10℃保持 4h，室温下放置 4h 为一个循环，连续做三个循环后应无裂纹		
加热稳定性		在搅拌状态下于 200～220℃保持 4h，应无明显泛黄、焦化、结块等现象		
人工加速耐候性		经人工加速耐候性试验后，试板涂层下产生龟裂、剥落；允许轻微粉化和变色，但色品坐标应符合 JT/T 280—2004 中表 6 和图 1 规定的范围，亮度因数变化范围应不大于原样板亮度因数的 20%		

19.2.2　施工准备工作检查和开工报告审批

应重点控制以下几点：

(1)标线施工工艺是否可行。标线的施工工艺流程应为：清扫路面→放样→涂底漆→涂敷涂料→修整干燥→完工检查。其中关键性的质量控制环节是涂膜的涂敷工序。

(2)标线施工的设备和人员检查。标线施工质量取决于熟练的操作人员和完善的设备，尤其是操作人员的经验有决定性的作用。标线的机械设备，如放线机和画线机的性能、数量对工程质量、进度有决定性的影响，监理应对照合同文件予以检查。

(3)进场材料的检验。进场使用的材料应满足性能要求并进行严格检查，监理除检查其质量保证书和出厂试验报告之外，还应要求承包人对同一种型号的材料做一组试验加以检验。

(4)试验路段施工检验。根据标线施工的特点，组织试验路段的施工非常有必要。通过检查试验路段施工，监理可以检阅承包人的施工工艺、人员素质和设备性能，解决存在的技术和管理问题，总结成功经验并指导全线标线工程施工。

19.2.3　施工放样的检查、认可

标线的施工放样，应严格按图纸要求进行，并核对标线图案所包含的管制意义能否正确表达，以及驾驶员和行人能否准确辨认。放线时应先量测加密，取得基本线形并核实合格后才能进行放线，放线完成后经监理检查核实后方可进行下道工序施工。标线的水准放样和施工应封闭交通，涂底漆前应对施工范围的路面进行全面清扫、清理，保持路面清洁，无起灰现象。

19.2.4　标线施工检查

施工前监理应提醒承包人认真检查施工设备，尤其是热塑线的施工，要保证设备施工质量，玻璃珠要能均匀喷洒。热塑线的施工，还要注意材料的加热温度，并避免在已完工的路面上进行材料加热。画线前，监理人员要对准备画线的区域进行路面检查，路面画线区域必须干净，路面上的污物、松散的石子和其他杂物应予以清除，否则将影响黏结。对热塑线，在画人字线、斑马线时，所使用的模具要平，以保证模具与路面紧紧黏住，使画上的线边缘整齐。

19.2.5　完工检验和验收

标线施工完毕后，监理应检查标线的颜色和色泽是否与设计要求相符；被污染的标线外的道路应得到清理；标线边缘顺直平滑、无明显毛边；玻璃珠撒布应均匀，标线厚度均匀。合格后方可进行中间计量、支付。

19.3　标线工程质量验评标准

19.3.1　标线喷涂实测项目

标线喷涂实测项目见表 19-2。

标线喷涂实测项目　　表 19-2

检 查 项 目		规定值或允许偏差	检查方法和频率
厚度(mm)	湿漆膜	±0.2	按材料用量计算或抽检 10%
	冷膜	+0.5，−0	
	突起路标	<25	直尺：抽检 10%
标线宽度(mm)		+8，−0	直尺：抽检 10%
标线长度(mm)		±50	直尺：抽检 10%
纵向间距(mm)		±50	直尺：抽检 10%
横向偏位(mm)		±20	直尺：抽检 10%

19.3.2　路面标线实测项目

路面标线实测项目见表 19-3。

路面标线实测项目　　表 19-3

检查项目		规定值或允许偏差	检查方法和频率
标线线段长度(mm)	6 000	±50	钢卷尺:抽检 10%
	4 000	±40	
	3 000	±30	
	1 000～2 000	±20	
标线宽度(mm)	400～450	+15,0	钢尺:抽检 10%
	150～200	+8,0	
	100	+5,0	
标线厚度(mm)	常温型(0.12～0.2)	−0.03,+0.10	湿膜厚度计:干膜用水平尺、厚薄规或用卡尺,抽检 10%
	加热型(0.20～0.4)	−0.05,+0.15	
	热熔型(1.0～4.50)	−0.10,+0.50	
标线横向偏位(mm)		±30	钢卷尺:抽检 10%
标线纵向间距(mm)	9 000	±45	钢卷尺:抽检 10%
	6 000	±30	
	4 000	±20	
	3 000	±15	
标线剥落面积		检查总面积的 0～3%	4 倍放大镜:目测检查
反光标线逆反射系数($cd \cdot lx^{-1} \cdot m^{-2}$)		白色标线≥150 黄色标线≥100	反光标线逆反射系数测量仪:抽检 10%

19.3.3　外观鉴定

(1)标线施工污染路面应及时清理,每处污染面积不得超过 1 000mm^2。

(2)标线线形应流畅,与道路线形相协调,曲线圆滑,不允许出现折线。

(3)反光标线玻璃珠应撒布均匀,附着牢固,反光均匀。

(4)标线表面不应出现网状裂缝、断裂裂缝及起泡现象。

第20章 防眩设施

防眩设施是指设置在道路中央分隔带上用于消除汽车前照灯夜间眩光影响的道路交通安全设施。通过防眩设施的设置可以降低交通事故,提高行车的安全性。防眩设施按构造物可分为三类:防眩板、防眩网、植树(间距型、密集型)。其中防眩板的防眩效果最好,目前大多数设置防眩设施的公路以设置防眩板为主。防眩设施通常以附着方式安装于桥梁混凝土护栏上,或增设防眩座于波形梁护栏座上。

20.1 防眩设施施工和监理工作程序

防眩设施施工和监理工作程序见图20-1。

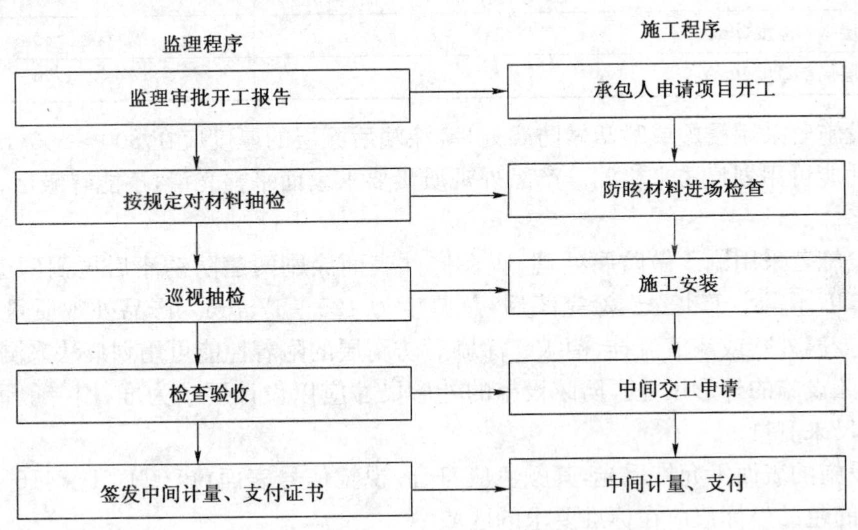

图20-1 防眩设施施工和监理工作程序

20.2 防眩设施质量控制要点

20.2.1 开工报告的审批

主要检查承包人的各项施工准备工作和施工组织设计,审查内容包括:施工队伍的安装经验和能力;施工人员、施工组织、安排能否符合工期的要求;进场材料是否符合质量标准,并按规定验收。防眩设施产品的抽样检验,一般将同一颜色、同一规格尺寸、同一表面处理的产品作为一批,按规定频率抽检;若产品超过1 000件作为一批,分批抽样。

20.2.2 材料质量要求

防眩设施材料的质量是防眩工程质量的关键环节之一，监理必须重点予以检查。

(1)防眩设施材料性能。防眩设施的主体支撑件和连接件若采用普通碳素结构钢，材料的力学性能应符合《碳素结构钢》(GB/T 700—2006)的规定。

防眩设施的主体若采用铝板或铝合金材料，材料性能应符合《变形铝及铝合金化学成分》(GB/T 3190—2008)和《一般工业用铝及铝合金板、带材中第3部分：尺寸偏差》(GB/T 3880.3—2006)的规定。防眩设施的主体若采用其他合成材料，其材料性能应符合相应的标准与设计要求。

(2)防眩设施的防腐层质量与外观质量。防眩设施的各部件若采用热浸镀锌工艺方法，其镀锌层厚度应达到表20-1的要求。产品外观质量要求具有均匀完整的镀层，颜色一致，不允许有漏镀、流挂、锌瘤、多余结块等缺陷。

镀锌层要求厚度表

表 20-1

锌层厚度 \ 产品配件	主体、支撑	各种连接件
镀锌层平均厚度(μm)	≥85	≥50
镀锌层局部厚度(μm)	≥61	≥39

防眩设施若采用浸塑或喷塑做防腐处理，涂塑后涂层的厚度应在300～500μm之间，其防腐层附着性能可用划痕法来检测。产品外观质量要求表面平整光滑，不能有皱褶、流挂、剥落、龟裂等缺陷。

防眩设施若采用刷漆做防腐处理，应在构件表面涂刷两道防锈漆后再刷两道以上油漆。所涂底漆厚度不得小于40μm，涂完漆后，总厚度为125～175μm。产品外观质量要求光滑均匀，不得有金属外露或漆液流挂、褶皱。涂刷后防腐层的附着性能可用划痕法来测量。

(3)防眩设施的外形尺寸。防眩设施的外形尺寸应以设计要求为准，用一般量具如卡尺、盒尺、角度尺来测量。

防眩设施的表面不允许反光，其颜色应符合《视觉信号表面色》(GB/T 8416—2003)的规定，测量出的色品坐标值应在标准要求的区域中。

20.2.3 施工安装的巡视和检查

防眩设施的施工过程包括基础施工和防眩设施安装两个阶段。防眩设施单独埋建立柱时，监理要检查基础放样的位置，不能破坏通信管道。基础混凝土开挖深度、尺寸和强度要符合设计要求，在基础达到设计强度后，方可安装上部构件。安装施工前检查清理场地，确定控制点(如桥梁立交、中央分隔带开口及防眩设施需变化的路段)，在控制点之间测量定位、放样的情况。安装过程中应准确定位，保证安装的位置、高程、角度准确，防眩设施整体要和路线线形一致；注意按设计要求处理好路段与桥梁上的防眩设施设置位置及高度，不得出现高低不平甚至扭曲的外形。施工中要防止乱丢乱扔，损坏防眩设施的构件。安装要保证连接牢固。施工过程中任何形式涂层的损伤，均应在24h内给予修补。

20.2.4 完工检查验收

防眩设施安装完毕后，监理应进行严格的检查验收，对照检查表格重点检查以下内容：间距、安装角度、相对高度、竖直度、顺直度等，合格后方可进行中间计量、支付。

20.3 防眩设施工程质量验评标准

20.3.1 实测项目

防眩设施实测项目见表 20-2。

防眩设施实测项目 表 20-2

检 查 项 目	规定值或允许偏差	检查方法和频率
安装高度(mm)	±10	钢卷尺:抽检 5%
镀(涂)层厚度	符合设计要求	涂层测厚仪:抽检 5%
防眩板宽度(mm)	±5	直尺:抽检 5%
防眩板设置间距(mm)	±10	钢卷尺:抽检 10%
竖直度(mm/m)	±5	垂线、直尺:抽检 10%
顺直度(mm/m)	±8	拉线、直尺:抽检 10%

20.3.2 外观鉴定

(1)防眩板表面不得有气泡、裂纹、疤痕、端面分层等缺陷。

(2)防眩设施色泽均匀。

第21章　轮　廓　标

轮廓标属于视线诱导设施，用于指示道路线形轮廓，诱导驾驶员视线，使行车更趋安全、舒适。轮廓标设置于道路边缘，当路边无构造物时，轮廓标为柱体，独立设置于路边土路肩中；当路边有护栏、侧墙等构造物时，轮廓标就附着于构造物的适当位置上。设置于土中的轮廓标，主体结构为三角形断面立柱，由柱体、反射器和混凝土基础等部分组成。附着于构造物上的轮廓标，由于所附着的建筑物部位不同，为便于安装，可采用圆形、长方形、梯形等不同的形状。

21.1　轮廓标施工和监理工作程序

轮廓标施工和监理工作程序见图21-1。

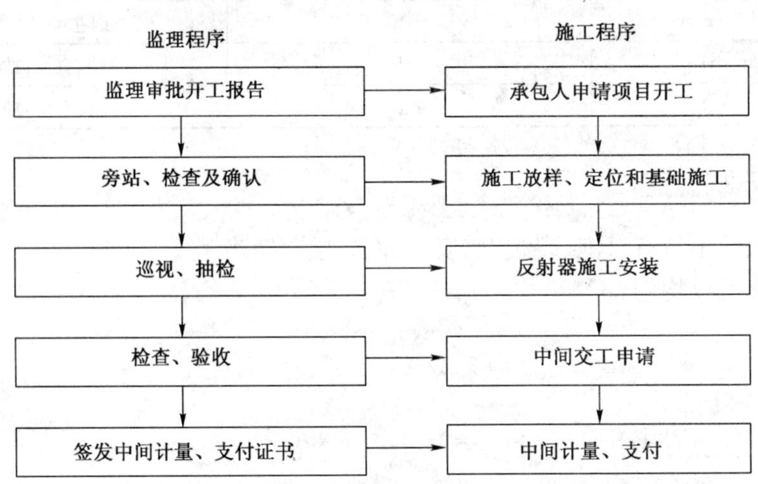

图21-1　轮廓标施工和监理工作程序

21.2　轮廓标质量控制要点

21.2.1　开工报告的审批

监理应重点检查以下几个方面的内容：

(1)承包人的施工准备工作，包括投入的人员、设备，采用的施工方案和组织计划等。

(2)抽样检查进场的各类材料质量，检验合格方可用于施工。轮廓标产品应符合《轮廓标技术条件》(JT/T 388—1999)的规定。

①轮廓标柱体、支架、底板材料。采用合成树脂类材料，其耐候性能、耐盐雾性能按JT/

T 388—1999 的规定方法测试应满足要求，刚度及力学性能不应低于铝合金板的要求，实测厚度不应小于 3.0mm；铝合金板的性能应符合国家标准中规定的铝合金板的要求。铝合金板用作支架及底板时，其最小实测厚度不应小于 2.0mm；钢板的性能应符合国家标准中规定的钢板的要求。钢板用作支架及底板时，其最小实测厚度不应小于 1.5mm。为提高钢材的防腐能力，用于底板、支架或连接件的钢构件应进行热浸镀锌表面处理，镀锌层厚度不应小于 50μm。

②安装夹具及基础材料。安装夹具的材料，可采用铝合金、钢材等制作，对材料性能的要求与轮廓标底板所用材料的要求相同。混凝土基础所要求的水泥、砂石等材料可参照《公路钢筋混凝土及预应力混凝土桥涵设计规范》(JTG D62—2004)有关规定执行。

③逆反射材料(反射器)。轮廓标逆反射材料的色度性能，即材料颜色的色品坐标和亮度因数应在 JT/T 388—1999 规定的范围内，对应的颜色色品图见 JT/T 388—1999。用作轮廓标的微棱镜型反射器和玻璃珠型反射器的发光强度系数值不低于 JT/T 388—1999 的规定；用作轮廓标逆反射材料的反光膜的逆反射系数值不应低于 JT/T 388—1999 的规定。各种逆反射材料的耐候性能、耐盐雾腐蚀性能、耐高低温性能、密封性能按《轮廓标技术条件》(JT/T 388—1999)规定的方法进行试验后应满足要求。反光膜对底板的附着性能应符合《道路交通标志板及支撑件》(GB/T 23827—2009)中反光膜对标志底板的附着性能的有关规定。

21.2.2 施工放样和基础施工检查

独立设置于土路肩上的柱式轮廓标基础施工放样应定位准确，基坑开挖深度和尺寸应检测合格，基础混凝土强度、基础尺寸应符合设计要求。附着于护栏上的轮廓标可按立柱间距定位；分流、合流诱导标和线形诱导标均应按设计图量距定位；附着于各类构造物上的轮廓标，按放样确定的位置进行安装；设置高度宜尽量统一。

21.2.3 施工安装巡视检查

轮廓标反射器的安装方向应尽可能与驾驶员视线垂直且安装牢固，反射器的光学性能在入射角 0°～20°范围内应保持稳定。安装角度正确，颜色与设计相符，反光材料无缺损、断裂。轮廓标的图形、材质及几何尺寸符合设计要求，平面弯曲度超过±3mm/m 的不得使用。

21.2.4 完工检查验收

轮廓标安装完工后监理应严格检查验收，要求线形顺畅、定位准确、安装牢固、配件齐全、颜色一致、无缺损。经监理检验合格后方可进行中间计量、支付。

21.3 轮廓标工程质量验评标准

21.3.1 实测项目

轮廓标实测项目见表 21-1。

轮廓标实测项目 表 21-1

检 查 项 目	规定值或允许偏差	检查方法和频率
柱式轮廓标尺寸(mm)	三角形断面:底边允许偏差为±5,三角形高允许偏差为±5;柱式轮廓标总长允许偏差为±10	钢尺:抽检 10%
安装角度(°)	0~5	花杆、十字架、卷尺、万能角尺:抽检 10%
反射器中心高度(mm)	±20	直尺:抽检 10%
反射器外形尺寸(mm)	±5	卡尺、直尺:抽检 10%
光度性能	在合格标准内	检查检测报告

21.3.2 外观鉴定

(1)轮廓标不应有明显的划伤、裂纹、损边、掉角等缺陷。表面应平整光滑,无明显凹痕或变形。

(2)轮廓标安装牢固,线形顺畅。

(3)柱式轮廓标的垂直度不超过±8mm/m。

第22章 突起路标

作为视线诱导设施之一的突起路标，其作用在于车辆夜间行驶时，通过反射车辆灯光，起到辅助和加强标线的作用，使驾驶员易于辨认路面边缘或车道边缘，诱导车辆在路面安全范围内或车道内行驶，提高车辆行驶的安全性。突起路标安装在标线边侧，通过黏结剂与路面固定；其设置间距应结合路面平、竖曲线确定，以达到在视线效果上能连点成线且不浪费的目的。

22.1 突起路标施工和监理工作程序

突起路标施工和监理工作程序见图22-1。

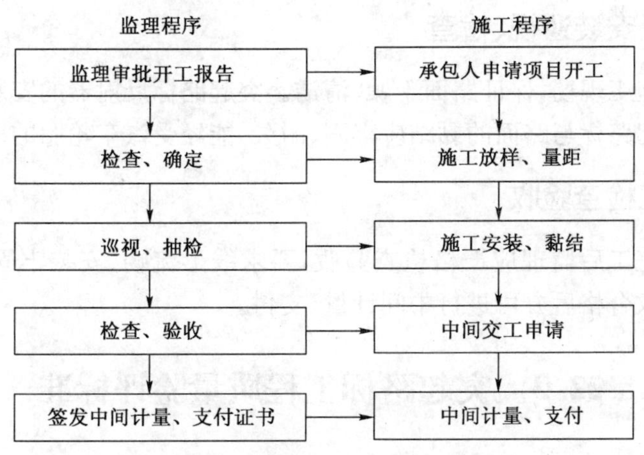

图22-1 突起路标施工和监理工作程序

22.2 突起路标质量控制要点

22.2.1 开工报告的审批

监理应重点审查的内容包括：

(1)突起路标材料供应厂商的审查和批准，考察厂商的生产工艺设备、材料及产品质量等。

(2)承包人的施工准备工作。包括投入的人员、设备，施工组织计划及施工方案等。

(3)抽样检查进场材料质量。材料抽检合格后方可用于施工。

突起路标产品应符合《突起路标》(JT/T 390—1999)的规定。突起路标的材料，按突起路标的逆反射性能，分为A、B两类，具备逆反射特性的为A类突起路标，不具备逆反射特性的为B类突起路标。突起路标的基体由工程塑料、金属、陶瓷或玻璃组成,其尺寸和外观要求应符合JT/T 390—1999的规定。B类突起路标和作为标线单独使用的A类突起路标,其基体颜色的色品坐标和亮度因数应符合JT/T 390—1999表面色的规定,各种颜色色品图见JT/T 390—1999中图4。作为标线单独使用的A类突起路标,其反射体应符合JT/T 390—1999逆反射色的规定,各种颜色的色品图见JT/T 390—1999中的图5和图6。当突起路标作为标线的补充使用时,其反射体应符合《突起路标》(JT/T 390—1999)相应逆反射色的规定,耐候性能、耐盐雾腐蚀性能按《突起路标》(JT/T 390—1999)规定的方法进行试验后应满足要求。

22.2.2　施工放样检查

突起路标应按设计图量距定位,由于其施工是在标线完成后进行,因而量距定位相对容易,放样检查内容包括:横向定位、间距及其连接线形。突起路标安装完成后质量如不合格时返工困难,且在路面上留下黏结剂,所以其施工放样检查应认真仔细,避免因定位不当造成返工。

22.2.3　施工安装巡视、检查

安装前应清理施工现场,保证路面干燥、清洁。突起路标反射器的安装方向应尽可能与驾驶员视线垂直。突起路标与路面的黏结应牢固、耐久,能经受汽车轮胎的冲击而不会脱落。

22.2.4　完工检查验收

突起路标安装完工后监理应严格检查验收,要求线形流畅、安装牢固、颜色一致、间距均匀。经监理检查验收合格后方可进行中间计量、支付。

22.3　突起路标工程质量验评标准

22.3.1　实测项目

突起路标实测项目见表22-1。

突起路标实测项目　　表22-1

检 查 项 目	规定值或允许偏差	检查方法和频率
安装角度(°)	±5	角尺:抽检10%
纵向间距(mm)	±50	钢卷尺:抽检10%
损坏及脱落个数	<0.5%	检查损坏及脱落个数:抽检30%
横向偏位(mm)	±50	钢卷尺:抽检10%
承受压力(kN)	>160	检查测试记录
光度性能	在规定范围内	检查测试报告

22.3.2 外观鉴定

(1)突起路标外观应美观,尺寸符合有关规范要求,表面光滑,不得有尖角、毛刺存在,表面无明显的划伤、裂纹。

(2)突起路标纵向安装应成直线,不得出现折线。曲线段的突起路标应与道路曲线相吻合,线形圆滑、顺畅。

(3)突起路标黏结剂不得造成路面污染。

附录

高等级公路工程施工监理组织与管理实施指南

1 总 则

1.1 目 的

为了有效控制高等级公路工程施工过程中的工程质量、安全、环保、费用、进度实施的监督和管理，提高项目投资效益和工程管理水平，使公路项目施工监理工作做到标准化、规范化、程序化，达到任务明确、标准统一、程序合理的目的，根据《公路工程施工监理规范》(JTG G10—2006)、《建设工程质量管理条例》(2000 年 1 月 30 日发)、《国务院办公厅关于加强基础设施工程质量管理的通知》(1999 年 2 月 13 日发)、FIDIC 条款、国家和地方相关的公路建设管理文件，以及施工监理招标文件的要求，结合建设项目的实际情况，可参照本实施指南组织施工监理，并对工程项目进行监督管理。

1.2 监 理 依 据

(1)业主和监理单位签订的监理服务合同文件；

(2)业主和承包人签订的施工合同文件；

(3)经政府主管部门批准的工程项目建设文件；

(4)国家和地方有关工程建设监理的法律、法规、条例和规定；

(5)国家和地方有关工程建设的质量标准、施工规范和试验检测规范；

(6)世行贷款项目有关规定；

(7)在监理、施工合同实施过程中形成的有关会议记录、函电、指令和其他文件；

(8)总监办根据施工、监理合同文件签发的所有施工图纸和指令等。

1.3 质量保证体系

高等级公路宜按照“政府监督、社会监理、企业自检”的三级质量保证体系进行监理管理。

1.4 施工监理的原则

监理单位和监理人员应按照“严格监理、热情服务、秉公办事、一丝不苟”的原则，认真贯彻执行有关施工监理的各项方针、政策、法规，制订详细工作计划，明确岗位职责，严格检查制度，认真负责地做好施工监理工作。

1.5　监理单位资质

承担高等级公路工程项目施工监理业务的单位，必须是在监理招标中中标并签订了监理合同(协议)的具有法人资格和相应资质等级的监理组织。具体可参考2001年建设部关于监理单位资质等级和业务范围的管理暂行规定执行。

1.6　监理人员资格

凡在高等级公路工程项目中从事监理工作的人员，必须是监理单位在投标书中推荐并经业主批准的合格人员。其中，高级监理及高级监理助理应具备高级技术职称，并持有监理工程师证书，60岁以下，有15(10)年以上道桥施工、监理经验，并从事道桥、隧道施工监理工作8年以上。

计量、合同监理工程师有5年工作经验，持有专业监理工程师证书，负责类似工程的计量合同工作3年以上。

试验室主任：10年工作经验，具有试验检测工程师专业证书，从事试验检测工作5年以上。

驻地监理工程师：具有工程师以上技术职称，55岁以下，并持有监理工程师证书，从事道、桥、隧道监理工作8年以上。

路基、路面、安全设施、绿化、试验检测、测量等专业监理工程师，应具有5年以上工作经验，持有工程师以上技术职称和省级以上部门颁发的专业监理工程师证书，并从事相关专业施工监理工作5年以上。

桥梁、隧道监理工程师，应具有8年以上工作经验，工程师以上技术职称，持有省级以上交通主管部门颁发的专业监理工程师证书，并从事相关专业施工监理工作5年以上。

监理员：具有道桥专业初级技术职称及省级以上交通主管部门颁发的公路工程监理培训证，从事类似监理工作2年以上。

1.7　监理阶段的划分

高等级公路工程项目的监理划分为三个阶段：施工准备阶段监理；施工过程阶段监理；交工及缺陷责任期阶段监理。

1.7.1　施工准备阶段监理

监理合同协议签订后，即进入施工准备阶段监理。

监理人员应熟悉合同文件；复核图纸和放样定线数据；督促承包人提交施工组织设计；准备第一次工地会议；准备发布开工通知书等。

1.7.2 施工阶段监理

施工阶段的监理，应集中力量做好工程质量监理、工程进度监理、工程费用监理，并做好合同管理、信息管理等工作。

1.7.3 交工及缺陷责任期阶段监理

在工程完工或部分(单位、分部)工程完工后，只要签发交工证书后即进入缺陷责任期阶段监理，除应对工程缺陷、修补、修复及重建进行质量监理外，并应按要求做好这一阶段的其他监理工作。

1.8 监理人员工作守则

(1)监理人员在施工监理过程中，应有高度负责、爱岗敬业的精神，科学严谨、一丝不苟的工作态度，求真务实、客观公正的工作作风，必备的技术业务能力并遵守以下守则：

①认真贯彻执行有关监理工作的各项方针政策、法律法规，明确岗位职责，严格检(抽)查制度，努力做好工程监理工作，维护业主和承包人的合法权益。

②不接受任何其他商业性委托，不泄露工程和业主的秘密，忠实履行职责，对业主负责。

③不在同一项目中既做监理又做承包人的商业咨询，不泄露技术情报，不接受任何回扣、提成或其他间接报酬。

④不向承包人介绍施工队伍和推销材料。

⑤不接受承包人的宴请、馈赠或受邀进入任何营业性娱乐场所。

⑥不在承包人处报销任何费用或谋取任何直接或间接利益。

⑦当证明自身的判断是错误时，要及时更正。

⑧当监理工作涉及业主和承包人双方合法权益时，应按照合同规定，在授权范围内实事求是地进行处理。

(2)监理人员在履行自己职责和行使自己的权利时，应注意如下问题：

①严格执行合同是全体监理人员最基本的工作准则。

②监理人员应与承包人保持良好的关系，并在职权范围内尽可能地关心和帮助承包人。

③监理人员在合同执行中要熟悉合同和设计文件，了解和掌握监理工作的重点、难点，能及时发现问题。

④监理人员应依靠自身判断能力正确公正地进行施工监理。

⑤监理人员与承包人在对工程质量的判断发生分歧时，应以合同文件和检测、试验资料为依据，切忌感情用事，或凭个人的看法和经验随意做决定。

⑥监理工程师发现工程质量将受到危害时，应迅速地先通知承包人，然后采取劝告、提示的方法引导承包人进行纠正。如果承包人不听劝告继续施工时，必须果断地指令暂停施工，进行检查。

⑦质量的优劣既要以试验和检测数据为依据，还应按规范要求对检测数据进行综合评价才能作出结论。

⑧监理人员在计划监控中仅告诉承包人进度是否令人满意是不够的，还必须有充分的根据去论证并令承包人信服其进度已经缓慢，必须采取措施加快进度。

⑨监理人员每周一次检查和记录承包人的人员变动和工地情况，以及材料和施工机械情况并系统地做好记录。

⑩监理人员在管理合同时需要有多方面的经验，严谨的工作态度，以避免因发布不符合合同规定的指令，而导致要求额外支付而引起的争议。

⑪监理人员在给承包人指令时一定要谨慎。非合同内的事项在未与承包人协商前不要发出指令，因为承包人无权接受合同规定以外的其他指令。

⑫监理人员不得行使业主所授权范围以外的任何权力。

⑬监理人员上岗必须经过培训并佩证上岗。

2 施工监理准入管理

2.1 招投标制度与现行法规、办法

(1)交通部工程管理司1991年编制的《世界银行贷款项目公路工程国际招标文件范本》采用的FIDIC合同文件1987年第四版《通用条件》,并参考该版《专用条件》(示例),结合我国实际编制了《专用条件》,同时编制了《投标人须知》、《技术规范》、各种投标附件格式和《设计图表示例》。1987年财政部参照FIDIC1987年第四版的1992年修订版编印了《世界银行贷款项目招标文件范本》。该范本工程招标部分名为《土建工程国际竞争性招标文件》。

(2)国家物价局、建设部(92)价费字479号文件《关于发布工程建设监理费有关规定的通知》。

(3)《公路建设监督管理办法》。

(4)《公路工程施工监理招标投标管理办法》。

(5)交通部颁《公路建设市场管理办法》。

(6)交通部颁《公路工程施工监理合同范本》。

2.2 施工监理招投标模式

2.2.1 工程监理招投标特点

工程监理招投标是指监理(咨询)作为一种高智能型中介服务(商品)的一种竞争形式和交易方式,亦即业主对监理单位选择的一种方式。因此,如何保证参与人都具有合法权利,实现招投标的"公平、公正、有序",乃是值得着重研究的问题。采用招投标方式进行交易活动的显著特征是将竞争机制引入了交易过程,与采用供求双方"一对一"直接交易等非竞争性的采购方式相比,具有明显的优越性,主要表现在:

(1)招标方通过对各投标竞争者的报价和其他条件进行综合比较,从中选择报价低、技术力量强、质量保障体系可靠、具有良好信誉的供应商作为中标者,与其签订采购合同,这显然有利于节省和合理使用采购资金,保证采购项目的质量。

(2)招标投标活动要求依照法定程序公开进行,有利于堵住采购活动中行贿受贿等腐败和不正当竞争行为的"黑洞"。

(3)有利于创造公平竞争的市场环境,促进企业间的公平竞争。采用招标投标的交易方式,对于供应商来说,只能通过在质量、价格、服务等方面展开竞争,以尽可能充分满足招标方的要求,取得商业机会,体现了在商机面前人人平等的原则。

2.2.2　招投标程序

(1)准备招标文件,按分级管理原则报上级交通主管部门核准;

(2)在交通主管部门网络发布招标广告;

(3)投标者报名进行资格预审,并按分级管理原则,将资格预审合格者资料报上级交通主管部门备案;

(4)向资格预审合格者发出投标邀请函,组织召开招标会议;

(5)组织投标者勘察现场,解答其提出的问题;

(6)发投标邀请书,发放招标电子文件;

(7)招标文件问题澄清;

(8)接受投标者的标书;

(9)审查技术投标书的符合性,技术标开标;

(10)组织成立评标委员会或评标小组进行技术标评标;

(11)技术标答辩;

(12)确定技术标综合得分(技术标得分＋技术标答辩得分)排序,确定入围监理单位;

(13)审查入围监理单位财务投标书的符合性,财务标开标;

(14)组织成立评标委员会或评标小组进行财务标评标;

(15)计算总分(技术标的得分＋财务标的得分)排序,确定中标者;

(16)按分级管理原则,将评标报告及评标结果报上级交通主管部门备案;

(17)项目法人与中标者签订公路项目建设监理合同。

2.2.3　招投标组织与管理的主要内容

1)发布招标广告

以交通主管部门网络发布招标广告为主,并在主要报纸上发布。发布招标广告的同时,发布投标者报名资格条件。

2)报名条件

投标者现场报名,要求资格条件证明原件,如企业营业执照、企业资质等级证书、政府质量监督部门颁发的工程质量优良证书、在监或完成施工监理合同、企业法人和投入本项目总监(高级驻地)证书等,参加投标资格申请表。

3)项目介绍会与勘察现场

项目单位组织召开项目介绍会,包括:设计文件、招标文件介绍等。

可要求投标单位企业法人和投入本项目总监(高级驻地)等人参加;组织投标者勘察现场,解答其提出的问题;发投标邀请书、发放招标电子文件。在时间上可集中安排这几项内容。

通过召开项目介绍会、勘察现场后,使监理单位对项目有深刻了解,由投标单位企业法人和投入本项目总监(高级驻地)等决定是否参加投标本项目。对接受投标邀请书的监理单位,发放招标电子文件。

4)投标书送达与开标

接受投标者的标书(技术与财务标分开封装——双信封),并抽签决定开标、技术标答辩次序，审查技术投标书的符合性，技术标开标。

5)组织成立评标委员会或评标小组进行技术标评标

由评标委员每人对每个技术标，按“指标评价标准”进行打分，技术标满分 150 分，对技术标评分封存。根据项目监理标段的多少，设置评标时间段。其中技术标“指标评价标准”体系后面介绍。

6)确定技术标的得分(技术标得分＋技术标答辩得分)

(1)现场公开进行技术标答辩，由评标委员现场打分。

①投标单位答辩参加人员可要求企业法人和投入本项目总监(高级驻地)、主要专业工程师，共 3～4 名。

②答辩题目应以技术建议书内容为主，也可涉及财务、商务、廉政措施等。

③技术标答辩满分设置为 10 分。

(2)技术标得分在技术标答辩完成后公布。

(3)技术标得分取评标委员打分的算术平均值。

(4)技术标答辩得分取评标委员打分的算术平均值。

(5)技术标得分＝技术标得分＋技术标答辩得分。

(6)技术标的得分排序。

7)确定技术标的得分

确定技术标的得分(技术标得分＋技术标答辩得分)排序，确定入围监理单位，一般取排序前 3～5 名。

8)审查入围监理单位财务投标书的符合性、财务标开标

(1)财务标的得分满分 40 分，其中：监理服务各项目报价合理性满分 10 分，总报价满分 30 分。

(2)监理服务各项目报价合理性得分。组织成立评标委员会或评标小组进行财务标评标打分，由评标委员每人对每个财务标，按“指标评价标准”进行打分，对财务标评分封存。根据项目监理标段的多少，设置评标时间段。

监理服务各项目报价合理性可设置指标评价标准，“指标评价标准”体系下面介绍。

(3)总报价得分。入围监理单位财务投标书总报价算术平均值设置为满分 30 分。高于或低于算术平均值的得负分(扣分)的值为实际分值。

实际值评价标准下面介绍。

$$总报价得分=30-|实际分值|$$

(4)财务标的得分＝监理服务各项目报价合理性得分＋总报价得分。

9)总分计算

计算总分(技术标的得分＋财务标的得分)排序，确定中标者。

10)签订监理合同和廉政合同

项目法人与中标者签订公路项目建设监理合同和廉政合同。

在项目法人与监理单位鉴定廉政合同的基础上增加：

(1)项目法人与纪检检察部门廉政合同；

(2)监理单位纪检检察部门廉政合同；

(3)项目管理部门个人自律声明；

(4)参加项目监理个人自律声明。

通过社会道德基本规范和强有力的制度来维护招投标秩序，实现“他律”与“自律”相结合的反腐败体系。

2.2.4　指标评价标准

技术标、技术标答辩和监理服务各项目报价合理性指标评价标准体系包括：评价指标、指标观察点、指标评分办法等。评价指标、指标观察点可根据项目情况具体设置，依据现有工程事例、建立专家调查表等方法确定。技术标指标评价标准体系如下。

(1)指标值：

标的总分200分，其中技术标的分160分(技术标满分150分，技术标答辩满分10分)；财务标的分40分(监理服务各项目报价合理性满分10分，总报价满分30分)，设置指标评价标准。

(2)计分公式：

技术标的得分＝技术标得分＋技术标答辩得分

财务标的得分＝监理服务各项目报价合理性得分＋总报价得分

(3)技术标指标评价标准见附表1。

技术标指标评价标准　　附表1

评价指标	指标观察点	指标评分办法	得分
本项目工程概况及监理工作范围(4分)	对本项目工程了解程度(4分)	了解	4
		一般了解	2
企业资质、信誉及业绩(8分)	企业资质证明资料(2分)	完整	2
		不完整	0
	完成监理项目证明资料(2分)	真实、获奖	2
		真实或获奖	1
		不真实或没有获奖	0
	在监项目证明资料(2分)	真实、获奖	2
		真实或获奖	1
		不真实或没有获奖	0
	监理项目奖惩情况(2分)	获奖	2
		无或惩罚	0
本项目监理机构(10分)	由监理单位提出监理机构设置及设置方案；监理职责(10分)	与本项目监理服务任务相适应、合理	10
		与本项目监理服务任务基本相适应	6
		与本项目监理服务任务不相适应	2

续上表

<table>
<tr><th colspan="2">评 价 指 标</th><th>指标观察点</th><th>指标评分办法</th><th>得分</th></tr>
<tr><td colspan="2" rowspan="3">监理内部管理办法
(8分)</td><td rowspan="3">根据监理行业行为准则、企业各种管理办法,制定适应本项目管理办法,利于规范管理、提高工作效率等(8分)</td><td>详细、规范、利于操作</td><td>8</td></tr>
<tr><td>一般</td><td>5</td></tr>
<tr><td>不全</td><td>2</td></tr>
<tr><td rowspan="8">人员素质
(46分)</td><td rowspan="3">总监理工程师
(12分)</td><td rowspan="3">技术职称、工作和监理经历、工作业绩(12分)</td><td>注册监理工程师,高级技术职称,并具有5年以上总监监理经验,担任总监的项目获得省、部级优秀总监或优秀监理部称号</td><td>12</td></tr>
<tr><td>注册监理工程师,高级技术职称,并具有5年以上总监监理经验</td><td>6</td></tr>
<tr><td>其他</td><td>0</td></tr>
<tr><td rowspan="3">主要专业工程师:
道路、桥梁、试验
(30分)</td><td rowspan="3">技术职称、工作和监理经历、工作业绩(30分)</td><td>注册监理工程师或注册监理工程师专业,中级以上技术职称,并具有3年以上专业监理经验,担任专业工程师项目获得省、部级优秀部优秀监理工程师称号</td><td>30</td></tr>
<tr><td>注册监理工程师或注册监理工程师专业,中级以上技术职称,并具有3年以上专业监理经验</td><td>18</td></tr>
<tr><td>其他</td><td>0</td></tr>
<tr><td rowspan="3">专业工程师助理
(4分)</td><td rowspan="3">技术职称、工作和监理经历、工作业绩(4分)</td><td>有技术职称、工作和监理经历</td><td>4</td></tr>
<tr><td>技术职称、工作和监理经历不全</td><td>3</td></tr>
<tr><td>无</td><td>0</td></tr>
<tr><td rowspan="12">质量控制的措施和方法
(16分)</td><td rowspan="6">原材料质量控制的措施和方法
(4分)</td><td rowspan="3">原材料质量控制的监理工作内容、原则、方法和程序(2分)</td><td>内容、原则、方法和程序全面</td><td>2</td></tr>
<tr><td>内容、原则、方法和程序不全面</td><td>1</td></tr>
<tr><td>无</td><td>0</td></tr>
<tr><td rowspan="3">原材料质量控制目标的监理工作措施(2分)</td><td>措施得当</td><td>2</td></tr>
<tr><td>措施不得当</td><td>1</td></tr>
<tr><td>无</td><td>0</td></tr>
<tr><td rowspan="6">质量控制事前控制的措施和方法
(4分)</td><td rowspan="3">质量控制事前控制的监理工作内容原则、方法和程序(2分)</td><td>内容、原则、方法和程序全面</td><td>2</td></tr>
<tr><td>内容、原则、方法和程序不全面</td><td>1</td></tr>
<tr><td>无</td><td>0</td></tr>
<tr><td rowspan="3">质量控制事前控制监理工作措施(2分)</td><td>措施得当</td><td>2</td></tr>
<tr><td>措施不得当</td><td>1</td></tr>
<tr><td>无</td><td>0</td></tr>
</table>

续上表

评价指标		指标观察点	指标评分办法	得分
质量控制的措施和方法(16分)	质量控制事中控制的措施的方法(4分)	质量控制事中控制的监理工作内容、原则、方法和程序(2分)	内容、原则、方法和程序全面	2
			内容、原则、方法和程序不全面	1
			无	0
		质量控制事中控制监理工作措施(2分)	措施得当	2
			措施不得当	1
			无	0
	质量控制事后控制的措施和方法(4分)	质量控制事后控制的监理工作内容、原则、方法和程序(2分)	内容、原则、方法和程序全面	2
			内容、原则、方法和程序不全面	1
			无	0
		质量控制事后控制监理工作措施(2分)	措施得当	2
			措施不得当	1
			无	0
工期控制的措施和方法(4分)		进度控制的监理工作内容、原则、方法和程序(2分)	内容、原则、方法和程序全面	2
			内容、原则、方法和程序不全面	1
			无	0
		进度控制监理工作措施(2分)	措施得当	2
			措施不得当	1
			无	0
投资控制的措施和方法(满分6分)		投资控制的监理工作内容、原则、方法和程序(2分)	内容、原则、方法和程序全面	2
			内容、原则、方法和程序不全面	1
			无	0
		投资控制的监理工作措施(2分)	措施得当	2
			措施不得当	1
			无	0
		工程变更投资控制、费用索赔的处理方法(2分)	措施得当	2
			措施不得当	1
			无	0
文明、安全控制措施和方法(满分4分)		文明、安全控制的监理工作内容原则、程序(2分)	内容、原则、方法和程序全面	2
			内容、原则、方法和程序不全面	1
			无	0
		方法文明、安全控制的监理工作措施(2分)	措施得当	2
			措施不得当	1
			无	0

续上表

评 价 指 标	指标观察点	指标评分办法	得分
合同及信息管理的措施和方法（4分）	合同及信息管理的工作内容、原则、程序和方法（2分）	内容、原则、方法和程序全面	2
		内容、原则、方法和程序不全面	1
		无	0
	合同及信息管理的工作措施（2分）	措施得当	2
		措施不得当	1
		无	0
现场旁站监理的措施和方法（4分）	现场旁站监理内容、原则、程序和方法（2分）	内容、原则、方法和程序全面	2
		内容、原则、方法和程序不全面	1
		无	0
	措施（2分）	到位、不留隐患	2
		不到位、留隐患	0
监理试验室、现场监理机构配备（20分）	试验室配备（10分）	合理、满足要求	10
		满足要求，不合理	8
		不满足要求，合理	4
		不满足要求，不合理	0
	经纬仪、水准仪、测距仪、摄像机、计算机、监理软件等（10分）	完整、满足要求	10
		不完整、满足要求	5
		不完整、不满足要求	0
组织、协调（2分）	内容（1分）	翔实	1
		一般	0.5
		不详实	0
	方法（1分）	原则性强、有策略、灵活、多样	1
		一般	0.5
		不当	0
环境保护（2分）	对于承包人提出措施、方法（2分）	翔实，得当	2
		一般	1
		不当或不详	0
安全（2分）	对于承包人提出措施、方法（2分）	翔实，得当	2
		一般	1
		不当或不详	0
监理廉政（2分）	措施（2分）	翔实，得当	2
		一般	1
		不当或不详	0
对业主建议（2分）	向业主提出管理建议（2分）	有且合理	2
		无	0

续上表

评 价 指 标	指标观察点	指标评分办法	得分
监理工作重点、难点（2分）	内容及分析（2分）	重点、难点明确，分析合理	2
		重点、难点明确或分析合理	1
		一般	0.5
		无	0
业主考察（2分）	监理单位管理（2分）	规范	2
		一般	1
		混乱	0
服务承诺（2分）	对本项目服务质量承诺（2分）	优良服务、措施明确	2
		一般	1
		无	0

（4）技术标答辩指标评价标准见附表2。

技术标答辩指标评价标准　　附表2

评 价 指 标	指标观察点	指标评分办法	得分
本工程特点、监理要点（4分）	对本工程了解（2分）	了解	2
		一般	1
		不了解	0
	监理工作如何适应（2分）	有方法、措施	2
		一般	1
		无	0
监理工作经验（4分）	有哪些监理工作经验（2分）	监理工作经验丰富	2
		一般	1
		无	0
	对本项目有何帮助（2分）	结合工程有帮助	2
		一般	1
		无	0
监理单位管理（2分）	对本项目有何措施（2分）	有具体措施	2
		一般	1
		无	0

（5）监理服务各项目报价合理性指标评价标准见附表3。

监理服务各项目报价合理性指标评价标准　　附表3

评 价 指 标	指标观察点	指标评分办法	得分
监理服务费（1分）	以业主提供的本监理合同段建安工程费为计算基数，以监理服务费费率（保留小数点后两位，如：1.45%）形式报价（1分）	合理	1
		一般	0.5
		不合理	0

续上表

评价指标	指标观察点	指标评分办法	得分
监理人员(2分)	施工期数量、单价(1分)	合理	1
		一般	0.5
		不合理	0
	缺陷期数量、单价(1分)	合理	1
		一般	0.5
		不合理	0
监理通信、办公(2分)	施工期数量、单价(1分)	合理	1
		一般	0.5
		不合理	0
	缺陷期数量、单价(1分)	合理	1
		一般	0.5
		不合理	0
交通设施(2分)	施工期数量、单价(1分)	合理	1
		一般	0.5
		不合理	0
	缺陷期数量、单价(1分)	合理	1
		一般	0.5
		不合理	0
试验、检测(2分)	施工期数量、单价(1分)	合理	1
		一般	0.5
		不合理	0
	缺陷期数量、单价(1分)	合理	1
		一般	0.5
		不合理	0
生活设施(1分)	施工期数量、单价(0.5分)	合理	0.5
		一般	0.3
		不合理	0
	缺陷期数量、单价(0.5分)	合理	0.5
		一般	0.3
		不合理	0

(6)监理服务财务投标书总报价指标评价标准体系。

入围监理单位财务投标书总报价算术平均值设置为满分30分。高于或低于算术平均值的得负分(扣分)的值为实际分值。

$$总报价得分=30-|实际分值|$$

$$D=(\sum D_i)/n$$

$$实际分值=-(|D-D_i|/D)\times 100$$

式中：D——入围监理单位财务投标书总报价算术平均值；

D_i——入围各监理单位财务投标书总报价；

n——入围监理单位总数。

2.3 监理机构和职责

2.3.1 监理机构与人员配备

1)监理机构

根据公路工程的规模和等级，结合具体工程项目特点建立合理的监理机构。通常情况下，高速和一级公路可设置二级监理机构，即总监理工程师办公室（简称总监办）和驻地监理工程师办公室（简称驻地办）。开工里程在 20km 以下的，宜设置一级监理机构，即总监办。二级及二级以下公路和养护工程可根据工程规模、难易程度、合同工期安排、现场条件等因素设置一级或二级监理机构。公路机电工程可设置一级监理机构。

2)人员配备

监理机构中监理人员的数量和结构，应根据监理内容、工程规模、合同工期、工程条件和施工阶段等因素，按保证对工程实施有效监理的原则确定。具体可参考监理规范相关规定：高速公路、一级公路工程每年每 5 000 万元建安费宜配备交通部核准资格的监理工程师 1 名；独立大桥、特长隧道工程每年每 3 000 万元建安费宜配备交通部核准资格的监理工程师 1 名。根据工程特点和实际需要，上述配置可在 0.8～1.2 的系数范围内调整。

高速公路机电工程，每 50km 每系统宜配备交通部核准资格的监理工程师 1 名，根据工程情况，如系统复杂或隧道机电工程内容较多，可适当增加。

如遇重大工程变更等情况，上述人员配备应根据需要进行调整，并就工程内容的变化、人员的调整事宜签订补充合同。

总监办应配备 1 名总监理工程师和若干名专业监理工程师。总监理工程师应具有相应专业的高级技术职称、5 年以上的现场工程监理经历、担任过两项以上同类工程的驻地或总监职务。

驻地办应根据工程复杂程度配备 1～2 名驻地监理工程师和若干名专业监理工程师。驻地监理工程师应具有相应专业的中级或高级技术职称、同类工程 3 年以上监理经历。

2.3.2 监理职责

1)总监办职责

(1)主持编制监理计划。

(2)主持召开监理交底会、第一次工地会议。

(3)按合同要求建立中心试验室。

(4)审批施工组织设计及总体进度计划、重要工程材料及混合料配合比。

(5)签发支付证书、合同工程开工令、单位或合同工程的暂停令和复工令。

(6)审核变更单价和总额以及延期和费用索赔。

(7)协助建设单位审查交工验收申请,评定工程质量。

(8)组织编写监理月报、编制监理竣工文件、编写监理工作报告。

①认真贯彻执行国家关于基本建设的方针、政策、法律、法规,贯彻落实工程建设的总方针和各项具体措施,确保工程建设总目标的顺利实现。

②审核、上报项目初步设计和概算文件,并按国家和行业法规,通过项目招投标选择具有相应资格的设计、施工和监理单位,分别签订合同,实行合同管理。

③建立健全质量保证和安全生产体系,建立质量管理和安全生产责任制度,落实质量安全岗位责任制。

④负责项目总体建设方案的审定,依照有关公路建设的法律法规、技术标准规范和合同文件,组织进行设计、施工和监理,工程完工后及时组织交工验收,并做好竣工验收准备工作。

⑤严格执行国家的财经纪律和财务制度,搞好建设资金筹措,抓好资金调度和财务管理。

⑥负责征地拆迁的组织指挥和建设协调工作,为工程建设的顺利进行创造良好的内外环境。

⑦主持设计、施工、监理和设备材料采购的招投标工作。

⑧负责主持重大工程技术方案的审定和决策。

⑨主持编制并组织实施项目建设规划、年度投资计划、建设进度计划。

⑩签发全线工程开工令及各种重要指令,代表业主签署各种支付证书。

⑪主持召开全线工程管理及施工调度会等重要会议,负责协调各方面关系。

⑫考核监理和承包人主要人员的业绩,撤换不称职人员,并组织相关人员的培训。

⑬组织处理工程质量事故,确认处理方案。

2)总监办内设机构职责

(1)总监办办公室职责

①负责文件的收发、督办、文印和档案的管理工作。

②负责综合性文件及文稿、工作报告、会议纪要、工作计划、规章制度的起草工作。

③负责总监办综合性工作会议、施工调度会和大型活动的组织筹备工作。

④负责公共社会关系、法律咨询工作。

⑤负责对上级有关部门的联系、接待及内部各部门的协调工作。

⑥负责政策调研、宣传报道和精神文明建设工作,维护管理网站信息。

⑦负责党团工会、劳动人事、纪检监察日常工作。

⑧负责行政后勤保障工作和安全保卫、保密工作。

⑨负责行政办公用品的采购管理及生活设施的维护工作。

⑩负责车辆调度、维护管理工作。

⑪指导工作站的相关工作。

(2)工程管理处职责

工程处负责工程建设招标管理、合同管理、投资控制管理、计划进度管理、工程计量管理的职能部门，具体职责是：

①负责管理与工程有关的所有招投标工作和合同的审定实施。

②负责组织全线施工进场验收，审批各合同段开工报告。

③负责审查和办理工程计量与结算工作。

④会同有关部门审核工程数量与单价的变更，审查工程延期、索赔、分包及承包人、高级驻地办违约等事项。

⑤负责编制、审查工程总体进度计划，编制年度投资计划，参与筹备施工调度会，协同财务部门编制月、季、年度工程资金用款计划及向世行呈报工程进度计量支付报表。

⑥定期向上级部门报送所要求的工程统计报表，向全线发布进度公报。

⑦工程受险时，会同财务处协助承包人依据保险合同向保险公司索赔。

⑧按世行程序和要求抓好农村道路升级计划的规划与落实工作，对用于农村道路升级改造工程的世行贷款资金进行有效控制与管理。

⑨协同技术质量处完成交工、竣工验收工作。

⑩负责本处(部)室业务范围内相关文件、资料的收集整理，并交办公室存档。

⑪指导工作站的相关工作。

(3)技术质量处职责

技术质量处(部)是总监办负责技术管理、质量控制、安全生产、科研课题等工作的职能部门，具体职责是：

①负责宣传和贯彻执行国家、交通部和省交通厅在设计、施工、监理等方面的技术标准和规范。

②负责编制工程建设中的技术质量管理制度和文件，并组织贯彻落实。

③参与设计、监理、施工的招标工作。

④负责初步设计和施工图设计技术组织和评审工作，组织设计、施工、监理单位进行技术交底。

⑤会同有关部门进行施工、监理单位进场验收，协同工管处审查各承包人工程开工报告，监督落实项目工程进度计划，对当月计量工程进行质量签证。

⑥建立质量保证的组织、措施体系，检查各级质量保证体系和质量控制方案的落实，管理和指导中心试验室做好各项试验检测工作，并负责管理本项目各级试验检测机构。

⑦负责审定重要的施工技术方案，制订关键工艺、工序技术措施，对重大设计变更方案进行审查、评估和方案比选，及时组织设计单位做好变更后的技术文件和图纸出版，下达设计变更文件。

⑧负责工程中的技术质量巡查工作，组织对技术质量安全事故的勘察和处理工作，协调和仲裁因技术、质量引起的争议问题。

⑨建立和规范全线工程监理制度及其运作程序，监督和检查监理制度的落实，全面负责管理和指导本项目各级监理机构，并督促各级监理人员依法按程序做好日常监理工作，做好世行项目(包括项目下的农村道路工程)监测配合工作。

⑩负责进行科研攻关和技术研讨，积极推广新技术、新工艺、新材料、新设备，组织科研项目申报立项、评审和成果申报工作。

⑪建立工程进度、质量、安全奖惩制度，负责全线施工、监理合同段的综合评比工作，组织经验推广交流活动。

⑫负责监理月报、年报以及监理工作的管理，并考核、评定监理单位的服务质量。

⑬负责工程交工验收、竣工验收相关资料的归集、整理、出版，主持和参与单位工程交工和竣工验收，督促缺陷修复，办理交工验收和缺陷终止证书，编制和出版竣工文件。

⑭负责全线施工范围内的环境保护工作，督促施工单位落实环保措施，组织对重大（主要）环保项目实施方案的落实。

⑮负责组织技术学习和技术培训。

⑯负责制订生产安全制度，督促检查安全生产，处理生产安全事故。

⑰负责设计、监理、承包人及本处（部）室业务范围内相关文件、资料的收集、整理、归档，并交办公室存档。

⑱指导工作站的相关工作，承办总监办交办的其他工作。

(4)中心试验室职责

中心试验室是负责工程质量试验检测和监督的职能部门，与高级驻地监理工程师办公室试验室、承包人工地试验室共同形成三级工程质量监督检测体系。其主要职责是：

①对工程质量进行预测、监控和管理，为领导决策和技术方案的确定提供科技依据。

②对主要材料进行质量鉴定和认可，对其他一般材料进行质量报告的审核、备案，对监理工程师批准的承包人拟采购的材料进行检测，对商品构件进行质量抽验。

③对承包人提供的标准试验结果进行复验、认可，对承包人的工艺试验进行监督并对结果进行认可。

④在施工中对承包人的检测数据和监理试验室的抽检数据按检验标准要求进行抽样检查。

⑤参与和组织分项工程的验收与评定，配合省质检部门做好交工、竣工验收质量检评工作，参加工程质量事故的调查、处理和定论。

⑥做好日常工程质量巡检工作，对各种试验结果进行数理统计和分析整理，建立全部工程的试验资料档案并发布工程质量月报。

⑦负责仲裁工程承包人与监理工程师的质量纠纷，下达质量仲裁通知书。

⑧对监理试验室和工地试验室的设备功能、人员及其资质、操作方法、资料管理等项工作进行有效监督、检查和指导。

⑨参与新技术、新材料、新设备、新工艺等研究项目的试验工作。

⑩指导工作站的相关工作。

⑪试验检测检测工作以“控制材质、科学配比、提高工艺、确保质量”为目标，以“日常巡检、疑问复核、异议仲裁”为重点，对各个工程质量和试验工作进行监督和管理。

(5)机务材料处职责

机务材料处是总监办负责材料设备供应组织和管理的职能部门。其具体职责是：

①负责材料设备供应的调控管理、质量监督，编制材料设备供应的指导计划。

②负责确定主要材料和设备的供应方式，会同有关部门做好材料设备的招标工作。

③定期向有关材料设备供货厂家发布材料设备需求信息，向工程承包人发布材料设备供

货厂家的产品质量、供货能力、价格和服务水平的信息,监督检查承包人的材料设备进货情况。

④做好地材开发供应的组织协调管理工作。

⑤做好材料设备供应的统计报表工作,掌握材料设备供应计划执行信息情况。

⑥协调工程承包人与供货商之间的供需关系,指导和监督材料设备供应中的支付结算工作。

⑦负责资产管理工作,建立固定资产账、物、卡管理制度。

⑧负责本处(部)室业务范围内相关文件、资料的收集整理,并交办公室存档。

⑨指导工作站的相关工作。

(6)财务管理处职责

财务管理处(部)是总监办负责财务管理的职能部门,其主要任务是认真贯彻执行国家有关财务法律法规和财经制度,对工程建设中所发生的经济活动进行有效控制与管理,具体职责是:

①负责项目建设资金的筹集、管理和调度,承办国内银行、世界银行贷款的提取与支付、提取还贷准备金、按时还本付息付费等工作。

②负责指导、监督监理单位、承包人及地方协调指挥部的有关财务工作。

③负责项目财务管理工作,包括:工程价款、项目工程监理费用、征地拆迁安置费用的管理与支付;项目建设单位管理费用的管理与核算;项目成本、费用的管理,开展财务分析,努力降低工程成本。

④负责项目工程保险管理工作,协助各承包人、保险单位做好工程投保、受险理赔等相关工作。

⑤负责各项资产的核算及固定资产的管理。

⑥参与合同管理,参加招标、评标和采购合同的谈判及经济合同的签订。

⑦负责定期编制财务报告和财务收支计划,监督财务清还,提供财务信息,为领导决策服务。

⑧实行财务监督,维护财经纪律,配合世界银行和有关部门进行财务检查和审计工作,保证资金安全有序使用。

⑨负责本处(部)室业务范围内相关文件、资料的收集整理,并交办公室存档。

⑩指导工作站的相关工作。

(7)征迁协调处职责

征迁协调处是工程建设中负责征迁和施工协调的职能部门,负责搞好征地拆迁、安置监督、施工协调、安全保卫等工作,具体职责如下:

①宣传、贯彻、执行国家和省有关征迁的法规、政策和标准。

②负责组织征地拆迁调查、宣传动员、方案拟订和实施情况的检查、指导、督办工作。

③负责征迁资金的计划管理和核定拨付,与有关部门共同监督征迁资金的使用管理。

④负责协调并配合国土资源部门、林业部门办理建设用地计划征地和林木砍伐手续的报批。

⑤督促各级协调机构按计划做好征地拆迁、移民安置工作,配合世行做好监测工作,提供满足世行要求的相关信息资料,按世行要求编制移民安置计划。

⑥负责组织各级协调指挥部搞好施工单位进场前和施工过程中的协调工作，确保工程正常施工所需的良好环境。

⑦负责组织总监办内部和施工单位的治安联防工作，搞好施工现场、料场(仓库)的治安管理及民爆器材的使用管理工作，配合有关部门搞好全线安全生产工作。

⑧负责建设期间地方道路还建、临时用地还耕、地方农民工债务清欠等监督协调工作。

⑨负责本处(部)室业务范围内相关文件、资料的收集整理，并交办公室存档。

⑩指导工作站的相关工作。

(8)工作站职责

工作站是总监办的派出机构，在授权范围内对所辖路段的承包人和工程施工实施管理，对监理工作实施监督，协调地方关系，具体职责是：

①组织施工、监理单位进场验收，参与设计、施工、监理单位的技术交底。

②审核报批各合同段进度计划、资金计划、材料设备计划。

③组织召开月调度会、工地例会，总结工程进展情况，研究解决施工中的主要问题。

④检查监督高级驻地办和承包人的质量保证体系，督促其严格按合同与监理实施细则的要求，对所有施工环节进行全面有效控制。

⑤参加关键工程的施工方案审查及重要工序的检查验收。

⑥负责施工中的技术质量巡查工作，及时发现制止质量问题并发出质量控制指令，对质量事故提出事故分析报告及处理意见。

⑦对中期支付证书、中期支付汇总表、最终支付申请进行现场核实、审查签证，对工程变更进行审查报批。

⑧检查督促承包人、监理单位认真履行合同义务，审核报批工程延期、索赔分包等报告，参与处理高驻办、承包人的违约及争端问题。

⑨每月向总监办提供进度、质量等报告。

⑩检查监督征迁和环保工作落实到位，做好征迁和施工外部环境的协调工作。

⑪监督检查安全生产，搞好工地现场文明施工。

⑫协调地方、承包人、监理之间的关系，协助地方及时处理有关纠纷和矛盾。

⑬接受总监办各职能部门的工作指导。

3)高驻办职责

(1)高驻办职权

①高驻办应严格按业主和监理单位签订的监理服务合同所授予的职权范围以及按业主和承包人签订的合同文件明确规定的各项内容执行。

②监理工程师在工程质量监理方面的主要职权：

a. 向承包人书面提供图纸的原始基准点、基准线和基准高程等资料。

b. 对承包人通过驻地办提交的单位工程、分部工程开工报告进行审查，签署具体意见后报工作站，总监办审批。

c. 负责对本辖区内的全部工程施工进行不间断、全过程的监理，对不满足合同、招标文件及规范要求的工程，有权下达返工令或其他指令；对严重违规施工行为，有权下达局部或全部暂停施工令，承包人整改合格后经审批方能恢复施工。

d. 对承包人的试验、检测工作进行全面监理，需用自备的仪器设备，对工程质量按照规定和程序进行检查，凭数据对工程质量进行监理。

e. 对已完工工程进行质量检测确认。

③监理工程师在工程进度监理方面的主要职权：

a. 审查承包人在开工前提交的总体施工进度计划、现金流动计划和总说明以及根据总体进度计划编制的半年进度计划，报工作站审核，由工作站报总监办审批。

b. 审查承包人编制的月度进度计划，报工作站审批。

c. 在施工过程中检查和监督计划的实施，当工程未能按计划进行时，应要求承包人调整或修改计划，并通知承包人采取必要措施，加快施工进度，以使实际施工进度符合要求。调整或修改后的计划，报工作站审批。

d. 定期向工作站报告进度情况，当施工进度可能导致合同工期严重延误时，有责任向工作站提出中止执行施工合同的详细报告或采取其他措施的建议。

④监理工程师在工程费用监理方面的主要职权：

a. 按合同规定，现场计量核实合同工程量清单规定的任何已完工程且质量合格的数量和价值。其中，原始地面线高程测量、竣工测量、土石方分界线测定和石方数量确定，清淤回填数量确定，隐蔽工程等关键性的计量工作必须有工作站人员参加签认。

b. 按合同规定，审查中期支付证书及合同中止后任何款项的支付证书，签署具体意见后，报工作站。对不符合合同文件要求的工程项目费用，有权暂拒支付，直到上述项目的施工质量达到要求。

⑤监理工程师在合同管理监理方面的主要职权：

a. 参加由总监办主持召开的第一次工地会议，主持施工阶段本监理合同段内的工地会议。有权参加承包人为实施合同组织的有关会议。在整个施工活动期间，应根据具体情况定期或不定期召开不同层次的施工现场协调会。

b. 对工程任何部分的形式、质量、数量及施工程序作出变更，应按变更的审批程序、权限办理。

c. 对承包人提出的工期延期或费用索赔，应就其申述的理由查清全部情况，并根据合同规定程序审定，签署具体意见后，报工作站。

d. 根据合同要求，严格控制工程分包，对承包人的任何分包人的资质和分包工程类型、数量进行审查，签署具体意见后，报工作站。

e. 审查承包人进入工程现场的技术、管理人员的构成、数量与合同(投标书)所列清单是否相符，对不称职的技术、管理人员有权提出更换要求。

f. 对承包人的施工机械设备的数量、规格、性能按合同要求进行审查。对不符合合同要求，影响工程工期、质量的机械设备有权提出增加、更换要求。

g. 对上报的技术性文件中应附必要的摄、录像资料。

⑥监理工程师在环保、安全管理方面的职权：

a. 各级监理机构及人员，有责任在施工期间对环境保护和生产安全进行管理。

b. 有权督促承包人遵守国家和地方有关环境保护、控制环境污染的规定，采取必要的措施防止施工中的燃料、油、沥青、污水、废料和垃圾等有害物质对河流、水源的污染，防治扬尘、汽油等易挥发物质和噪声对环境空气的污染，把施工对环境和空气及居民生活的影响减少到法规允许的范围内。

c. 督促承包人在施工期间做好防止水土流失和废料、废方的处理。

d. 控制在居民集中地区和靠近学校、医院等环境敏感区域，进行噪声较大的施工作业，有必要作业时应调整好作业的时间。

e. 由于承包人的过失，造成环境影响，应指令承包人及时做好保护措施，所导致发生的费用应由承包人自行负担。

f. 施工时如发现文物古迹，监理工程师应监督承包人不得移动和收藏，保护好现场，并暂停该区域的施工作业，及时通报相关单位；未做处理，不得重新开工作业。

g. 监理工程师应督促承包人在工程开工之前编制施工组织设计的同时，制订出相关的环保、安全技术措施。

h. 督促承包人按国家规定建立健全各级安全管理机构和制度，设立专职或兼职安全检查员。

i. 督促承包人对操作人员进行岗前安全培训。

j. 应加强与气象、水文等部门的联系，及时掌握气温、雨雪、风暴、汛情信息，及时做好防范工作。

(2)高驻办职责

监理单位依据监理合同协议规定的条款，在总监办的领导下，按照监理合同，承担高驻办的全部监理服务，并按与本项目有关的规范、标准和招标文件等所确定的程序、方式、内容建立健全高驻办内部管理制度，处理日常监理事宜，其主要职责范围如下：

①业主与承包人来往中，为各方的合法权益提出建议、意见。

②参与业主与承包人就费率、索赔、有关争议、工程变更和对工程进度、质量以及极为关键的其他问题进行谈判。

③参与业主准备提交世行报告的编制，确保符合世行的有关规定和要求，必要时，提出补救措施或建议。

④协助业主解决合同文件中出现的矛盾，其中包括设计图纸和施工规范在内。对设计图纸和规范中的实质性修改提出书面评价意见。

⑤协助业主确保有关指南和贷款协议所规定的要求在施工监理中得到遵循。

⑥如果业主与第三方发生任何仲裁或诉讼事件，如业主要求，应为仲裁委员会或为业主提供服务。

⑦确保工程施工符合本项目环保工作和拆迁工作计划。

⑧在监理总的组织机构框架内，提出高驻办内部有效的监理组织机构，报工作站审查，由总监办审批。

⑨对承包人的报告及文件进行审查并提出书面意见，按规定的程序审批或报送，如支付证明、工程变更、费用索赔、工期延长及重大技术问题等。

⑩检查和监督驻地办质量抽查工作。

⑪参加或主持工地会议及有关的技术活动。

⑫每月向工作站、总监办报告工程监理月报。

⑬审批承包人分部、分项项工程的施工组织设计和安全技术措施等。

(3)驻地办办公室主要职责

①执行高驻办的指令,接受总监办和工作站的监督。

②对承包人的主要人员在场情况按合同规定进行检查记录,对不符合合同要求、影响工程工期与质量的人员应向高驻办提出更换建议。

③在开工前和施工过程中检查用于工程的材料、设备,对于不符合合同技术要求的,应坚决拒绝使用并督促将其运出工地现场。

④负责本监理合同段范围内的每月已完成合格工程计量支付的汇总、确认,上报高驻办。对手续不全、资料不齐、擅自涂改以及其他不符合规定的计量支付报表有权拒绝和退还。

⑤对承包人的分项工程开工申请报告单进行审查,合格后报高驻办;对经高级驻地监理工程师授权的分项工程开工申请报告单进行审批。

⑥对承包人的工序质量进行检查、认可。

⑦根据合同条款的有关规定,对工程延期、费用索赔的实际情况进行调查、核实、收集、整理报高驻办。

⑧随时检查工程施工质量。对有疑问的隐蔽工程有权要求开仓(或破坏性)检查;对不合格工程有权要求返工;对严重违反要求的情况有权下达暂停施工令及其他指令,并及时上报高驻办,同时监督承包人整改。

⑨按规定完成试验及质量检测任务。

⑩准备工地会议的有关资料,负责处理工地上一般性技术问题。

(4)专业监理工程师的主要职责

①高级驻地监理工程师的主要职责

高级驻地监理工程师的职责和权限应由总监或其代表书面授予,其工作重点应是全面负责工程质量的管理。其主要包括以下工作:

a. 明确质量标准,评定工程质量。

b. 提出保证工程质量的措施和手段,组织进行质量抽查和抽验。

c. 批准分项工程开工报告,发出分项工程开工通知。

d. 经常巡视工地,及时解决处理影响工程质量的问题。

e. 向承包人发出质量控制的指示。

f. 建立部门或专业监理人员的日常汇报制度,每月以表格、图解及简报的形式提出质量控制分析报告。

g. 不定期以口头或书面报告施工进度、质量状况及其存在的问题和解决的建议。

②计量与合同管理监理工程师的主要职责

a. 熟悉合同条款、技术规范、设计图纸工程量清单及说明等合同文件,掌握合同规定的项目及工程量清单中工程细目的计量方法和法则。

b. 工程开工前,督促、指导承包人按《监理实施细则》的要求,确定工程项目划分、评定体系,并根据施工图设计进行详细的工程项目划分;督促、指导承包人按合同工程量清单并以分项工程为基本单元,统计、计算出计量控制值,然后汇总、计算出合同范围内全部工程计量总控制值。

c. 根据合同规定，审查承包人每月提交的工程月报和计量支付月报表，现场核实计量。对于非工程量清单中的项目、未经工程变更项目或未经质量验收的项目，有权拒绝组织计量支付。

d. 复核各种支付证书；参加各合同段的结算工作（包括中期结算，完工结算、交工结算）；编写计划、统计报表。

e. 审查承包人提交的工程变更申请单，对工程任何部位的结构形式、质量、数量及工程位置、尺寸的变化，有权按合同和监理实施细则规定的权限范围提出建议，初审变更工程的单价和价格，报高级驻地监理工程师审核。

f. 协助高级驻地监理工程师拟定向工作站的报告和处理承包人函件，协助高级驻地监理工程师签发工程变更令。

g. 对于承包人提出的工期延长或费用索赔报告，有责任查清承包人的申述理由及提交的全部资料，根据合同规定的程序，提出初步审查意见。

h. 监督和审查承包人的合同转让与分包问题，初审分包人的资质和分包合同的公平性。

i. 督促、监督承包人办理工程保险和合同担保事宜；风险发生时，协助承包人做好向保险公司的索赔工作。

j. 负责督促承包人及时报送工程进度报表，监督审查承包人实际工程进度，如工程进度滞缓，则要求承包人进行工程进度计划的调整、修改。

k. 负责收集、汇总应上报的各种记录、纪要和报告，协助各专业监理工程师审查施工计划；会同各专业监理工程师编写监理月报；在高级监理工程师的指导下，起草各种监理工作报告和文件。

l. 完成高驻办、驻地办交办的其他工作。

③路基专业监理工程师的主要职责

a. 熟悉和掌握专业技术标准、规范、规程和设计图纸。

b. 负责路基、小桥涵、通道、立交工程、防护设施、截水沟等工程的监理工作。

c. 审查开工报告和施工方案，负责试验路段的监理工作；并有权发出关于工程现场施工质量、进度、安全管理等监理指令。

d. 依据合同文件规定，对承包人提交的各种施工图进行审查。

e. 详细审查复核设计图纸和设计资料，对图纸和设计资料中所出现的误差进行纠正或提交高驻办报工作站处理。

f. 负责分项工程各工序中间检查、抽查检验和中间交工验收检验。

g. 对承包人提出的延期、索赔申请进行现场核查，搜集各类原始资料，提出处理意见。

h. 对承包人提出的工程变更提出审查意见。

i. 审查进场材料人员、机械的数量和质量，使其符合合同规定和规范要求。

j. 经常巡查工地，按工程施工进展情况，组织并参与旁站监督。

k. 负责监理资料、记录、图表的整理归档工作，并及时交由信息工程师管理。督促试验监理员和承包人按规定的自(抽)检频率和方法，完成各种试验。

l. 完成高驻办、驻地办交办的其他工作。

④路面专业监理工程师的主要职责

a. 熟悉和掌握路面专业技术标准、规范、规程和设计图纸。

b. 负责全线路面及沿线排水、中央分隔带、路缘石等工程的技术监理工作。

c. 审查开工报告和施工方案，负责试验路段的监理工作。

d. 审查分项工程开工报告，提出审查意见。

e. 负责分项工程各工序中间检查和抽查检验。

f. 有权发出关于工程现场施工质量、进度、安全管理等监理指令。

g. 严格执行总监及高级驻地监理工程师发出的指令。

h. 参与调查处理重大工程质量事故，并将调查结果和处理意见报高级驻地监理工程师。

i. 审查进场材料、人员、机械的数量和质量，使其符合合同规定和规范要求。

j. 负责监理资料、记录、图表的整理归档工作，并及时交由信息工程师管理。督促试验检测监理人员和承包人按规定的自(抽)检频率和方法，完成各种试验。

k. 经常巡查工地，按工程施工进展情况，组织并参与旁站监督。

l. 完成高驻办、驻地办交办的其他工作。

⑤桥梁专业监理工程师的主要职责

a. 熟悉和掌握专业技术标准、规范、规程和设计图纸。

b. 初审单项工程开工报告，提出审查意见。

c. 参与调查处理重大工程质量事故，并将调查结果和处理意见报高级驻地监理工程师。

d. 根据工程质量动态，会同试验室进行抽检。

e. 负责桥梁工程及所属排水工程、通道及预制构件等工程的监理工作。

f. 依据合同文件规定，对承包人提交的各种施工详图进行审查。

g. 负责分项工程各工序中间检查和抽查检验。

h. 对承包人提出的延期、索赔申请进行现场核查，搜集各类原始资料，提出处理意见。

i. 对承包人和驻地办提出的所辖工程的工程变更提出审查意见。

j. 审查进场材料的数量和质量，使其符合合同规定和规范要求。

k. 经常巡查工地，按工程施工进展情况，组织并参与旁站监督。

l. 负责监理资料、记录、图表的整理归档工作，并及时交由信息工程师管理。

m. 督促试验监理员和承包人按规定的自(抽)检频率和方法，完成各种试验。

n. 完成高驻办、驻地办交办的其他工作。

⑥隧道专业监理工程师职责

a. 负责依据国家有关技术规范、标准、本工程项目相关技术文件对全线隧道的设计、施工技术和质量、进度、安全的监督管理。

b. 负责审定施工工艺、施工方案、技术变更及施工安全措施方案；参与交工、竣工验收。

c. 协助解决施工中出现的试验检测、技术方案、施工工艺、材料使用等到引起的争议。

d. 负责起草、审查隧道工程相关技术和指令性文件。

e. 检查承包人对设计图纸、技术方案的变更和执行情况。

f. 审查开工报告和施工方案及安全技术措施。

g. 审查分项工程开工报告，提出审查意见。

h. 负责分项工程各工序中间检查和抽查检验。

i. 有权发出关于工程现场施工质量、进度、安全管理等监理指令。

j. 严格执行总监及高级驻地监理工程师发出的指令。

k. 参与调查处理重大工程质量事故，并将调查结果和处理意见报高级驻地监理工程师。

l. 审查进场材料、人员、机械的数量和质量，使其符合合同规定和规范要求。

m. 负责监理资料、记录、图表的整理归档工作，并及时交由信息工程师管理。督促试验检测监理人员和承包人按规定的自(抽)检频率和方法，完成各种试验。

n. 经常巡查工地，按工程施工进展情况，组织并参与旁站监督。

o. 完成领导交办的其他工作。

⑦测量专业监理工程师的主要职责

a. 向承包人移交准确无误的原始基准点、基准线和基准高程，并对承包人的定线控制测量进行监督、检查和认定。

b. 在高级驻地监理工程师的领导下，会同合同段驻地监理工程师，严格按规定的测量精度，监督承包人的施工放样，审查或批准承包人测量内、外业成果。

c. 负责检查承包人对水准点及其他控制点的保护，保证测量控制桩不受损坏；桩位需要变更时应督促承包人及时移桩或恢复相关的测量桩位。

d. 在各项工程开工之前，对承包人的施工放线测量进行复测检查和认定。

e. 在各项工程的施工中，对控制工程的导线及工程构造物位置、高程和尺寸等进行检查验收和认定。

f. 随时检查承包人的测量放样工作，抽查各项测量记录。

g. 审查承包人的测量验收申请，经现场检验校核，符合规范要求的精度后方能签认；否则应将所有不合格部分及时通知有关人员。

h. 检查路基工程的土、石分界线，并督促承包人标绘在横断面图上，参加现场联合办公，做好土、石方界定工作，配合做好计量工作。

i. 定期督促检查承包人测量仪器的精度。

j. 完成高驻办、驻地办交办的其他工作。

⑧试验检测监理工程师的主要职责

a. 检查承包人申请进场的材料、成品、半成品的质量合格证明等资料。

b. 检验或抽检用于工程中的各类材料。检验合格的材料及时签认验收。责成承包人将不合格材料限期清理出场。

c. 负责监理试验室的工作，审查试验记录、报告，签认标准试验和材料检验结果。

d. 审查承包人工地试验室建设、试验人员配备、试验设备品种、数量是否满足工程施工自检的需要。

e. 按规定抽检频率独立完成抽检试验。

f. 完成高驻办、驻地办、监理试验室交办的其他工作。

⑨环保绿化监理工程师的主要职责

a. 本着“优质、生态、环保、绿色”的建设原则，将环保监控工作贯穿到整个施工过程中。

b. 在工程开工前，督促、指导承包人提出文物保护、防止水土流失、废料废方处理、防止水、大气污染等的控制措施，检查承包人的保证体系及相关准备工作，并将此作为承包人单项工程开工的必要条件进行检查。

c. 与当地水利、环保部门保持联系，征询、交换环保工作的要求、意见，及研讨环保工作措施。

d. 对弃土堆、取土坑的设置，河流处桥梁基础施工工艺、方法及高边坡防护等提出审查意见，报高级驻地监理工程师参考、决策。

e. 在工程施工过程中，经常巡查工地，对出现的水土流失、水及大气污染等问题及时制止，并提出处理意见。

f. 如在工程施工过程中发现文物古迹，及时督促承包人停止作业、加以妥善保护，并协助有关政府部门处理。

g. 审查绿化施工开工报告，提出审查意见。

h. 负责绿化施工监理工作，组织并参与旁站监督，配合工作站、业主的绿化工程验收。

i. 负责环保绿化监理资料、记录等整理归档工作，并及时交由信息工程师管理。

j. 完成高级驻地监理工程师交办的其他工作。

⑩交通安全设施监理工程师的主要职责

a. 依据国家相关规范、标准和施工图设计的要求，对本项目交通安全设施工程进行质量和生产安全的监督和管理。

b. 负责交通安全设施工程的设计方案和施工图的审查。

c. 负责施工过程中的技术交底、质量管理、安全管理、技术变更、工程验收等工作。

d. 协助解决施工中出现的试验检测、技术方案、施工工艺、材料使用等引起的争议。

e. 负责起草和审查交通安全设施工程施工中相关技术和指令性文件。

⑪信息管理工程师的主要职责

a. 负责文件的拟稿、校稿、收发、登记、催办等工作。

b. 负责往来文件保管和做好全线内业资料的归档工作，负责所有计量支付、工程统计、各种报告、监理日志的妥善保管，便于查阅，随时准备提供有关统计资料。

c. 负责计算机网上信息的传递、收集与管理。

d. 负责各种会议记录、纪要、信息传递和留存。

e. 负责建立信息系统，保障信息通畅。

f. 负责对承包人的内业资料工作进行指导、监督、检查。

g. 完成高级驻地监理工程师交办的其他工作。

⑫监理员的主要职责

a. 负责所在施工路段的施工监理工作，对驻地办负责。

b. 坚持每天巡视工地，随时掌握和了解其施工监理范围内各个项目的工程质量、进度完成情况。

c. 按施工程序实行旁站，对每道工序，每个部位进行监督、现场检查，对重要工程跟班检查，及时、准确、真实地做好现场各项签证签认，上道工序未经签认，不得进入下道工序施工。对不符合质量要求的工程，应报驻地办要求承包人返工和采取其他补救措施，以达到合同规定的技术要求。

d. 检查用于工程的材料、设备、现场施工人员及其他施工条件与批准的单项工程开工报告是否相符合。

e. 检查各种集料的级配、配合比及用量与批准的标准试验通知单是否一致。

f. 检查施工方法和操作工艺，对低劣的产品及时发出警告或作出指示。

g. 进行每道工序或单项工程完工后的检查验收。

h. 对隐蔽工程进行覆盖前的检查和记录(摄录或图片资料)，并监督承包人的施工人员进行试样抽取和控制参数的测定及记录。

i. 观察了解影响工程进度和质量的自然风险、隐患及外部干扰的信息量，及时报告驻地办。

j. 负责核实承包人每月计量支付报表中申报质量合格的工程数量，并做好每天的监理日志。

3　施工准备阶段监理管理

3.1　总监办的主要工作

(1)建立健全各级监理组织机构。

(2)制定监理实施细则。

(3)制备统一的监理的图表样表。

总监办根据全线工作情况,统一制定《公路工程质量月报表》、《公路工程监理使用表格》、《公路工程试验使用表格》、《公路工程施工检验使用表格》、《公路工程施工原始记录使用表格》的样表,交予高驻办,由承包人统一制备,供监理与承包人共同使用。

(4)任命高级驻地监理工程师及高级驻地监理工程师助理。

督促高驻办在进场的同时,向总监办报高级驻地监理工程师及其驻地监理人员名单以及相关的个人资格、职称、业绩资料,以及高驻办进场的仪器设备等,以备总监办检查。

(5)审批承包人在开工前提交的总体施工进度计划、资源配置计划和总说明。

(6)召开第一次工地会议。

(7)审批高驻办呈报的实施性的监理方案和计划。

(8)建立合法的监理试验室,审批承包人标准试验和检测进场材料。

(9)对监理及承包人主要负责人进行岗前培训。

(10)做好进场验收和技术交底工作。

(11)会同高驻办审查承包人进场测定的地面线。

(12)发布开工令。

3.2　高驻办的主要工作

3.2.1　施工监理工作准备

1)监理人员进场

监理单位应在监理合同协议规定的日期派监理人员进驻工地开展监理工作。其进场人员及人员更换必须征得总监办同意。

2)监理培训

监理单位应按监理合同协议规定的时间接受总监办对监理人员进行的监理培训。

3)监理设备

监理合同协议规定的由监理单位自备的监理设备应在实际开工期以前基本完善,保证工作使用。监理合同协议规定的可以租用的监理设备，监理单位应向业主提供租赁合同。

4)熟悉合同文件

监理人员应全面熟悉合同文件，对合同文件中存在的差错、遗漏、含糊不清等问题应查证清楚，提出合理的处理方法，报工作站。

5)现场复查

高驻办应要求承包人对施工合同文件中提供的图纸和定线数据进行必要的现场复查核对，纠正差错，补充漏缺。对于发现的重大错误、漏项和方案性问题，应提出报告报工作站。

6)施工环境调查

高驻办应要求承包人对工程占地范围内尚未拆迁的建筑物及其他障碍物、施工前不能按时交接的工程占地及有争议的工程占地进行调查，并应根据调查结果提出处理措施报工作站。

7)监理图表

应将总监办统一制定的图表送交承包人制备，供监理和承包人双方共同使用。

8)编制监理工作大纲

3.2.2 施工准备阶段的主要监理工作

1)审查承包人的施工组织设计

包括工程进度计划，并验收承包人组织机构及人员，包括驻地建设，提出书面建议报总监办审批。

2)检验承包人质量保证体系

(1)高驻办应按合同要求承包人建立一个完整的以自检为主的质量保证组织体系。各级自检人员应由富有施工经验、具备规定的专业技术职称、熟悉规范和图纸，并且工作作风优良的技术人员担任。

(2)高驻办应审查批准承包人在投标书中所报负责质量保证和自检工作负责人的资格，并应要求其一直在工程现场用全部的时间专门进行质量管理。

(3)驻地办应监督、检查和批准承包人装备自己的工地试验室和流动试验室，其建筑面积、试验设备及人员配备应能满足本工程各项试验的需要。

(4)高驻办试验室应派人员对承包人的工地试验室和流动试验室进行全面的监督和管理。所有试验仪器都必须经检验合格并按期进行标定，其试验室应有专业管理机构颁发的合法性资质。所有试验人员必须持有经过业务培训和考核的上岗证书，必须严格执行试验规范和操作规程，重要试验应有监理人员在场监督。

(5)承包人质量保证体系及要求：

①承包人试验室必须有固定的技术人员与监理系统的相应人员相对应。每合同段必须配备1名中级以上技术人员负责，若干名初级技术人员和试验员。

②试验仪器应符合承包合同的要求，并经高驻办试验室检查认可。

③工作重点：

a.自检各个分项工程的开工条件，向驻地办提供自检资料。

b. 对每道工序或工艺进行现场质量自检，保证整个施工过程中材料、设备及施工质量符合要求并获得监理工程师的认可。

c. 对施工过程中出现的缺陷及时采取措施；对安全事故进行现场记录，并及时报告监理工程师。

d. 按本"办法"规定的抽样检测频率、时间、方法，进行取样和试验。

e. 及时检测工程各部的位置、高程和几何尺寸，提供资料报监理工程师检查，以获得认可。

f. 对每道工序（工艺）或分项（单件）工程交工后进行自检和测定，配合监理工程师检查验收。

g. 对每项工程质量进行规定的分析整理，建立质量档案，交工验收时提供翔实的施工资料。

3）审查承包人的施工机械设备

（1）进场机械设备（包括计划进场的机械设备）的数量、型号、规格、产地、功率、出厂日期、完好率与投标书所填列的是否符合。

（2）各种施工机械设备的进场及周转计划与工程进度计划的适应性。

（3）各种施工机械设备的配套与满足施工技术要求的适应性。

（4）数量不足或不配套的施工机械设备，应限期要求承包人补足进场；审验不合格的施工机械设备，应限期撤离工地；承包人要求替代或更换机械设备，应事先得到监理工程师的同意。

（5）已进入现场并经监理工程师审查合格的施工机械设备，未征得同意不得运出工地。

4）检查承包人的进场材料

重要材料应通过业主预招标并由业主推荐。其他材料必须符合技术要求，不合格材料不得进场。

5）审批承包人的标准试验

6）验收承包人的施工定线

在合同规定的或施工定线之前的合理时间内，向承包人书面提供原始基准点、基准线、基准高程的方位和数据，并对承包人的施工定线进行检查验收。

（1）对业主提供的图纸上的原始资料进行复核或校正，重大问题报告总监办，由总监办要求设计单位澄清，确保数据无误。

（2）发现基准点损坏或丢失，当丢失控制点连续两个或两个以上，应通过总监办由原设计单位补定，一个点失控时，由承包人补定，监理工程师复核认定。

（3）对承包人为加密控制点、定线和施工放样为目的的测量工作，进行现场复核认定。

（4）审核承包人对所有测量控制点进行保护的方案，并检查是否对其进行了有效的保护，直至交工验收结束。

7）验收承包人测定的地面线

要求承包人对全部工程或开工段落的原始地面进行实际测定，并对测定工作进行检查验收，签署意见后报工作站审核、总监办备案。

（1）承包人的测定工作应在原始地面线未被施工扰动以前进行，测定所使用的仪器精度及操作方法符合勘测设计要求与规定。

(2)检查与复核测量应伴随承包人的测量同步或平行进行。复测频率应能判定承包人测定结果是否真实可靠。

(3)应对承包人旨在影响土石方工程数量的任何纵向加桩及横向测点的不合理性加以纠正,使纵向的中桩连线和横向的测点连线与实际地面线相符合。

(4)应要求承包人根据施工合同文件中标准横断面图、纵断面图及实际测定的地面线资料,提交用于施工放样的横断面施工图和用于确定实际土石方工程数量的土石方计算表以供审核。

(5)对于业主已经移交了工程场地占用权,但承包人尚不施工或尚未测定的施工段落,应要求承包人对工程场地的地面线进行有效的保护,不得随意开挖或倾倒垃圾,由此而增加的工程数量或工程费用也不应认可。

8)审批承包人提交的施工图

在各项工程开工前合同规定或合理的时间内,应对承包人依据合同规定完成并提交的各种施工图进行审核批准。

(1)要求承包人在未进行施工测量之前或在施工测量的过程中,对合同图纸中各类结构物进行现场核对和补充,必要时就地补充测量,以保证原始资料的准确和完整。

(2)所有施工图的图幅应符合规定,竣工图应与其一致。

3.3　信息与文档管理

3.3.1　信息管理

1)基本要求

(1)人员及职责

高驻办应设专人负责信息管理工作,确定信息人员的岗位职责,确保统计及时、准确。该岗位的主要职责应包括:

①建立文件管理办法,负责部门文件的收办、发送及日常保管;

②制定信息标识办法并贯彻执行;

③负责信息收集、整理及统计分析工作;

④按总监理工程师和业主的要求组织整理竣工文件等。

(2)信息分类及标识

①监理工作信息分类

a.工程费用控制信息:工程合同价、物价指数、各种估算指标、施工过程中的支付报表、原材料价格、机械设备台班费、人工费、各种物资单价及运杂费等。

b.质量控制信息:国家质量政策及质量标准、工程项目的建设标准、质量目标分解体系、质量控制工作流程、质量控制工作制度、质量控制的风险分析、质量抽样检查的数据、验收的有关记录和报告等。

c.进度控制信息:施工定额、计划参考数据、施工进度计划、进度目标分解、进度控制的工作程序、进度控制的工作制度、进度控制的风险分析及进度记录等。

d. 合同信息：合同协议书、中标通知书、投标书及附件、合同通用及专用条件、技术规范、图纸、投标书附表、其他有关文件（包括补遗书等）。

e. 其他类型信息。

监理信息：监理过程中，监理工程师的一切指令、审核、审批意见、监理文件等。

承包人信息：施工过程中反映承包人的工程进度、质量、变更、索赔、延期、单价计量、支付、报表及其他方面的信息。

试验检测信息：指对施工材料、混合料等性能试验及对半成品、成品的检测验收信息。

原始记录：包括记录的工作日记、现场检查记录、会议记录、来往函件等。

上级及业主信息：在项目实施过程中，上级的有关指示、业主的有关意见、决定等的相关信息。

环境信息：沿线驻地政府、有关单位、人民群众对建设项目的意见、建议及之间关系等信息，天气气候信息等。

②按照文件产生部门、文件类别、产生时间、序号等分级方式，授予每一份文件唯一标识号。高驻办的文件或报告还应有印章和签字。

（3）相关制度

高驻办应建立文件阅办制度、签发审批制度、日常保管和借阅制度。

2）信息资料的日常管理

信息的日常管理指从信息产生、办理并形成结果至建立台账进行统计分析的系列工作。信息管理人员应按要求，及时、完整、真实、规范地完成各项工作。

（1）合同类

合同类文件是高驻办监理活动的主要依据，应妥善保存和管理。

①建立合同文件清单，其主要内容包括文件名称、类别、编号、有效期、下发部门等内容，该清单应能动态地反映合同文件的变更或修改情况。

②对合同文件进行适当的分类，并对每份合同文件进行唯一性标识。

③对于合同文件的变更或修改，应有明显的标识，并及时书面通知相关人员。

（2）工程图纸

①建立图纸的收发登记；

②建立本部门图纸清单，对图纸进行编号标识；

③图纸的变更应在图纸上进行准确的标注，并及时通知有关人员。

（3）文件类

①高驻办应建立文件往来管理办法，明确行文范围、格式和要求，规范有关方面的工作。

②高驻办应建立收文阅办制度，并根据文件的不同来源建立文件清单。

③高驻办所发文件应用统一的文头纸和规定统一的文号。行文应有明确的文件标题，宜一事一文。文件抬头写明文件的主送单位，落款日期上加盖高驻办印章。文件末尾写明文件主题词、抄报、抄送部门和文件份数等内容。

（4）原始记录

①审批单应按类别、监理段落分类，标注编号后与所报送的文字材料一同保存。

②交验单与验收单应按不同的监理段落、层次、部位、产生时间等逐级分类，统一编号后与文字材料一同保存。应该强调的是：监理工程师验收不合格时，应在验收单上签署不合格意见，并保留一份存档。对于混凝土工程等不能立即确定验收结果的项目，应在强度等结果报出后立即封存相应的验收单。监理人员必须保证原始资料的真实性、完整性，禁止将承包人提供的资料挪作监理验收资料。

③中间交工证书和中间计量单应按工程划分、产生事件等分类，采用统一格式填写，编号标识，分类保存。编号应具有连贯性。

④监理指令单应按监理段落分类保存、编号标识，并建立指令单清单。高驻办应监督检查指令单的执行结果，并封闭记录。

⑤监理日志应采用规定格式，客观、连续记录监理活动。日志栏目必须填写清晰。不使用模棱两可的语言。对于监理工作中发现的问题，必须在日志中描述最终的处理结果。监理日志应每月末收回高驻办统一检查、统一标号，分类保存。

⑥旁站记录应采用规定格式，客观记录旁站过程和结果。监理工程师应按照技术规范的要求，对所旁站项目的主要技术指标有准确记载。旁站记录应在每月末收回高驻办，由专业工程师统一检查，编号标识后分类保存。

(5)台账

台账范围至少应包括试验检测、工程测量、材料审批、开工审批、专项方案审批、工程验收、形象进度、中间计量、工程变更、索赔、分包、中期支付和质量评定等。台账应根据岗位分级建立，动态控制，严禁记流水账。

(6)监理月报和支付月报

监理月报和支付月报由高驻办负责编制，统一编号，由高级驻地监理工程师签发，内容应全面、准确、规范。

3.3.2 文档管理

高驻办、承包人或特殊分包人有关工程质量、进度、费用和合同文件及一切往来文件、报表等，都属工程的档案，是执行合同、解决纠纷的证明和重要依据，均应分类编号归档保存；通常分为：行政档案、财务档案和技术档案三类。

1)行政档案

(1)高驻办与总监办之间来往的函件；

(2)高驻办与承包人或指定分包商之间的来往函件；

(3)高驻办与技术专家之间的来往函件；

(4)监理机构内部来往的函件、请示报告、报告的批复；

(5)高驻办与第三方之间的来往函件、协议；

(6)工程监理月报。

2)财务(支付)档案

(1)承包人提出的延期索赔申请以及批准的延期时间和索赔的费用；

(2)额外或紧急工程的费用计算；

(3)设计变更批准的费用计算；

(4)各类支付证书；

(5)保险单及付款收据；

(6)其他费用支付证明；

(7)工程进度月报。

3)技术档案

(1)工程进度计划:包括总计划、各阶段进度计划、关键工程进度计划及所有修改调整的进度计划；

(2)开工及停工指令；

(3)变更设计图纸；

(4)现场指令；

(5)检查记录；

(6)验收记录；

(7)试验记录；

(8)施工图纸；

(9)竣工图纸。

4)档案管理

以合同文件及业主颁发的有关档案管理办法为准。竣工文件的收集、归档由高驻办负责，并在竣工验收前交付总监办。

3.4　施工图信息处理

3.4.1　施工图信息反馈

为了及时解决因设计可能影响施工质量和进度的问题，特建立如下施工图信息反馈制度：

(1)承包人、监理、工作站在使用施工图过程中，如发现错、漏、碰或其他存在的问题或要求解释设计意图，应填写《××施工图设计情况反馈表》等。

(2)表由工作站、监理及与业主草签或签订正式承包合同的承包人填写。业主批准的分包人以主承包人的名义填写。

(3)反馈程序:填表单位(承包人、监理或工作站)填写反馈表→(通过工作站)报技术管理处→送设计代表处。填表单位应在报送文字材料的同时，发送电子邮件或复制的软盘给设计代表处，否则不予受理。

(4)处理程序:设代处处理→送技术管理处审核备案→(通过工作站)发送填表单位。

3.4.2　施工图信息反馈程序

1)施工详图信息反馈程序

(1)按规定份数，将签(章)完备的施工图按时送达技术管理处。

(2)技术管理处对设计单位编制的施工图作原则审查(但不免除设计单位对施工图的责任),经总监同意后下发。下发程序为:技术管理处→工作站→高驻办→驻地办→承包人(指与业主签订合同的承包人,下同)。设计单位不得直接向监理、施工单位发送施工图、变更设计图及其他任何类似资料。

(3)承包人对施工图纸进行详细的审核,依据施工图编制施工详图。施工详图一式 7 份报驻地办。

(4)驻地办对承包人编制的施工详图审核签字后,报高驻办。高驻办负责施工详图的最终审核并签章确认。经高驻办签章的由承包人编制的施工详图是施工、监理、计量的依据。高驻办将此施工详图报工作站 3 份(工作站自留 1 份,报总监办技术管理处、工程管理处各 1 份),下发驻地办 1 份,承包人 2 份(其中 1 份作为竣工图原件)。

(5)施工详图尺寸按有关编制办法规定。施工详图采用设计单位编制的施工图原编号,并在原编号前加注“×”,以资区别。如承包人所编图号需进一步细分,可在上述编号后加“—××”,以两位自然数注明。

2)变更图纸信息反馈程序

(1)总监决定的变更,由总监办会商原设计单位进行变更设计,图表中加签“××技术确认”印章。变更设计图纸运作程序按施工图及施工详图运作程序执行。

(2)非总监提出的变更要求,按规定的权限进行审批。由工作站、高驻办审批的,其施工详图由承包人绘制完成后按施工图及施工详图运作程序中第 3 条开始办理;由总监审批的,其施工详图按第 2 项第 1 条“总监决定的变更”进行处理。

(3)变更设计图纸附注应首先说明设计变更所依据的文件及其文号。变更设计图纸编号按变更次数在图号后加“G1”,“G2”……。

3)施工详图与竣工图的关系

(1)高监办审定(签章)的施工详图加盖竣工图章即为竣工图。

(2)有工程变更时,根据最后一次变更的施工详图加盖竣工图章即为竣工图。

4)施工详图的绘制

根据招标文件技术规范的规定,承包人绘制施工详图必须采用 AutoCAD 2000(中文版)或以上绘制,文字表格采用 Office 2000 或以上版本制作。承包人向高监办报批施工详图时应同时提交电子文件,承包人和高监办对这些电子文件必须分类建立目录,及时备份。

4　施工阶段监理管理

4.1　工程质量监理

4.1.1　工程质量监理依据

(1)合同条件，各项工程质量的保障责任、处理程序、费用支付等均应符合合同条件的规定。

(2)合同图纸，全部工程应与合同图纸符合，并符合监理工程师批准的变更与修改要求。

(3)技术规范，所有用于工程的材料、设施、设备及施工工艺，应符合合同文件所列技术规范或监理工程师同意使用的其他技术规范及批准的工程技术要求。

(4)质量标准，所有工程质量均应符合合同文件中列明的质量标准或监理工程师同意使用的其他标准。

4.1.2　工程质量监理程序

1)质量控制的基本程序

高驻办在开工以前，向承包人提出一个(或一套)对所有工程项目进行质量控制的程序及说明，以供所有监理人员、承包人的自检人员和施工人员共同遵循，使质量控制工作程序化。质量控制按以下流程进行。

(1)工程开工报告

工程开工报告应表明材料、设备、劳力及现场管理人员等项的准备情况，并提供放线测量、标准试验、施工图及施工方案等必要的基础资料。开工报告通常按以下程序进行。

①单位工程：承包人提出开工报告后，通过驻地办报高驻办审核，报总监办审批备案。

②分部工程：承包人提供开工报告后，通过驻地办报高驻办审批备案。

③分项工程：承包人提出开工报告后，报驻地办审批，报高驻办备案。

(2)工序自检报告

承包人的自检人员按照驻地办批准的工艺流程和提出的工序检查程序，在每道工序(工艺)完工后先进行自检。自检合格后，报驻地办进行检查验收。

(3)工序检查认可

驻地办紧接承包人的自检或与承包人的自检同时进行每道工序(工艺)完工后的检查验收，对不合格的工序(工艺)指示承包人进行缺陷修补或返工，前道工序未经检查验收，后道工序不得进行。

(4)中间交工报告

当组成一个工程的单位工程、分部或分项工程完工后，承包人的自检人员应再进行一次系统的自检，汇总各道工序的检查记录及测量和抽样试验的结果提出交工报告。由高驻办组织验收。自检资料不全的交工报告，拒绝验收。

(5)中间交工证书

对完工的分项工程进行一次系统的检查验收，高驻办作测量或抽样试验，检查合格后，报工作站签认《中间交工证书》。未经中间交工检验和检验不合格的分项工程，不得交付下项工程使用或进行下项工程项目的施工。

(6)中间计量证书

对填发了《中间交工证书》的单位工程、分部工程、分项工程，方可进行计量并填发《中间计量证书》。完工项目的交工资料不合格或结束整理工作未完，不得计量支付。

(7)分项工程开工程序

由总监理工程师发布各合同段的开工令流程图见附图1。

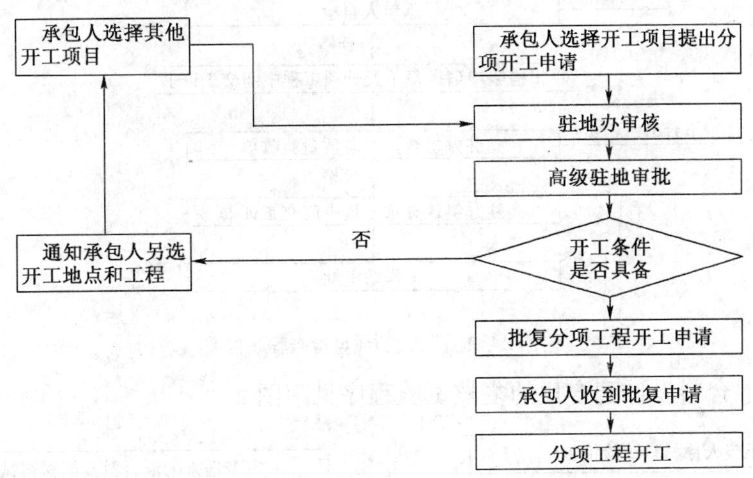

附图1　分项工程开工程序图

2)工艺(工序)质量检查程序

(1)工序(工艺)检查程序原则

高驻办在分项工程开工之前，提出一个(或一套)工序(工艺)检查程序说明，以供现场旁站监理人员、承包人的自检人员及施工人员共同遵循。工序(工艺)检查程序按以下原则提出：

①与设计图纸和工程量清单的分项相一致；

②与技术规范及所采用的施工方法和工艺流程相符合；

③与国家或合同规定的验收标准、检验频率和检验方法相配合；

④工序(工艺)检查程序宜采用框图的形式表示，以便直观；并应与相应的检查记录、报表、证书等相配套。

(2)工序(工艺)质量检查程序框图

工序(工艺)质量检查程序如附图2所示。

3)试验检测工作程序

(1)高驻办原材料的试验程序见附图3。

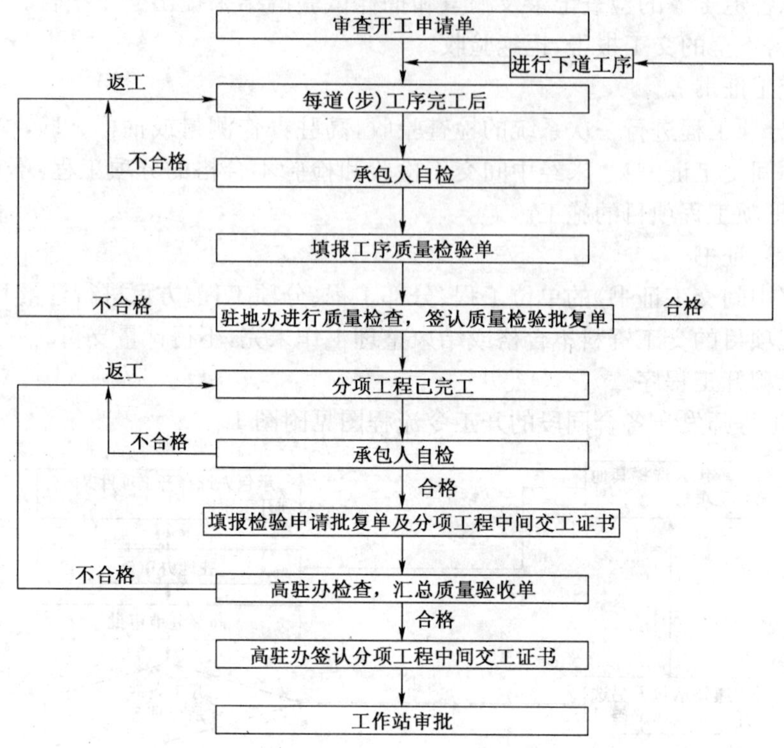

附图 2　工序(工艺)质量检查程序框图

(2)高驻办混合料设计配合比的复核试验程序见附图 4。

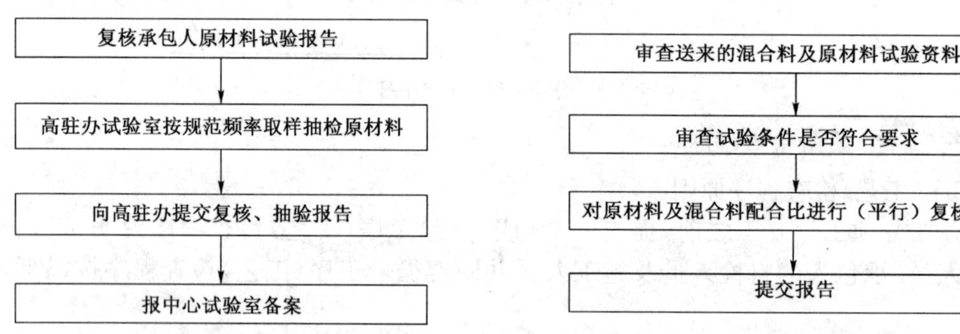

附图 3　高驻办原材料试验程序

附图 4　高驻办混合料设计配合比的复核试验程序

(3)高驻办现场检测试验程序见附图 5。

(4)高驻办单项工程检验程序见附图 6。

4)中心试验室的工作程序

(1)中心试验室单项工程检验程序见附图 7。

(2)工程质量抽验程序。支付前需对某项工程进行检查时，中心试验室根据检查内容、要求做好准备工作，检查时各级监理试验室应予以配合，检查结果作为中间支付与否的最终依据。中心试验室工程质量抽检程序见附图 8。

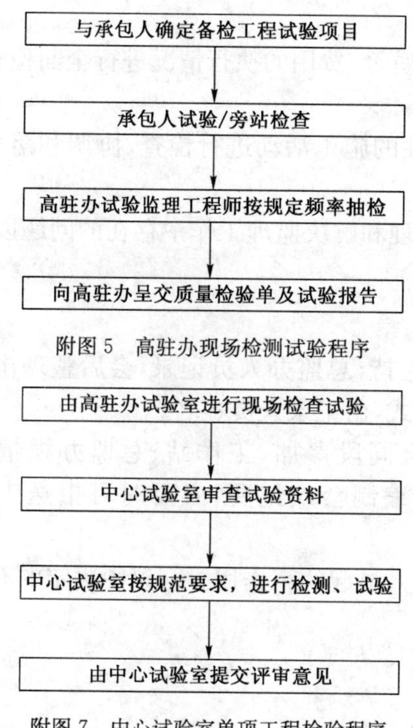

附图 5　高驻办现场检测试验程序

附图 7　中心试验室单项工程检验程序

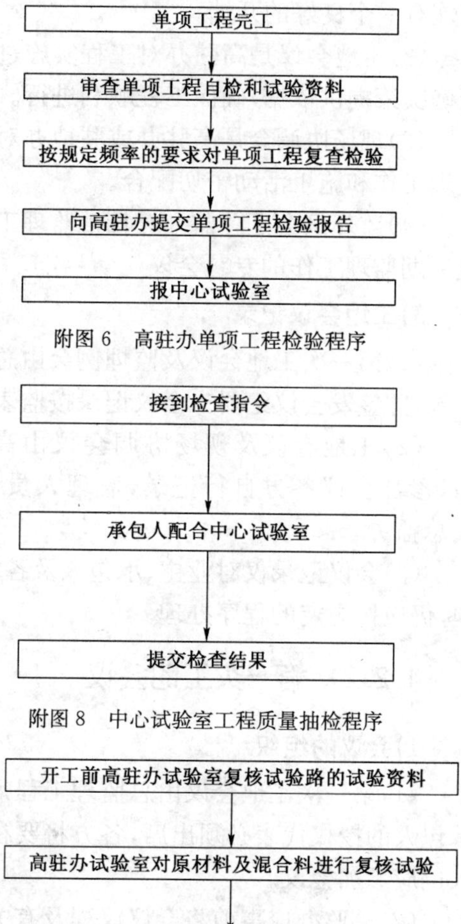

附图 6　高驻办单项工程检验程序

附图 8　中心试验室工程质量抽检程序

(3)试验路的检测程序。试验路开工前，高驻办试验室根据高驻办的指令对试验路的试验资料进行审查，并对送来的原材料及混合料进行试验。合格后，报高驻办。在施工中，高级驻地试验室要与承包人共同取样检查，最后验收由中心试验室或高级驻地试验室进行试验，并提出试验报告，以此作为验收依据。中心试验室试验路检测程序见附图 9。

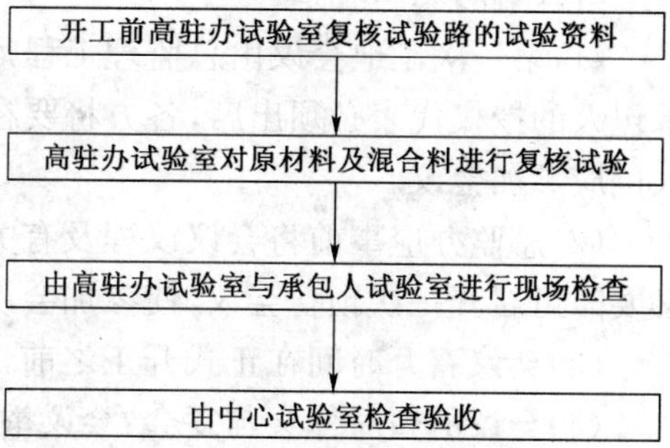

开工前高驻办试验室复核试验路的试验资料

高驻办试验室对原材料及混合料进行复核试验

由高驻办试验室与承包人试验室进行现场检查

由中心试验室检查验收

附图 9　中心试验室试验路检测程序

4.1.3　现场质量监理

现场质量监理控制与管理具体见高等级公路工程质量监理实施细则相关内容。

4.2　工地会议制度

4.2.1　工地会议的形式、目的及记录

1)工地会议的形式

(1)工地会议按合同段分别召开；监理例会由总监办主持召开。

(2)工地会议分为：第一次工地会议、工地会议、现场协调会议、监理例会等形式。

2)工地会议的目的

(1)第一次工地会议是总监办对工程开工前的各项准备工作进行全面的检查，以确保工程

实施有一个良好的开端。

(2)工地会议是高驻办对工程实施过程中的进度、质量、费用的执行情况进行全面检查,为正确决策提供依据,确保工程顺利进行。

(3)现场协调会是高驻办或驻地办对日常或经常性的施工活动进行检查、协调和落实,使监理工作和施工活动密切配合。

(4)监理例会是总监办对日常监理工作的总结、处理和解决监理工作中存在的问题以及布置后期监理工作的专题会议。

3)工地会议记录

(1)第一次工地会议及监理例会由总监理工程师主持,总监办人员记录,会后整理出会议记录,并签发会议纪要。会议记录按监表10的固定格式,由记录人员签名。

(2)工地会议及现场协调会议由高驻办主持,合同段参加,工作站、总监办视情况参加,参加会议各方自行记录,监理人员负责汇总,并编制会议纪要,必要时可报送工作站或总监办。

(3)会议记录仅对业主、承包人及各级监理机构和人员起约束作用。会议中决定的有关问题,仍应按规定的程序办理。

4.2.2 第一次工地会议

1)会议的组织

(1)第一次工地会议由总监理工程师主持,业主有关部门、高驻办、驻地办代表参加会议,承包人的授权代表必须出席,各方将要在工程项目中担任主要职务的部门负责人,指定的分包人也应参加会议。

(2)总监办应事前将会议议程及有关事项通知业主有关部门、高驻办、承包人及有关方面,必要时可召开一次预备会议,使参加会议的各方准备好资料。

(3)会议召开时间在正式开工之前,并应尽可能的早期举行。

(4)会议的暂时休会与复会:会议举行中如果某些重大问题的决议不一致,可以暂时休会,待条件具备时再行复会。

2)会议内容

(1)介绍人员及组织机构

①总监理工程师或总监代表应向高级驻地监理工程师授权,声明总监自己仍保留哪些权利,并用书面形式将授权书、总监办职能机构、职责范围及全体监理人员名单提交给高驻办与承包人。

②高驻办书面将组织机构框图、职责范围及全体监理人员名单提交给承包人并报总监办备案。

③承包人书面提出工地代表(项目经理)授权书、主要人员名单、职能机构框图、职责范围及有关人员的资质材料给高驻办(并报总监办备案),以取得高级驻地监理工程师的批准,高级驻地监理工程师应在本次会议中进行审查并口头予以批准(或有保留的批准),会后正式予以确认。

(2)介绍施工进度计划

承包人的施工进度计划应在中标通知书发出后合同规定的时间提交高驻办。在第一次工地会议上,高级驻地监理工程师应就施工进度计划作出如下说明:

①施工进度计划可于何日批准或哪些分项已获得批准;

②根据批准或将要批准的施工进度计划,承包人何时可以开始哪些工程施工,有无其他条件限制;

③有哪些重要的或复杂的分项工程还应单独编制进度计划提交批准;

④其他需要承包人作出说明或解释的问题。

(3)承包人陈述施工准备

承包人就施工准备情况按以下主要内容提出陈述报告,高级驻地监理工程师应逐项予以澄清、检查或评述。

①施工进度计划可于何日批准或哪些分项已获得批准;

②根据批准或将要批准的施工进度计划,承包人何时可以开始哪些工程施工,有无其他条件限制;

③用于工程的本地材料料源是否落实,并应提交料源具体位置及供料计划清单;

④施工驻地及临时工程建设进展情况,并应提交驻地及临时工程建设计划分布和分布图;

⑤工地试验室、流动试验室及其设施是否准备就绪,并应提交试验室布置图、流动试验室分布图、仪器设备清单;

⑥施工测量的基础资料是否已经复核,施工测量是否进行或将于何日安装就绪,并应提交施工测量计划及有关资料;

⑦履约保函和动员予以付款保函及各种保险是否已经办理或将于何日办理完毕,并应提交有关已办手续的副本;

⑧其他与开工条件有关的内容及事项。

(4)业主说明开工条件

业主征迁协调处应就工程占地,临时用地,临时道路,拆迁以及其他与开工条件有关的问题进行说明;高级驻地监理工程师应根据批准或将要批准的施工进度计划的安排,对上述事项提出建议和要求。

(5)明确施工监理例行程序

①质量控制的主要程序、表格及说明,按本指南第 4 章及附录各有关章节条款及程序框图的有关规定。

②施工进度控制的主要程序、图表及说明,按本指南第 5 章的有关规定。

③计量支付的主要程序、图表及说明,按本指南第 6 章的有关规定。

④延期及索赔的主要程序、图表及说明,按本指南第 8 章的有关规定。

⑤工程变更的主要程序、图表及说明,按本指南第 8 章的有关规定。

⑥工程质量事故及安全事故的报告程序、报表及说明,按本指南第 4 章的有关规定。

⑦函件的往来传递交接程序、格式及说明。

⑧确定工地会议时间、地点及程序。

4.2.3　工地会议

1)会议的组织

(1)工地会议由高级驻地监理工程师主持,参加会议的人员为:高驻办及驻地办有关人员、承包人的授权代表,特殊分包人及有关人员,工作站、总监办和有关人员。

(2)会议召开时间:开工后的整个施工活动期内定期举行,一般每月召开一次,其具体时间间隔可根据施工进程及存在问题的程度,由高驻办确定。

(3)会议中如出现延期、索赔及工程事故等重大问题,可另行召开专门会议协调处理。

2)会议的内容

会议应按既定的议程进行,一般应由承包人逐项进行陈述并提出问题的建议,高级驻地监理工程师应逐项组织讨论并作出决定或决定意向,会议一般按以下议程进行讨论和研究。

(1)确认上次会议记录:可由会议记录人对上次会议记录征询意见并在本次会议记录中加以修正。

(2)审查工程进度:主要是关键线路上的施工进展情况及影响施工进度的因素和对策。

(3)审查现场情况:主要是现场机械、材料、劳动力的数额以及对进度和质量的适应性情况并提出解决措施。

(4)审查工程质量:主要应针对工程缺陷和质量事故,就执行标准控制、施工工艺、检查验收等方面提出问题及解决措施。

(5)审查工程费用事项:主要是材料设备的付款等发生或将发生的问题及初步的处理意见或意向。

(6)审查安全事项:主要是对发生的安全事故或隐藏的不安全因素,以及对交通和民众的干扰提出问题及解决措施。

(7)讨论施工环境:主要是承包人无力防范的外部施工阻挠或不可预见的施工障碍等方面的问题及解决措施。

(8)讨论延期与索赔:主要是承包人提出延期或索赔意向,进行初步的澄清和讨论,另按程序申报并约定专门会议的时间和地点。

(9)审议工程分包:主要是对承包人提出的工程分包意向进行初步审议和澄清,确定进行正式审查的程序和安排,并解决已批准(或批准进场)分包中管理方面的问题。

(10)其他事项。

4.2.4　现场协调会议

1)会议的组织

(1)现场协调会议由高级驻地监理工程师或经其授权的驻地监理工程师主持,承包人代表出席,有关监理及施工人员可酌情参加。

(2)会议召开时间:在整个施工活动期间,根据工程施工的具体情况,定期或不定期召开不同层次的施工现场协调会议,一般每周召开一次。

(3)会议的主题:只对近期施工活动进行证实、协调和落实,主要研究施工进度计划,对发生的施工质量问题及时予以纠正。对其他重大问题只提出而不进行讨论，另行召开专门会议或在工地会议上进行研究处理。

2)会议的内容

(1)承包人报告近期的施工活动，提出近期的施工计划安排，简要陈述发生或存在的问题。

(2)会议主持人高级驻地监理工程师或驻地监理工程师就施工进度和施工质量予以简要评述，并根据承包人提出的施工活动安排，安排旁站监理，工序检查，抽样试验，检测验收，缺陷处理等施工监理工作，对执行施工合同有关的其他问题交换意见。

4.2.5 监理例会

(1)会议组织：

①监理例会由总监办主持，业主有关部门、高驻办、驻地办负责人参加。

②会议召开时间：一般情况每季召开一次，具体可根据施工实际情况而定。

(2)会议的内容：

①确认上次会议纪要，高驻办汇报对上次会议提出问题的落实情况，对未落实的问题高驻办要陈述原因，同时确认上次会议纪要的内容。

②高驻办汇报各承包人的工程进度，并对各承包人的工程进度进行评述，提出影响进度的关键因素。

③高驻办评述各承包人工程质量状况，包括单位、分部、分项工程质量抽检情况，并提出存在的主要质量问题及采取的措施。

④汇报相关合同段关键工程的工序工艺、施工方案及存在的问题和采取的对策。

⑤汇报各合同段材料、劳力、机械设备情况，是否适应工程的进度，质量和存在的主要问题和解决的措施。

⑥汇报各承包人计量中存在的问题和需由总监办解决的建议。

⑦监理自身工作的小结，包括人员、设备状况，人员考勤，在岗等情况，以及存在的问题和建议。

⑧监理工作下阶段的工作安排。

(3)总监办解答高驻办提出的建议和存在的问题，并布置安排下阶段监理工作及采取的相关措施。

(4)会后形成会议纪要，下发到各高驻办及承包人。

4.3 登记凭证与进度报告

4.3.1 监理记录

(1)高驻办、驻地办认真填写并做好对各分项工程的批准开工，完成检验和材料试验结果记录，特别是重要部位或隐蔽工程检验记录及隐蔽工程照片、录像的妥善保存。

(2)工程分项开工申请批复单：高驻办、驻地办应对承包人提交的施工方案、施工图纸、使用材料、测量放线、水准点、检测设备等审查合格后报总监办批准开工申请。

(3)承包人合同工作计划:现场监理人员应掌握承包人每周工作计划以便进行工作。

(4)监理日(志)报:现场监理人员应按监理日(志)报表内容填写,并由驻地办保存,作为解决纠纷的重要依据。

(5)检验申请批复单:高驻办、驻地办应对承包人完成每一分项工程或工序后填报的检验申请批复单进行检验,签认合格后,承包人方能进行下道工序施工,并可作为支付依据,填写"中间计量表"。

(6)工程指令:驻地办、高驻办监理工程师应根据现场检验工程质量等问题向承包人下达指令,要求承包人按照规范纠正质量缺陷或停止施工,工作指令同时报上级监理部门。

(7)工程变更令:高驻办应根据已批准的变更申请单,填报工程变更令,作为计量支付的依据。

(8)工地会议纪要:工地会议由高驻办组织,宜每月召开一次,有关监理工程师和承包人单位负责人、地方政府协调人员参加。经高级驻地监理工程师签字后,分送各有关单位并报总监办。

(9)原始记录。

①现场监理人员应按照合同或规范对承包人提交的质量检验报告单,认真审核并签认后报高驻办备查。

②现场监理人员应对材料全过程进行旁站监理,重要部分和抽检试验应由现场监理人员或中心试验室操作完成,其试验结果送高级驻地监理工程师确认。

4.3.2 工程监理月报

1)工程监理月报

高驻办应根据工程进展情况、存在的问题,每月以报告的形式向总监报告。使总监对工程现状能有一较清晰的了解,月报陈述的问题不仅指已存在的或将对工程造价、质量及工期产生实质性影响事件,对进度落后于计划的工程分项和细目,要说明其原因及已采取或将要采取的措施,还要报告承包人主要职员和监理人员的变动、出勤情况,已完成的主要工程分项和细目等。

2)基本要求

(1)监理工程师应每月编制监理月报。监理月报编制细则和附表格式,须经总监理工程师和业主代表批准。

(2)监理月报由高级驻地监理工程师签发,报总监理工程师、业主代表和业主有关部门,并下发下级监理部门。

(3)监理月报的编制周期为上月21日至本月20日,在本月25日前签发。

(4)监理月报应真实反映工程情况和监理工作情况,做到依据充分、内容全面、重点突出、语言通顺、描述准确,并附图表和照片。

(5)所有汇总数据,采用统计表形式,既要有本期数据,又要有累计数据。

(6)监理月报用(80g)A4或A3规格纸打印,装订整齐。

3)监理月报的内容

(1)工程描述

月报正文前附有一张工程位置图，图中清晰地标明工程的具体位置，工程描述通常是简短叙述合同的内容，第一份监理月报的工程描述详细提供以下资料，后期的月报可视情况适当增减。

①项目名称及合同号；

②地理位置；

③合同段全长、起止桩号；

④线形及主要设计指标；

⑤路线及结构物所在位置的地质情况；

⑥主要结构物的类型及数量；

⑦合同的签订日期；

⑧承包人或联合承包人的名称及项目负责人；

⑨合同总价；

⑩开工通知书发出的日期及开工日期；

⑪合同规定的工期；

⑫修订的完工期（以后如有变动，可以修订），从开工到现在已过去的施工日期，有效工作日及日历天数；

⑬表明本月工程进度的彩色照片；

⑭关键工序的录像资料；

⑮本月内的信息管理，如监理文件、会议及纪要、资料整理与验收等。

（2）合约管理

对工程变更、工程延期、费用索赔、工程分包、监理程序和监理指令执行情况进行描述。

（3）工程质量

按合同段对工程质量验收情况、工程质量评定情况、质量缺陷处理情况、返工情况、材料审批情况、监理试验与检测情况、监理指令及执行情况进行统计分析。

（4）工程进度

提供工程整体进度及每个主要工程分项的实际进度和计划进度。主要分项包括桥梁、排水及防护工程等。应按上列顺序详细说明本月份的施工情况，文字力求简要。

①总体进度

总体进度是按监理人员统计确定的。月报的实际进度与计划进度进行比较，确定完成计划的百分率，并根据总体进度的实际情况，说明影响总体进度的有关因素、已经采取或将要采取的措施和效果。

②主要工程项目的进度

根据计量结果确定主要工程项目的实际进度后，再与计划进度比较，确定迄今完成的百分率。找出影响工程进度的因素。说明主要工程项目进度延误的原因（项目管理不善、机械设备缺乏、材料不足、劳力不够及其他原因），已经采取或将要采取的措施和效果。

③其他工作

其他工作应包括规范中一般条目所列的工作、临时工程、驻地建设等的完成情况及与计划的对比情况，以及料场的建设情况，生产能力、质量及已生产的各类成品数量。

(5)支付状况

本月支付的情况、累计支付的情况、调整的现金流动预测、意外费用、价格调整、索赔细目及同意费用等。

(6)监理工作执行情况

应简明描述本监理合同段内部情况，包括监理人员的人数、工作安排及办公室、住房、设施和车辆等的现状和存在的问题及对工程的影响。

(7)小结

概略评价有关承包人履行合同义务的表现、存在的问题、采取的改进措施，提出下月监理工作重点、拟采取的措施和组织落实。

(8)附录

在月报的最后，应附有当月合同执行情况的有关表格，如主要进场机械表、主要工程情况表、材料试验统计表等。

4.4　给承包人的指令和联系材料

4.4.1　书面指令

《公路工程施工监理规范》(JTG G10—2006)规定，各级监理工程师发出的指令应是书面的。由于某种原因，监理工程师可以发出口头指令，承包人必须执行此口头指令，但事后监理工程师应以书面形式(附表4)确认上述口头指令。如果承包人在监理工程师发出口头令的3d内未收到监理工程师的上述书面确认，承包人应立即以书面形式要求监理工程师确认上述口头指令。如监理工程师在收到承包人的书面要求后的3d之内没有以书面形式驳回上述确认，则该口头指令应认为已被监理工程师书面确认。

根据《公路工程国内招标文件范本》(2003年版)，由业主或监理工程师发给承包人的一切证书、通知或指令，均应通过传真或邮寄发送或派人送达承包人的住址，或承包人为此指定的其他地址。致业主或监理工程师的通知均应通过传真或邮寄发送或派人送达本项目专用条款数据表指定的各有关地址。合同双方的任何一方，经事先以书面通知另一方，均可改其地址，并抄送监理工程师。监理工程师事先通知合同双方，也可更改其地址。

在工程实践中，监理工程师与业主之间是以规定格式的合同文件进行往来沟通与协调。

监　理　指　令　单　　　　附表4

编号：＿＿＿＿＿＿

施工单位		合同号	
监理单位		监理机构	
签发人		日期	
致＿＿＿＿＿＿ (阐述指令依据、施工单位不符合规定的事实及整改要求等)			
签收人：		日期	

4.4.2 施工准备阶段指令

1)审批施工组织设计

各施工合同的施工组织设计及总体进度计划首先应由驻地监理工程师和专业监理工程师审核并提出审核意见,然后由总监办专业监理工程师审核后由总监理工程师审核批准。审查施工组织设计中对质量保证体系、施工安全生产管理体系和施工环境保护管理体系的建立和各方面安排情况。

2)检查保证体系

审查施工组织设计中对质量保证体系、施工安全生产管理体系和施工环境保护管理体系的建立和各方面安排情况。要求监理工程师具体检查这三个体系的建立、到位、落实情况,是否符合施工组织设计中的安排。重点要求人员到位、设施到位、资金到位、规章制度到位和职责分工到位。

质量保证体系审查中,重点是施工自检体系是否完善,包括自检人员是否有技术、经验,自检负责人是否专职,职责及要求是否明确等。

3)审核工地试验室

工地试验室是施工单位控制工程质量的重要手段,也是检查、评价、验收工程质量的科学依据。通过审查,确保施工单位工地试验室合格,使其充分发挥施工自检、质量保证作用,是质量监理的基础条件之一,应认真审查。

4)审批复测结果

控制桩点是决定整个工程平面位置和高程的基准。为此,在施工单位进行复测后,监理机构应对全部控制桩点进行平行复测检查,以确认施工单位的复测结果。

5)验收地面线

监理工程师采取抽查测量的方式进行验收,抽测点为随机方式或指定的有疑问之处。抽测点位总数应包括所有有疑问之点,并不少于施工单位测定地面线测点的30%。

6)审批工程划分

分项、分部、单位工程的划分是加强工程管理、统一口径的措施。经监理批准的工程划分应作为参建各方在分项、分部工程开工的申请和批准,分项工程的质量控制、验收、评定和中间交工以及分部、单位工程的质量评定和工程的计量支付等施工全过程管理的依据。

7)确认场地占用计划

施工单位提交合同工程全部场地的占用计划应符合总体进度计划的安排,及时提交建设单位场地占用计划的目的是促使建设单位按时完成征地拆迁,避免因建设单位未能按计划提交施工用地而造成违约,进而引起施工单位的索赔。

8)核算工程量清单

工程量清单是合同工程计量支付的主要依据;清单管理也是费用监理的主要工作之一。工程量清单复核是施工单位在开工前必须做好的准备工作之一。

监理工程师审核工程量清单应依据合同条件、合同图纸和技术规范,按照合同规定的计量原则进行工程数量核算。审核无误后，及时对施工单位提交的工程量清单复核结果予以签认。

工程数量的审核应严格区分不同的计量方法，有的工程数量是严格以经核对无误的图纸数量为准（如结构物水泥混凝土），不考虑超出设计尺寸或损耗数量；有的工程数量是按实际发生的计量（如路基填方中"挖除非适用材料"）。通过工程量清单的计量说明，还应明确每项单价所包含的工程内容。

9)签发合同工程开工令

调查施工环境条件：主要是对征地、拆迁情况的调查。调查建设单位是否能够按照总体施工进度计划，按时向施工单位提交工程用地。如发生影响按时开工的情况，应及时向建设单位反映，尽快解决。

核查开工条件，某项条件因客观原因未完成，且其对开工后的工程正常进行无明显影响时，经建设单位同意后，可签发合同工程开工令。

4.4.3　施工阶段指令

1)巡视

监理人员对施工现场进行的经常性巡回检查活动。监理人员应重点巡视：正在施工的分项、分部工程是否已批准开工；质量检测、安全管理人员是否按规定到岗；特种作业人员是否持证上岗；现场使用的原材料或混合料、外购产品、施工机械设备及采用的施工方法与工艺是否与批准的一致；质量、安全及环保措施是否实施到位；试验检测仪器、设备是否按规定进行了校准；是否按规定进行了施工自检和工序交接。

监理人员每天对每道工序的巡视应不少于1次，并按附表5格式详细做好巡视记录。

巡　视　记　录　　附表5

编号：____________

施工单位		合同号	
巡视监理		日期	
起始时间		终止时间	
巡视范围、主要部位、工序			
施工单位主要施工项目、人员到位、工艺合规性简述			
巡视人主要巡检数据记录			
巡视人发现的问题及处理情况简述			

2)旁站

监理人员在施工现场对某一具体的工序、工艺或部位施工全过程进行的监理。监理人员应对试验工程、重要隐蔽工程和完工后无法检测其质量或返工会造成较大损失的工程进行旁站，如实、准确、详细地做好旁站记录，旁站的记录项目见附表6。旁站监理人员应重点对旁站项目的工艺过程进行监督，并对规范规定的内容进行检查，对发现的问题应责令立即改正；当可能危及工程质量、安全或环境时，应予以制止并及时向驻地监理工程师或总监理工程师报告。旁站项目完工后，监理工程师应组织检查验收，验收合格方可进行下道工序施工。

旁 站 记 录　　附表6

编号：

施工单位		合同号	
旁站监理		日期	
到场时间		离场时间	
质检人员		部位或桩号	
天气			
旁站工序或主要工作内容			
施工过程简述			
监理工作简述			
主要数据记录			
发现问题及处理结果			

3)抽检

监理工程师应按规定重点对施工过程中使用的水泥、钢材、沥青、石灰、粉煤灰、砂砾、碎石等主要原材料及各种混合料进行抽检，抽检频率应不低于施工单位自检频率的20%，其余材料应不低于10%；对已完工程实体质量的抽检频率应不低于施工单位自检频率的20%。监理工程师对材料或工程的质量有怀疑时应进行进一步的判定。

4)关键工序签认

完工后无法检验的关键工序，须经监理工程师签认，并留存相应的图像资料，未经签认不得进行下道工序施工。

5)中间交工验收

监理工程师收到分项工程中间交工申请后，应检查各道工序的施工自检记录、交接单及监理工程师签认的关键工序的交接单；检查分项工程的质量自检和质量等级评定资料；检查质量保证资料的完整性。驻地办应按合同规定对交工的分项工程进行质量等级评定并签发《中间交工证书》。

6)质量评定

监理工程师应按《公路工程质量检验评定标准》(JTG F80/1—2004)的规定，及时对已完工程进行质量评定。

4.5 承包人财务管理

4.5.1 概念

1)合同价格

指在合同协议中写明的、承包人按合同规定实施和完成本合同工程及其缺陷的修复应得到的支付价款总额。

2)保留金

指业主根据投标书附录中规定的百分率乘本月完成的(应结算的)工程价款,即自开工截至本月末止已完成的工程价款－自开工截至上月末已完成的(已实际结算的)工程价款;本月完成的(应结算的)计日工价款;本月应支付的暂定金额价款;根据合同规定,本月应结算的其他款项;费用和法规变更发生的款额等子款规定承包人应得的款额,从每期应支付给承包人的工程结算款额中扣留,直至保留金的金额达到投标书附录中规定的限额为止。在整个工程缺陷责任期满并发给缺陷责任终止证书后 14d 内,监理工程师签发保留金支付证书,将保留金退还给承包人。

3)期中支付证书

指除最后支付证书之外的、由监理工程师签发的任何支付证书。

4)最后支付证书

指监理工程师在最后结账单和清账书收到 14 天之后,监理工程师应签发一份最后支付证书报业主审批,并抄给承包人,说明:(1)监理工程师认为根据合同规定的最后应付的款额;(2)在对业主以前所付的全部款额和业主根据合同规定应得的全部款项予以确认后,业主欠承包人或承包人欠业主(视具体情况)的差额(如有)。

4.5.2 承包人工程资金的管理

承包人应向业主授权进行本合同工程开户银行工程资金的查询。业主支付的预付款、工程进度款应为本工程的专款专用资金,不得转移或用于其他工程。业主的期中支付款将转入承包人指定并经业主批准的银行所设的专门账户,业主及其派出机构有权不定期对承包人工程资金使用情况进行检查,发现问题及时责令承包人限期改正;否则,将终止月支付,直至承包人改正为止。

4.5.3 合同用款计划

承包人应在签订本合同协议书后 28d 之内,按投标书规定的格式,向监理工程师提交 2 份按合同规定承包人有权得到支付的详细的季度合同用款计划(附表 7),以备监理工程师查阅。如果监理工程师提出要求,承包人还应按季度提交修订的合同用款计划。

合同用款估算表 附表 7

从开工月算起的时间(月)	投标人的估算			
	分期		累计	
	金额(元)	(%)	金额(元)	(%)
第一次开工预付款				
1～3				
4～6				
7～9				
10～12				

续上表

从开工月算起的时间（月）	投标人的估算			
	分　期		累　计	
	金额(元)	(%)	金额(元)	(%)
13～15				
……				
……				
缺陷责任期				
小计		100.00		
投标价：				

承包人向监理工程师提交上述工程进度计划和说明，或年度施工计划，或合同用款计划，并取得监理工程师的同意，但不能因此而解除承包人根据合同规定应负的任何责任或义务。

4.5.4 暂定金额管理

1)暂定金额的定义

"暂定金额"是指包括在合同之内，并在工程量清单中以"暂定金额"名称标明的一项金额，是为了：

(1)实施本工程中尚未以图纸最后确定其具体细节或某一工程部分或在施工过程中可能增加的工程细目或支付细目，如大桥荷载试验，或可能增加一个匝道收费亭(举例)等，而这些细目或附属、零星工程在招标时尚未能肯定下来，可列为专项暂定金额；

(2)为了专项工程施工或供货、供材、供设备而由特殊分包人或供货人提供专业服务(如铁路分离立交)；

(3)留作不可预见费，或用于计日工。

2)暂定金额的使用及管理

除合同另有规定外，暂定金额应由监理工程师报业主批准后指令全部或部分地使用，或者根本不予动用。承包人有权得到的暂定金额应限于监理工程师根据本条规定决定动用暂定金额的工程、供应或不可预见费用方面的金额。监理工程师应将根据本款作出的每项决定报业主批准并通知承包人。

对于经业主批准的每一笔暂定金额，监理工程师有权向承包人发出为实施工程或提供货物、材料、设备或服务的指令。这些指令可以：

(1)由承包人完成，在这种情况下应付给承包人的金额为根据变更超过15%和计日工确定的金额；

(2)由下文所定义的特殊分包人或特殊供货人完成，在这种情况下承包人应得的款额应根据承包人对特殊分包人应收取的手续费、利润提成，其金额应按已支付或应支付给特殊的分包人的实际价款的某一百分率计算。该百分率在特殊分包合同中由承包人与特殊分包人协商确定，并经监理工程师认可，确定并支付。

当监理工程师提出要求时，承包人应出示有关暂定金额支出的所有报价单、发票、凭证和账单或收据，但如果该工作是根据投标文件列明的单价或总额价而作价的则不在此例。

4.5.5 计量管理

1)工程量及金额

工程量清单中开列的工程量是根据本工程的设计提供的预计工程量，不能作为承包人在履行合同义务中应予完成工程的实际和准确的工程量。合同中未在工程量清单中填入单价或总额价的工程细目，将被认为其已包含在本合同的其他细目的单价和总额中，业主将不另行支付。

2)工程的计量

除另有规定外，监理工程师应该根据《公路工程施工监理规范》和合同规定，对承包人提出的已完工程量通过计量来核实工程量和确定其价值，向承包人支付。

承包人应派代表参加计量工作，并应提供计量所需的一切详细资料和必要的人员、设备及有关永久工程的记录与图纸。如果承包人未派人参加上述计量，则由监理工程师所作的计量应认为是对工程的正确计量。如果承包人对监理工程师计量核实结果不予同意，应在7d之内向监理工程师提出申辩，监理工程师收到此申辩后，应会同承包人复查对记录和图纸的计量审核，或予确认，或予修改。如果承包人不参加此复查，则应认为监理工程师复查核实结果是正确的。

工程的计量应以净值为准，除非合同对部分工程另有规定。

承包人在签订合同协议书后28d之内，并在总额价支付细目支付前应向监理工程师提交其工程量清单每个总额支付细目的分目。该分目须经监理工程师的批准。

3)证书和支付

承包人应在每月末向监理工程师提交由其项目经理签署的按监理工程师批准格式填写的月结账单一式6份，该结账单包括以下栏目，承包人应逐项填写清楚：

(1)自开工截至本月末止已完成的工程价款；

(2)自开工截至上月末已完成的(已实际结算的)工程价款；

(3)本月完成的(应结算的)工程价款，即(1)－(2)；

(4)本月完成的(应结算的)计日工价款；

(5)本月应支付的暂定金额价款；

(6)本月应支付的已进场将用于或安装在永久工程中的材料、设备预付款；

(7)根据合同规定，本月应结算的其他款项；

(8)费用和法规的变更发生的款额；

(9)本月应扣留的保留金和扣回的材料、设备预付款及开工预付款；

(10)根据合同规定，本月应扣除的其他款项。

监理工程师在收到上述月结账单后21d或专用条款数据表中另有规定的天数内应签发期中支付证书，签发时应写明他认为应该到期结算的价款及需要扣留和扣回的款额并报业主审批。如果该月应结算的价款经扣留和扣回后的款额少于投标书附录中列明的期中支付证书的最低金额，则该月监理工程师可不核证支付，上述款额将按月结转，直至累计应支付的款额达到投标书附录中列明的期中支付证书的最低金额为止。

在承包人提交了履约担保和签订了合同协议书并提交了开工预付款担保 14d 内，监理工程师应按投标书附录中规定的金额签发开工预付款支付证书，并报业主审批。开工预付款的担保金额应等于开工预付款额。银行保函的正本由业主保存，该保函在业主将开工预付款全部扣回之前一直有效，担保金额将随开工预付款的逐次扣回而减少。业主应在该支付证书收到后 14d 内核批，并支付开工预付款 70%的价款；在投标文件载明的主要设备进场后，再支付预付款 30%。承包人不得将该预付款用于与本工程无关的支出，监理工程师有权监督承包人对该项费用的使用，如经查实承包人滥用开工预付款，业主有权立即通过向银行发出通知收回开工预付款保函的方式，将该款收回。

开工预付款在期中支付证书的累计金额未达到合同价格的 30%之前不予扣回，在达到合同价格 30%之后，开始按工程进度以固定比例(即每完成合同价格的 1%，扣回开工预付款的 2%)分期从各月的期中支付证书中扣回，全部金额在期中支付证书的累计金额达到合同价格的 80%时扣完。

业主应给承包人支付一定比例的材料、设备预付款，以供购进将用于和安装在永久工程中的各种材料、设备之用。此项金额应按投标书附录中写明的主要材料、设备单据所列费用(进口的材料、设备为到岸价，国内采购的为出厂价或销售价，地方材料为堆场价)的百分比支付。其条件是：

(1)材料、设备符合规范要求并经监理工程师认可；

(2)承包人已出具材料、设备费用凭证或支付单据；

(3)材料、设备已在现场交货，且存储良好，监理工程师认为材料、设备的存储方法符合要求。

当材料、设备已用于或安装在永久工程之中时，材料、设备预付款应从期中支付证书中扣回，扣回期不超过 3 个月。已经支付材料、设备预付款的材料、设备的所有权应属于业主，工程竣工时所有剩余的材料、设备的所有权应属承包人。

监理工程师可用签发期中支付证书的方式对他过去签发的任何证书作更正或修改。如果监理工程师认为任何正在进行的工程不符合合同要求，监理工程师有权在任何一次期中支付证书中扣除或折减该工程的价款。在合同工程交工证书签发后 42d 之内，承包人应以监理工程师批准的格式向监理工程师提交一份交工结账单，并附上用详细资料说明的证实文件，表明：

(1)合同规定，直到交工证书中写明的交工日期为止按合同完成的全部工程的最终价值；

(2)承包人认为应付给他的其他款项；

(3)承包人认为本合同项下(整个合同期)到期应付给他的各项款额的估算值。

在规定发出缺陷责任终止证书后的 28d 之内，承包人应以监理工程师批准的格式向监理工程师提交一份最后结账单草案，并附上详细的证实文件，供监理工程师考虑，表明：

(1)根据合同规定已经完成的全部工程的价值；

(2)承包人根据合同规定认为应该付给他的任何其他的款项。如果监理工程师不同意或者不核证最后结账单草案的任一部分，承包人应按监理工程师的合理要求，提交进一步的资料，并对最后结账单草案做出他们之间协商同意的修改，然后由承包人编制，并向监理工程师提交双方同意的最后结账单。如果根据监理工程师与承包人的讨论和他们之间可能商定的最后结账单草案的修改，很明显存在纠纷，则监理工程师应对最后结账单草案中不存在纠纷的部分（如果有），向业主提交期中支付证书，然后按照有关条款解决纠纷。

在提交最后结账单时，承包人应给业主一份书面清账书，并抄送监理工程师，确认最后结账单中的总金额代表了根据合同规定应付给承包人的全部款项的最后结算。在最后结账单和清账书收到14d之后，监理工程师应签发一份最后支付证书报业主审批，并抄给承包人，说明：

（1）监理工程师认为根据合同规定的最后应付的款额；

（2）在对业主以前所付的全部款额和业主根据合同规定应得的全部款项予以确认后，业主欠承包人或承包人欠业主（视具体情况）的差额（如有）。

业主对承包人由于履行合同或工程实施而产生的或此二者有关的任何问题或事情应不再承担任何责任，除非承包人已在他的最后结账单中列入了索赔要求。

监理工程师根据本条或合同的其他条款发出的任何中期支付证书项下应付给承包人的款额，业主应该在收到该中期支付证书后21d内或在投标书附录中另有规定并以此为准的天数内支付给承包人；最后支付证书项下应付给承包人的款额，业主应在收到该最后支付证书42天内支付给承包人。如果业主在上述期限内未能付款，则业主应按投标书附录中规定的利率向承包人支付全部未付款额的利息，付息时间从应付而未付该款额之日算起（不计复利）。

只有签发了缺陷责任终止证书，写明承包人实施和完成本合同工程及其缺陷修复的义务已经完成，并达到合同文件规定的预期要求时，才能认为本合同已经结束。缺陷责任终止证书应由监理工程师核签报经业主同意后，由业主在缺陷责任期终止后21d之内发给（如果在合同工程中某单项工程有单独的缺陷责任期的情况下，则为最迟的那个缺陷责任期的终止）。或者根据规定，任何已指令进行修复的工程已经完成，并达到合同文件规定的预期要求后尽快签发。此缺陷责任终止证书应视为构成本合同工程已经完成的批准文件。

颁发了缺陷责任终止证书后工程进入保修期，承包人和业主仍应负责履行合同规定的责任和义务。在工程保修期终止后28d内，由监理工程师签发保修期终止证书。

5 施工后活动

5.1 交工验收和交工证书

当本合同工程已经实质上完工(指工程已按合同要求建成,具有独立使用价值),并合格地通过了按合同规定的各项交工检测、检验,且已按《公路工程竣工验收办法》规定编制好竣工图表和施工资料后,承包人可就此向监理工程师提出交工验收并发给交工证书的申请,同时抄送业主(如果尚有少量因受季节影响或其他原因暂不能施工或完成,但并不影响工程使用的一些附属工程或剩余工作时,需附有在缺陷责任期内尽快完成这些未完工作的书面保证)。监理工程师在收到该申请后,应在14d内审核并报业主,业主在收到该申请后的21d内应组织交工验收。交工验收由业主主持,由质监、设计、管养等有关部门和监理工程师参加组成交工验收小组,按《公路工程竣工验收办法》进行,并写出交工验收报告报上级主管部门。

如果经交工验收认为工程质量合格,业主应在此项验收工作完毕后14d内向承包人签交工证书。证书中写明按合同规定本合同工程的交工日期(即验收小组决定的签发交工证书的日期),同时办理合同工程的移交管养工作。交工证书签发并移交管养后,承包人即不再负责对本工程的照管和维护,本工程即进入缺陷责任期。

对交工验收可能出现的例外情况,做如下处理:

(1)如果业主未能在上述规定的时间内组织交工验收,则业主应从规定期限最后一天的次日起承担延期验收的工程照管和养护费用;或发给交工证书的工程不能立即移交管养时,承包人仍应继续负责工程照管和养护。监理工程师在与承包人和业主协商后,应确定与此相关的工程照管与养护费用补偿额并加到合同价格上,通知承包人,抄送业主。

(2)如经交工检验认为工程质量虽合格,但某些工程影响使用尚需整修和完善,且不同于缺陷责任期内的缺陷修复,则应缓发交工证书,限期修好。待整修和完善工作完成,经监理工程师复查认可达到质量要求并报请交工验收小组核批后,再发给交工证书。

(3)如经交工验收认为工程质量达不到合同标准,则监理工程师应根据交工验收小组的意见,在验收工作完毕后7d内向承包人发出指令,要求承包人对不合格工程认真返工重做或进行补救处理。承包人在完成上述不合格工程的返工与补救工作后,应重新提出交工验收申请,经交工验收小组复验认为达到合格标准后才发给交工证书。组织办理交工验收和签发交工证书的费用由业主承担。但按照(3)项,达不到合格标准的交工验收费用由承包人承担。

5.2 单项工程的交工竣工文件

承包人应按照《公路工程竣工验收办法》的规定和其附件一的内容和要求编制竣工图表和施工文件。各分部(项)工程的竣工图须在有关工程完工后在业主规定的时间内提交监理工程师审查，全部工程完工后，在全部工程的交工证书签发之前，承包人须向业主提交 6 整套监理工程师认为完整、合格的竣工文件。在缺陷责任期内应补充竣工资料，应在签发缺陷责任证书之前提交。

5.3　竣工验收与鉴定书

当建设项目工程全部完工并合格地通过交工验收后，业主应汇总各合同段工程的交工验收报告，向上级主管部门提出竣工验收的申请。竣工验收由上级主管部门主持，由建设、质监、设计、管养、业主以及各合同段的监理工程师等有关部门代表组成竣工验收委员会，按《公路工程竣工验收办法》的规定进行，对建设项目的管理、设计、施工、监理等方面做出综合评价，写出竣工鉴定书。

组织办理竣工验收的费用，由业主承担。

(1)开工期：指投标书附录中规定的开工期限。

(2)交工日期：指实质上完成本合同工程或某单项工程施工并合格地通过交工验收后，在发给的交工证书上写明的日期。

(3)工期：指本合同工程或某单项工程从开工至交工的时间，均从投标书附录中规定的开工期的最后一天算起至交工证书上写明的交工日期止。

(4)交工检验：指合同规定的检验，这些检验应包括承包人的自检和监理工程师的检验，并应在承包人提出交工验收申请之前完成。

(5)交工证书：指本合同工程或合同工程中规定有单独工期的单项工程完工后，根据规定签发的证书。

5.4　缺陷责任与保修

本合同条款中的“缺陷责任期”，是指在投标书附录中写明的缺陷责任期，其时间从本合同工程签发交工证书之日算起。

在缺陷责任期满前，由业主会同监理工程师及有关部门参加，对工程进行一次全面检查，使本工程按合同所要求的条件(正常磨损除外)，达到业主和监理工程师认为合格的程度，为此，承包人应：

(1)在缺陷责任期内，尽快完成在交工证书中写明的未完成工作，并完成对本工程缺陷的修复或监理工程师指令的修补工作。

(2)在缺陷责任期满后的 14d 内，按照业主和监理工程师在缺陷责任期满前检查结果而发出的指令，对存在的缺陷、病害或其他不合格之处进行修补、重建及修复。

(3)承包人在缺陷修复施工过程中，应服从管养单位的有关安全管理规定，由于承包人自身原因造成的人员伤亡、设备和材料的损毁及罚款等责任由承包人自负。

在缺陷责任期内，下述原因造成的缺陷修复费用应由承包人自行负责：

(1)承包人所用的材料、设备或操作工艺不符合合同要求。

(2)承包人的疏忽或未遵守合同中对承包人规定的义务。

如果监理工程师指令承包人修复的缺陷是不属于上述原因造成的，则监理工程师应根据规定，在与承包人协商并报业主批准后，确定合同价格的增加额，通知承包人，并抄送业主。如果承包人未能在规定的时间内执行指令，则业主有权雇用其他人从事这些工作并支付报酬。如果监理工程师根据合同判定这些工作应是承包人自费进行的工作，则监理工程师在与业主和承包人适当协商后应确定由此造成的或伴随产生的费用，此项费用应由承包人负责，业主可从应退还给承包人的保留金中扣除或向承包人索回。监理工程师应通知承包人，并抄送业主。

在缺陷责任期内，如果在本合同工程中出现任何缺陷、病害或其他不合格之处，则监理工程师可指令承包人，并抄送业主，会同监理工程师一起调查上述缺陷、病害或其他不合格之处的原因。如果调查结果确定是属于承包人的责任所造成，承包人应根据规定自费修复上述缺陷、病害或其他不合格之处。

在缺陷责任期结束后，监理工程师签发缺陷责任期终止证书之日，工程进入保修期（工程保修期一般为5年，若路基工程（含隧道、桥涵）与路面工程分开招标，5年保修期从最后完工的工程项目开始计算。桥梁工程的保修期可适当延长），在保修期内承包人应对由于施工质量原因造成的损坏进行自费修复。若承包人不履行保修义务和责任，则承包人应承担由于违约造成的法律后果。

参考文献

[1] 中华人民共和国行业标准. JTG E30—2005 公路工程水泥及水泥混凝土试验规程. 北京：人民交通出版社，2005.

[2] 中华人民共和国行业标准. JTG E40—2007 公路土工试验规程. 北京：人民交通出版社，2007.

[3] 中华人民共和国行业标准. JT/T 589—2004 公路水泥混凝土路面接缝材料. 北京：人民交通出版社，2004.

[4] 中华人民共和国行业标准：JTG E60—2008 公路路基路面现场测试规程. 北京：人民交通出版社，2008.

[5] 沙爱民，贾侃. 填石路基施工技术. 北京：人民交通出版社，2007.

[6] 天津市市政工程局. 道路桥梁工程施工手册. 北京：中国建筑工业出版社，2003.

[7] 交通部公路司，交通部基本建设质量监督总站. 公路工程施工监理手册(第二版). 北京：人民交通出版社，2002.

[8] 许娅娅，雒应. 测量学. 北京：人民交通出版社，2004.

[9] 郑刚，刘春原，窦远明，宋娃丽. 基础工程. 北京：中国建材工业出版社，2000.

[10] 李宇峙. 工程质量监理. 北京：人民交通出版社，1999.

[11] 熊焕荣. 公路路基路面施工监理指南. 北京：人民交通出版社，1999.

[12] 中华人民共和国行业标准. JTG D30—2004 公路路基设计规范. 北京：人民交通出版社，2004.

[13] 中华人民共和国行业标准. JTG F80/1—2004 公路工程质量检验评定标准. 北京：人民交通出版社，2004.

[14] 中华人民共和国行业标准. JTG F40—2004 公路沥青路面施工技术规范. 北京：人民交通出版社，2004.

[15] 罗竟，邓廷权. 路基工程现场施工. 北京：人民交通出版社，2004.

[16] 塔萨奇 K. 实用工程土力学. 北京：水利电力出版社，1960.

[17] 周绪利，李荣均. 公路工程施工质量检查与验收手册. 北京：人民交通出版社，2005.

[18] 熊广忠. 公路工程施工质量监理手册. 北京：知识产权出版社，2003.

[19] 陈忠达. 公路挡土墙设计. 北京：人民交通出版社，1999.

[20] 李上红. 公路工程施工常见地质病害处治技术. 北京：人民交通出版社，2004.

[21] 广西壮族自治区交通科学研究所，广西壮族自治区交通基建管理局. 岩溶地区高等级公路建设关键技术研究(技术总结报告). 2005.

[22] 中华人民共和国行业标准. JTG D40—2002 公路水泥混凝土路面设计规范. 北京：人民交通出版社，2003.

[23] 中华人民共和国行业标准. JTG D50—2006 公路沥青路面设计规范. 北京：人民交通出版社，2006.

[24] 中华人民共和国行业标准. JTG D80—2006 高速公路交通工程及沿线设施设计通用规

范.北京:人民交通出版社,2006.

[25] 中华人民共和国行业标准.JTG D81—2006 公路交通安全设施设计规范.北京:人民交通出版社,2006.

[26] 中华人民共和国行业标准.JTG/T D81—2006 公路交通安全设施设计细则.北京:人民交通出版社,2006.

[27] 中华人民共和国行业标准.JTG E42—2005 公路工程集料试验规程.北京:人民交通出版社,2005.

[28] 中华人民共和国行业标准.JTJ 052—2000 公路工程沥青及沥青混合料试验规程.北京:人民交通出版社,2000.

[29] 中华人民共和国行业标准.JTG F71—2006 公路交通安全设施施工技术规范.北京:人民交通出版社,2006.

[30] 中华人民共和国行业标准.JTG F10—2006 公路路基施工技术规范.北京:人民交通出版社,2006.

[31] 中华人民共和国行业标准.JTG F30—2003 公路水泥混凝土路面施工技术规范.北京:人民交通出版社,2003.

[32] 傅智,李红.公路水泥混凝土路面施工技术规范(JTG F30—2003)实施与应用指南.北京:人民交通出版社,2003.

[33] 中华人民共和国行业标准.JTJ 034—2000 公路路面基层施工技术规范.北京:人民交通出版社,2000.

[34] 中华人民共和国行业标准.JTJ 037.1—2000 公路水泥混凝土路面滑模施工技术规范.北京:人民交通出版社,2002.

[35] 傅智.水泥混凝土路面滑模施工技术.北京:人民交通出版社,2001.

[36] 交通部第二公路勘察设计院.公路设计手册.路基(第二版).北京:人民交通出版社,2006.

[37] 姚祖康.公路设计手册.路面(第三版).北京:人民交通出版社,2006.

[38] 中华人民共和国行业标准.TJ 7—74 工业与民用建筑地基基础设计规范.北京:中国建筑工业出版社,1974.

[39] 中华人民共和国行业标准.TJ 21—77 工业与民用建筑工程地质勘察规范.北京:中国建筑工业出版社,1978.

[40] 杨锡武.特殊路基工程.北京:人民交通出版社,2006.

[41] 路桥集团第二公路工程局.公路施工手册—路基.北京:人民交通出版社,2003.

[42] 李红专.高速公路路基路面施工工艺.北京:人民交通出版社,2004.

[43] 吕伟民.沥青混合料设计手册.北京:人民交通出版社,2007.

[44] 陈拴发,陈华鑫,郑木莲.沥青混合料设计与施工.北京:化学工业出版社,2006.

[45] 张登良.沥青路面工程手册.北京:人民交通出版社,2004.

[46] 中华人民共和国行业标准.JT/T 390—1999 突起路标.北京:人民交通出版社,1999.

[47] 中华人民共和国行业标准.JT/T 388—1999 轮廓标技术条件.北京:人民交通出版社,1999.

[48] 中华人民共和国国家标准. GB 8416—2003 视觉信号表面色. 北京:中国标准出版社,2003.

[49] 中华人民共和国行业标准. JT/T 280—2004 路面标线涂料. 北京:人民交通出版社,2004.

[50] 中华人民共和国行业标准. JT/T 279—2004 公路交通标志板技术条件. 北京:人民交通出版社,2004.

[51] 中华人民共和国国家标准. GB 5768—1999 道路交通标志和标线. 北京:中国标准出版社,1999.

[52] 中华人民共和国国家标准. GB/T 16938—2008 紧固件、螺栓、螺钉、螺柱和螺母通用技术条件. 北京:中国标准出版社,2008.

[53] 中华人民共和国行业标准. YB/T 5294—2006 一般用途低碳钢丝. 北京:冶金工业出版社,2006.

[54] 中华人民共和国国家标准. GB/T 700—2006 碳素结构钢. 北京:中国标准出版社,2006.

[55] 中华人民共和国国家标准. GB 1200—1988 镀锌钢绞线. 北京:中国标准出版社,1988.

[56] 中华人民共和国国家标准. GB/T 699—1999 优质碳素结构钢. 北京:中国标准出版社,1999.

[57] 中华人民共和国国家标准. GB/T 912—2008 碳素结构钢和低合金结构钢热轧薄钢板及钢带. 北京:中国标准出版社,2009.

[58] 中华人民共和国国家标准. GB/T 700—2006 碳素结构钢. 北京:中国标准出版社,2006.

[59] 中华人民共和国国家标准. GB/T 470—2008 锌锭. 北京:中国标准出版社,2008.

[60] 中华人民共和国国家标准. GB/T 6725—2008 冷弯型钢. 北京:中国标准出版社,2008.

[61] 中华人民共和国国家标准, GB/T 3632—2008 钢结构用扭剪型高强度螺栓连接副. 北京:中国标准出版社,2008.

[62] 国家测绘总局. 国家水准测量规范. 北京:测绘出版社,1974.

[63] 中华人民共和国行业标准. JTG B01—2003 公路工程技术标准. 北京:人民交通出版社,2004.